MARKET ORIENTATION
for
MARKETING

Investigation of the Mechanism
by which Organizational Orientation Affects Performance

IWASHITA Hitoshi

岩下仁
[著]

市場志向の
マーケティング

組織の志向性がパフォーマンスに及ぼすメカニズムの解明

千倉書房

目　次

序章 | # 問題意識

1. 本書の背景

　マーケティング研究において，マーケティング・コンセプトの実践，すなわち，マーケティングを理念や思想として掲げることが企業活動の成果を向上させるかどうかという議論は，マーケティングが現実のビジネスにおいて有効であるか否かに直結するため，過去から幾度となく繰り返されている。例えば，Hise (1965) の研究では，米国『*Fortune*』誌が毎年発表する「Fortune 500」に掲載された企業を対象に，マーケティング・コンセプトの実行について調査を行っている。その結果，企業規模が大きくなるにつれて，マーケティング・コンセプトを実行する企業の割合が増加するという傾向を明らかにしている。あるいは，McNamara (1972) では，消費財と生産財の企業とでマーケティング・コンセプトの考え方に違いがあるかどうかについて考察している。米国の企業約1,500社を対象に調査を行い，消費財企業は生産財企業よりも，マーケティング・コンセプトをより適用させ，実行させていることを確かめている。

　ほかにも，マーケティング・コンセプトに関して様々な視点から研究が取り組まれてきたが，共通した研究課題を有していた。マーケティング・コンセプトの実行は果たして，事業成果や新製品の成功にプラスの影響を及ぼすのだろうか。あるいは，マーケティング・コンセプトは組織において，どの

ような影響力を有するのか，というマーケティングの有効性に対する疑問である。

　マーケティング・コンセプトをスローガンや理念として謳うことは容易であるが，実際のビジネスでそれを成果に結びつけていくのは難しい。組織においてマーケティング・コンセプトを強調，実行し，成果へと結びつけていく際には，数多くの複雑な変数を考慮しなければならない。そのため，組み合わせられる変数で構成されるメカニズムを紐解く必要がある。単にマーケティングを理念として掲げ，教育制度や報酬制度を整え，優秀なマーケターを育成，採用するだけでは，マーケティングに競争優位性を有する組織にはなり得ないのである。

　このような問題意識から，先駆的な研究となったのが，『*Journal of Marketing*』誌に掲載された Narver and Slater（1990）と Kohli and Jaworski（1990）の研究である。各グループは，論文のなかで，市場志向（Market Orientation，以下 MO と略す）という概念を提唱することで，マーケティング研究で長年課題とされてきたマーケティングの有効性について解をもたらしている。両グループともに MO を提唱したことには変わりないが，Narver and Slater（1990）は，組織文化という側面から，MO が顧客志向，競争志向，職能横断的統合から成り立つとしている。一方，Kohli and Jaworski（1990）は，市場情報という側面から，MO が市場インテリジェンスの生成，普及，反応から構成されるとしている。

　マーケティング・コンセプトがマーケティング研究で繰り返し強調されながらも，マーケティングが事業成果にどのように結びつくのか，マーケティング・コンセプトとは一体何なのか，マーケティングを実現するための前提条件は何か，といったマーケティング研究の本質でありながらも，なおざりにされてきた重要テーマについて，MO は大きな進展をもたらしている。つまり，企業内外に取り巻く多種多様な変数で構成されるパズルに，MO という測定可能な変数を組み入れることで，これまで不明瞭であったパズルの全体像が鮮明にみられるようになったのである。

　したがって，本書は単にマーケティングを組織が実践しているかどうかを確認する表層的な内容ではなく，MO が先行要因によって組織内で生成し，

組織内外の環境要因から影響を受けながら，最終的に様々な成果要因に影響をもたらすまでの複雑なメカニズムの深層解明を目的としている。

　MOの重要性の高まりは，マーケティングの役割の変遷とも深く関係している。マーケティングの役割とは，経営上におけるマーケティングの在り方や位置づけを表す。1950年代において，マーケティングの役割は企業戦略の一部であった（Keith 1960）。その役割は時代とともに拡張し，1980年代には，企業戦略のみならず，顧客の視点がマーケティングには加味された（Webster 1988）。Webster（1988）では，マーケティングの役割は戦略的マネジメントを実現するため，顧客管理を行い，経営上のあらゆる場面において顧客にコミットし続けることであると主張している。つまり，マーケティングは，企業における中核的な戦略を担うだけでなく，企業が顧客にコミットすることができるほかにはない手段となり，従業員を顧客に向けさせる唯一の機能までを果たすようになった。

　このマーケティングの役割という視点から検討しても，どのようにすればマーケティングを実行した際に顧客に効果的にコミットできるか，あるいは，従業員と顧客との関係性が向上するのかといった積年の研究課題に，MOというマーケティングを測定できる組織変数を用いることで，答えられるようになったことが伺える。

　マーケティング研究では，Narver and Slater（1990）とKohli and Jaworski（1990）の研究が報告されて以降，MOへの関心は日々高まっていった。一方，ビジネスの世界でも，MOは重要視されるようになった。

　競争優位性を有する組織の実現を日々模索する経営者ならば誰でも，どのような視点に目を向ければ，競争優位性を獲得できるかということに常に関心をもつ。競争優位性を有する企業の条件については，様々な視点から議論がなされている。例えば，ビジョナリー・カンパニーやエクセレント・カンパニーといった取り組みがあげられる（Collins and Porras 2002；嶋口，石井，黒岩，水越 2008；Peters and Waterman 1982）。いずれの組織においても共通しているのは，マーケティング志向型の組織を目指している点である。ビジョナリー・カンパニーでは，「時を告げるより，時計をつくる」という長期のマーケティングの実現を論じている。一方，エクセレント・カンパニー

では，顧客目線の組織実行を唱えている。このことからもわかるように，今日の経営者は組織において優れたマーケティングを実現する組織を目指しているのである。

　世界中のトップ・マネジメントにおける MO の高まりを確かめるため，Kumar, Jones, Rajkumar, and Leone（2011）では，MO を実践している企業数を時系列で調べている。米国の SIC 業種コード（標準産業分類コード）に登録されている企業261社の CEO を対象に調査を行った結果，MO が 5 段階中，4 段階以上の評価であった企業数は，1997年には92社であったが，2011年には124社，2005年には188社にまで増加したと報告している。このことからも，実務界において日々，MO の重要性が高まっていることがみてとれる。

　マーケティング研究の世界，ならびに実務界，双方において MO 概念は様々な研究課題やビジネス活動の問題を解決できるため，1990年に誕生して以降，一大潮流として研究がさかんに取り組まれている。その結果，MO が事業成果やイノベーションに有効な成果をもたらすことが検証されている。だが，MO とこれらの成果変数の関係性は一様ではない。複雑性とダイナミズムを有するビジネス環境と組織内環境において，組織は様々な変数から影響を受けることになるため，最終的な成果は変化する。本書の問題意識は，まさにこの点にある。組織において，MO が与える成果要因への影響を明らかにするには，MO 生成に関する先行要因，MO と成果要因間に取り巻く組織内外のモデレーター要因，さらには，MO と同時に影響を及ぼす様々な要因を考慮することが不可欠となる。MO に関しては数多くの研究が取り組まれてきたなかで，先行研究ではいずれも MO に関して断片的な視点を取り上げているため，MO を取り巻くメカニズムの全体像を解明した研究は報告されていない。ゆえに，本書で取り上げる様々な視点から考察を試みることで，MO を包括的に解明することは，マーケティング研究に進展をもたらすとともに，実務界で求められる MO 型組織の実現に対しても有意義な価値が見出されると思われる。

2．本書の研究視点

　本書では，次の視点から光を当てて研究を進めることで，先行研究にはみられなかった MO を取り巻くメカニズムを解明する。

　第一の視点は，MO の二元性である。MO 概念は，1990年に『*Journal of Marketing*』において，Narver and Slater（1990）と Kohli and Jaworski（1990）において同時に提唱されるとともに尺度が開発されている。この際，2つの尺度のどちらかをある特定状況では優先して用いるといった明確な基準が存在しなかったため，MO 研究に取り組むたびに，研究者たちを混乱させた。この二元性の問題に焦点を当てながら，定義の改定や尺度の精緻化を取り上げた先行研究に基づいて，Narver and Slater（1990）と Kohli and Jaworski（1990）の MO の統一化を試みる。

　第二の視点は，MO の先行要因である。従来の MO 研究では，MO を先行要因に位置づけ，それが事業成果や新製品の成功などのマーケティンの成果変数へどのような影響を与えるかを探索する研究が重点的に取り組まれてきた。一方，MO の源泉となる MO の先行要因を探索する研究にはあまり光が当てられてこなかった。そこで，本書では，第二の視点として，MO の先行要因について整理と解明を試みる。この MO の先行要因を明らかにすることは，理論的のみならず，実務的にも貴重なインプリケーションを有する。MO に影響を与える先行要因を強化することで，組織の MO をいっそう高めることができるからである。

　第三の視点は，製品開発における MO である。初期段階の MO 研究においては，MO が製品パフォーマンスを高めることは明らかにされている。だが，製品開発プロセスは，市場の成熟化や競争激化，グローバル化によっていっそう複雑になっており，製品開発において MO を取り入れていく際には，先行研究では取り上げられていない変数にも目を向ける必要がある。そこで，本書では，先行研究の限界，あるいは，ビジネス環境の変化を踏まえながら，製品開発のコンテクストにおいて，新たな変数を見出し，MO との関係性について定量的に検証を試みる。

第四の視点は，代替的志向性である。現実の組織では，MOのみが，組織の志向性であるわけではない。複数の志向性が混在し合って，組織の志向性を形成している。そればかりか，新たな競争優位の基軸となるべく，組織自らがこれまでにない志向性を創ろうとする動きもみられる。マーケティング研究では，古くから製品志向や販売志向などについては，断片的に研究が進められている一方，網羅的に代替的志向性を整理した研究は存在していない。そこで，本書では，先行研究をもとに，包括的に代替的志向性を整理したうえで，あまり研究が進められていない未解明の代替的志向性に注目し，その志向性が及ぼすメカニズムについて検討する。

　第五の視点は，組織におけるMO普及である。MO研究では多くの場合，研究単位を組織としたテーマが取り組まれてきた。一方，研究単位をよりミクロな従業員個人としたテーマは見落とされている。そこで，個人レベルのMO（Individual Market Orientation（IMO）: Lam, Kraus and Ahearne 2010）に焦点を当てながら，個人間でどのようにMOが組織内で伝播していくかについて考察する。これは，実務的にも有意義なインプリケーションを有している。どのような要因を考慮すれば，組織にMOをより効率的に普及できるかが解明できる（Lam, Kraus, and Ahearne 2010）。あるいは，優れた成果をもたらすMO型従業員をどのように育成するかも明らかにされる（Furrer, Lantz, and Perrinjaquet 2004）。

　第六の視点は，リレーションシップ・マーケティングへのMOの展開である。MOは，製品開発のコンテクストに留まらず，リレーションシップ・マーケティングにも進展している。リレーションシップ・マーケティングでは，B to Cの関係性だけでなく，B to Bをはじめとする企業間の関係性についても，数多くの研究が取り組まれている。そこで，ビジネスの川上に位置する企業がMOを取り入れた場合に，その企業のみならず，川下に位置する企業である顧客にどのような影響を及ぼすのかという複数企業におけるメカニズムの解明がなされる。IT化の進展により，企業間取引がますます活発化するなか，リレーションシップ・マーケティングのコンテクストでも，MOの重要性は高まっている。

　第七の視点は，サービス・マーケティングへのMOの展開である。サー

ビス業では，無形性や不可分性など，5つのサービス特性に代表されるように，既存のマーケティングとは異なる論理が存在している。MO研究でも同様に，サービス・マーケティングのコンテクストでは，通常とは異なる変数が存在するため，他ではみられない現象を捉えられる。サービス経済化が進み，新たなサービス企業やサービス・ビジネスが次々に台頭するなか，サービス・マーケティングにおけるMOのメカニズムを解明することは，理論的，実務的に重要な示唆を有する。

3．本書の研究方法

　本書の研究方法は主に文献レビュー型と，定量データを用いた実証分析型という双方の研究方法を用いている。各章の前半の節においては，文献レビュー型の理論的研究を実施した。各章の研究目的にかかわる先行研究を広範にわたりレビューし，知見を整理することにより，本書の位置づけ，および，その後に続く実証分析の理論的背景を明確にしている。

　章の後半の節においては，実証分析型の研究方法を用いている。ここでは再度，関係する諸研究の知見をレビューしたうえで，仮説を設定（ただし，第1章では仮説を導出していない），実証研究を行うことで（第5章は命題導出まで），仮説モデルのメカニズムを明らかにしている。各章の前半では，理論的な整序を試み，そのうえで，仮説モデルを構築し，そして，実証分析へと議論を展開することにより，各章における実証分析の目的や意義が明確になるように努めた。

　実証分析を行う際の研究方法についても工夫した。MOに関する従来の実証研究では，各企業1名のマネジャーに対して，サーベイ調査を実施し，ある特定の製品を想像してもらい，設問に回答させるという方法が一般的に用いられてきた。

　しかしながら，単一回答者によって独立変数と従属変数を答えてもらうと，因果関係が実際よりも強くみられるというコモン・メソッド・バイアスが生じてしまう。こうしたバイアスをできるかぎり排除するため，本書では複数の方法を用いて対応している。第2章**第5節**では，Herman's one factor test を実施することで，各変数が一定の独立性を有していることを確かめている。また，第3章**第6節**のサーベイでは，営業担当者と開発マネジャーへの2段階サンプリングを，第6章**第5節**では，売り手企業のセールス・パーソン，買い手企業の購買担当者，そして，その上司という三者を1セットとするトライアド・サンプリングを実施することにより，コモン・メソッド・バイアスをできるかぎり排除している。

　また，本書では，時代の最先端を走る企業のマーケターへのインタビューを実施することで，理論的インプリケーションのみならず，貴重なマネジリアル・インプリケーションを含むフレームワークを導出している。第4章では，グローバルにビジネスを展開するわが国の企業のブランド担当者に対して，あらかじめ質問項目を決めておく半構造化インタビューを行うことで，組織の志向性が IMC（Integrated Marketing Communication），ひいては事業成果に及ぼすまでのメカニズムに関する仮説モデルを導出している。

4．本書の内容

　本書は，6章により構成されている。前半である第1章から第3章では，MO の理論的基盤の把握，ならびに，MO の先行要因と成果要因の解明に焦点が当てられている。MO はどのような時代背景を基に誕生したのか，Narver and Slater（1990）と Kohli and Jaworki（1990）の MO の違いとは何か，あるいは，MO の先行要因と成果要因は何か，といった疑問の解明に取り組んでいる。特に，Narver and Slater（1990），あるいは，Kohli and Jaworki（1990）が提唱した MO の理論的背景の考察の際には，マーケティング研究のみならず，経営学，組織論，社会心理学といった近接した学問分野までを含めて，研究に取り組んでいる。

　第1章「市場志向の理論的背景」では，MO 誕生以前のマーケティング研究，ならびに，MO 誕生に関連する先行研究のレビューがなされている。過去の先行研究を概観することで，MO 誕生に至るまでの理論的な系譜や背景について把握している。MO 誕生の確信に迫るため，本書では，マーケティング・コンセプトに関する研究，マーケティングの役割を考察した研究，組

織文化を取り上げた研究という3つの研究潮流から考察している。

　第2節からは，MO の二元性について議論が展開されている。MO は，組織文化を理論的基盤とする立場（Narver and Slater 1990）と，市場情報を理論的基盤とする立場（Kohli and Jaworski 1990）がある。この MO の二元性について論じるとともに，第3〜4節では，両概念の下位要素，定義と測定尺度の進化と改良，そして尺度統一化の試みがなされる。

　第2章「市場志向の先行要因の解明」では，MO を生成する組織特性を理解するため，MO の先行要因に焦点が当てられている。マーケティング研究の枠を超え，第1〜2節では組織論や経営学といった領域に及ぶレビューを踏まえ，組織構造，組織の人的要因，組織戦略，従業員レベル，国レベルという5つの視点から先行要因を明らかにしている。第3〜4節では，先行要因のなかでも，先行研究で課題が残されていたリーダーシップ・スタイルに焦点を当て，MO への影響について論じている。リーダーシップ・スタイルの違いによって，組織の MO に違いが生じるならば，組織は MO を高めるリーダーシップ・スタイルを有するリーダーを採用，あるいは，育成することによって，効果的に MO を高め，事業成果を向上させることができる。本書では，Bass（1985）の3つのリーダーシップ・スタイルを援用しながら，わが国の製造業の企業の事業部長へのサーベイ調査を行うことで，リーダーシップ・スタイルが MO，ひいては事業成果に及ぼすかどうかについて検証する。

　第3章「製品開発において市場志向が成果要因に及ぼす影響」では，組織活動のなかでもとくに，製品開発において，MO がどのように影響するかという視点に焦点を当てて論じている。第1〜3節の製品開発研究では，多くの MO 研究が取り組まれていることから，MO と新製品パフォーマンスの因果関係に関する研究，MO と新製品パフォーマンスのモデレーター要因に関する研究，両者の媒介要因に関する研究という3つの潮流ごとにレビューに取り組む。そのうえで，先行研究の課題を踏まえて，1つの実証分析を試みる。

　第4〜5節の製品開発を扱った MO 研究では，MO がナレッジマネジメント・アクティビティに及ぼす影響について，ナレッジマネジメントに関す

る限られた変数が取り上げられてきただけであり，ナレッジマネジメントの活動面に目を向けた研究は取り組まれていない。そこで，理論的基盤を情報プロセス（川上 2005）に依拠しながら，ナレッジマネジメントの活動面である「ナレッジマネジメント・アクティビティ」を規定し，それが MO からどのような影響を受け，新製品パフォーマンスに影響するのかについて解明を試みる。

中盤である第 4 章と第 5 章では，組織内には MO の他にどのような志向性が存在し，影響を及ぼしているのか。あるいは，組織内において，MO は従業員という個人レベルでどのように伝播していくのか，という問題意識に焦点を当てている。第 3 章まででは，MO の先行要因と成果要因にフォーカスし，MO は組織内外の様々な先行要因から影響を受ける一方，新製品や製品優位性をはじめとする様々な成果要因にも優れた影響をもたらすことを明らかにしている。あるいは，環境変数や組織変数から，MO の効果が左右されることも解明している。第 4 章と第 5 章では，前章までの結果を踏まえ，議論をさらに進め，MO と並列関係にある代替的志向性を把握するとともに，組織において MO がどのように普及するかというメカニズムについて考察する。

第 4 章「組織における代替的志向性」では，MO と代替的な関係にある様々な志向性について考察している。現実における組織では，MO のみならず，製品志向，販売志向，技術志向など，様々な志向性が存在している。マーケティング研究では，製品志向や販売志向など，一部の志向性について研究が進められており，どのような志向性をもつことが最もパフォーマンスを高めるかについて繰り返し議論がなされてきた。しかしながら，代替的志向性に関する先行研究では志向性ごとに個別に議論が展開されているため，包括的にどのような代替的志向性が存在しているかを整理したものは取り組まれていない。そこで，第 4 章では，まず，先行研究のレビューを行い，代替的志向性の整理と研究段階を把握していく。

第 5 章「組織における市場志向の普及プロセス」では，組織における市場志向の普及プロセスについて考察する。前章までで論じている MO 研究はすべて，マクロ単位，つまり，組織レベルにおける MO のメカニズムに焦

点を当てている。したがって，研究における問題意識は，MO が浸透した組織では，収益は向上するのか，MO 型組織では製品を成功に導けるのか，あるいは，MO と代替的志向性はどちらが製品をより向上させるかなどであった。一方，第5章では，視点を変えて，ミクロ単位，つまり，従業員個人という単位で，MO が及ぼす影響について考察している。問題意識は，どのような特性を有する従業員が MO 型行動をとりやすいか，どのようにすることが MO 型人材をつくるのか，あるいは，トップ・マネジメントが MO を標ぼうした場合，どういった要因から影響を受けながら，どのように部下にMO が浸透していくかなどである。

　第5章では，まず，個人レベルの MO（IMO）研究について，二者間，三者間を扱った研究，個人からの影響を考察した研究，個人レベルのサービス志向に取り組んでいる研究，個人間の普及過程を扱った研究という4つの研究潮流ごとにレビューを試みている。そのうえで，先行研究の課題を踏まえ，次の2つの視点に光を当て，さらに考察を試みる。

　1つ目の視点が，従業員の価値観が MO に及ぼす影響である。この際には，MO という組織レベルの概念を従業員という個人レベルの概念に単位を統一させるため，MO に関しては，Individual Market Orientation（Lam, Kraus, and Ahearne 2010）を援用している。また，心理学研究における因果連鎖モデル（Homer and Kahle 1988）を援用しながら，個人の価値観が IMO 態度に及ぼすメカニズムについて論じる。

　2つ目の視点が，組織における MO の普及プロセスである。組織において，上司と部下の間で，どのように IMO が普及していくかということを問題意識としている。そこで，萌芽的研究である Lam, Kraus, and Ahearne（2010）に基づいて，両者のモデレーター要因について検討している。Lam, Kraus, and Ahearne（2010）の研究では，モデレーター要因として，組織との同一化の程度とネットワークの大きさを扱っており，他のモデレーター要因を取り上げていない。そこで，本書では，個人間の接触や情報伝播に関する社会心理学の理論を援用しながら，複数のモデレーター要因を探索し，上司から部下へと IMO が伝播する際に影響を与えるメカニズムについて考察する。

第6章では，近接するマーケティング研究の領域にMOが与える影響について考察している。初期にみられるMO研究では，MOと親和性の高いマーケティング戦略や製品開発の領域で研究が取り組まれることがほとんどであった。だが，研究段階が進むにつれて，近接する研究領域にある諸概念との関係性やメカニズムについても検討されるようになっている。そこで，第6章では，リレーションシップ・マーケティングとサービス・マーケティングに対してMOがどのような影響を及ぼすのかについて考察する。いずれの研究領域においても，それぞれで特有の変数や組織形態，あるいは組織間の関係性があるため，各領域の研究特徴を踏まえながら，MOを取り入れることによって新たに解明される現象やメカニズムについて解明する。

　第1節「市場志向がリレーションシップ・マーケティングに関する変数に及ぼす影響」では，リレーションシップ・マーケティングへと展開されたMOに関する研究について検討する。リレーションシップ・マーケティング研究では，複数の企業，供給業者と販売業者，マネジャーとセールス・パーソンといった複雑な取引関係のメカニズムが，コミットメントや信頼といったリレーションシップ・マーケティング特有の変数を用いて紐解かれてきた。本書では，MOの視点を取り入れることで，一方のプレイヤーがMOを有する時に，もう一方のプレイヤーにどのような影響を及ぼすかが解明される。

　第2節「市場志向がサービス・マーケティング変数に及ぼす影響」では，サービス・マーケティングへと展開されたMOに関する研究について検討する。サービス・マーケティングでは，サービス品質をはじめとするサービス・マーケティング特有の変数が存在していたり，銀行やホテルなど，他の業態とは異なる特殊なビジネス形態があったりしたりするため，MOがもたらす影響にも他の章とは異なる成果が期待される。

　中盤からは，リレーションシップ・マーケティングへと展開された研究のレビュー結果に基づいて，先行研究ではほとんど取り組まれていない三者というビジネス・プレイヤー間において，MOがもたらす影響について明らかにする。川上に位置する供給企業におけるセールス・パーソンのMOが，川下に位置する顧客企業における購買担当者の成果変数に，彼らの上司の影

響を受けながら，どのようなインパクトをもたらすかについて考察する。検証の際には，供給企業のセールス・パーソン，その顧客である購買担当者，その上司を1セットとするトライアド・サンプルを用いている。これにより，MO が自社の枠を超え，顧客企業の事業成果に対してどのような影響を与えるかについて理解できる。

第1章 市場志向の理論的背景

1. 市場志向発生の時代背景

　マーケティング戦略が企業活動の成果に有効かどうかという議論は，マーケティングが実務において有益かどうかを表すため，マーケティングを語るうえで避けることができない永遠のテーマである。ながらくマーケティング研究ではマーケティングが企業活動の成果に対して有効かどうかを測定するための概念を「市場志向（Market Orientation, 以下 MO と略）」とし，これまでに多くの議論を重ねてきた。MO を題材とした研究については，Kohli and Jaworski（1990）や Narver and Slater（1990）により提唱された1990年から今日までに，すでに1,300本以上にのぼる論文が発表されている（図1-1）[1]。さらに近年ではマーケティング研究に留まらず，経営学さらには組織論に至るまで，幅広い領域において研究が展開されている。

　わが国においても2005年を超えたあたりから，MO を題材にした研究が行われはじめている（e.g., 川上 2005；水越 2006a, 2006b；石田, 岩下, 恩藏, イム 2006；恩藏, 岩下 2007）。そして日本企業においても MO が重視されはじめている（嶋口, 石井, 黒岩, 水越 2010）。MO がなぜこれほど多くの研究テーマとして研究者たちに扱われ，さらに実務面でも，世界中の経営者たちに注目されるようになったのだろうか（Kumar, Rajkumar, and Leone 2011）。**第1節**では，MO 誕生の経緯，ならびに，MO によってもたらされたマーケティング

図 1-1　市場志向を題材とする論文数の推移

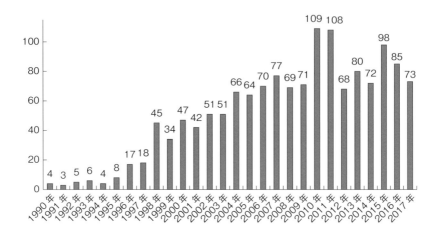

研究の進展解明を目標とする。

　次項 1-1 ではまず，MO が提唱された1990年以前のマーケティング研究の課題を明らかにし，続いてその課題が MO によってどのように克服され，さらにマーケティング研究に進展をもたらしたかについて論じていく。

1-1. 1990年代初頭のマーケティング研究の課題

　MO 概念を題材とした研究は，Kohli and Jaworski（1990），および Narver and Slater（1990），そして Deshpandè, Farley, and Webster（1993）がいずれも『*Journal of Marketing*』誌において，MO の概念および尺度開発を行ったことを契機に始まっている。どのような研究課題を背景に MO は誕生したのだろうか。

　研究課題として，Kohli and Jaworski（1990）では「マーケティング・コンセプト研究の限界」を，Narver and Slater（1990），および Deshpandè, Farley, and Webster（1993）では当時組織論においてホットな題材であった「組織文化の必要性」を，さらにこれらの3つの論文において共通する課題としては，「マーケティングの役割の考察」を示している（図 1-2）。

図1-2　MO 誕生の契機となる研究潮流と，MO の原点となる3つの論文との関連性

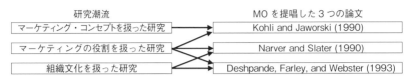

注：矢印は，1990年以前の3つの研究潮流と，Kohli and Jaworski（1990），Narver and Slater（1990），Deshpande, Farley, and Webster（1993）という3つの研究とのつながりを示す。

1-2. マーケティング・コンセプトに関する研究の限界

　マーケティング・コンセプト研究は，1950年代後半から取り組まれはじめ（Felton 1959），様々な研究者がマーケティング・コンセプトを定義づけしている。

　Felton（1959）では，マーケティング・コンセプトとは，すべてのマーケティング機能に調和を求める企業の心の状態であり，長期的に利益を最大化する目標であると説いている。また Kotler and Zaltman（1971）によると，マーケティング・コンセプトとは，組織が利益や顧客満足の向上のためにすべての活動に目を向ける企業理念であるという。

　マーケティング・コンセプトについては精力的に研究が進められてきたが，思想かつ理念に関する論考に留まり定量的な実証研究が施されてこなかった（McGee and Spiro 1988）。ゆえに1960年代から1970年代を中心に行われたこのマーケティング・コンセプト研究は，マーケティングという考えを，経営の重要な役割に位置づけるための伝播的色彩が濃かったと考えられる。

　以降では，マーケティング・コンセプトに関する研究の限界を明らかにするため，同研究潮流をさらに，「マーケティング・コンセプトをフィロソフィーとして扱った研究」と「マーケティング・コンセプト実行に伴う実証研究」に分類し，考察していく。

◆マーケティング・コンセプトをフィロソフィーとして扱った研究

　「マーケティング・コンセプトをフィロソフィーとして扱った研究」から
みていこう。当時のマーケティング研究者の多くは，マーケティングをフィ
ロソフィーとして掲げても，利潤を追求するのみで社会的責任までを果たせ
ないことを指摘している（e.g., Bell 1971; McGee and Spiro 1988）。マーケティ
ングといった利益志向のフィロソフィーを掲げた場合，資本市場で利益を追
求することが企業の目指すべき行動となるため，社会に向けて正しいことを
必ずしも遂行しない場合がある。

　したがって，フィロソフィーとしてマーケティング・コンセプトを扱った
研究では，マーケティングが利益を追求することが多く，社会的責任をあま
り果たしていないことを指摘している。

◆マーケティング・コンセプト実行に伴う実証研究

　「マーケティング・コンセプト実行に伴う実証研究」には，どのような限
界があったのだろうか。「マーケティング・コンセプト実行に伴う実証研究」
とは，企業がマーケティング・コンセプトを実行したときに他の変数に与え
る影響を解明する研究テーマを示す。代表的な研究である Hise（1965）で
は，『Fortune』誌に記載されている273社の製造業の企業を売上高8,500万ド
ル以上131社，1,000万ドル以上かつ5,000万ドル以下121社，その他21社とい
う３グループに分け，マーケティング・コンセプトを示す「顧客志向」の６
項目をはじめ，「収益性を求められている部門数の割合」と「組織の特徴」
のそれぞれ５項目，さらに「マーケティング部門における組織上の特徴」の
12項目で，単純集計を行っている。

　また，McNamara（1972）では，業種によって，マーケティング・コンセ
プトの実行に違いがあるかどうかを研究している。サンプルとして21業種
1,492社を用いて，「適用」と「実行」という２つの項目について，被験者に
メールと電話を通して調査を行った。「適用」とは企業の経営理念にマーケ
ティング・コンセプトを取り入れているかどうか，「実行」とは特定の活動
に対し，マーケティング・コンセプトを取り入れているかどうかを示す。回
答結果から，消費財メーカーが生産財メーカーよりもマーケティング・コン

セプトを適用し，実行していることが明らかにされている。理由として，生産財購入時に供給業者を選ぶ際，生産財メーカーは顧客の声よりも相対価格や品質を重視すること，生産財メーカーの方が消費財メーカーよりも顧客数が少ないこと，生産財メーカーの問題の多くが顧客の不満でなく，技術の不具合にあることをあげている。

しかしながら，1980年代後半に入り，マーケティング・コンセプトの実証研究が行われなくなった。マーケティグ・コンセプトを実行したときの有効性に，疑問が投げられたからである。例えば，McGee and Spiro（1988）では，特定の市場環境では，マーケティング・コンセプトの有効性が減少するのではないかと論じている。当時のマーケティング研究者たちがマーケティング・コンセプトの有効性を疑問視しはじめたのである。

1-3. マーケティングの役割の変化

Kohli and Jaworski（1990），Narver and Slater（1990），および Deshpandè, Farley, and Webster（1993）では，MO を提唱する際，マーケティングの役割について論じている。マーケティングの役割とは，経営戦略のなかでのマーケティングの在り方や位置づけ，あるいはマーケティングと他の機能との関係を考察する研究を示す[2]。本潮流の端緒となる研究には，Keith（1960）の研究があげられる。同研究では，食品加工業のピルスベリー社を取り上げ，時代ごとに4フェーズに分類し，マーケティングの役割の変遷について論じている。

第1フェーズである1869年から1930年までは，「生産志向」の時代である。この時代では，品質の優れた麦や水力発電を重視しており，価格や市場といった概念には光が当てられていない。

第2フェーズにあたる1930年から1950年までは，「販売志向」の時代である。この段階において経営者は初めて，消費者やウォンツを意識しはじめた。マーケティング・カンパニーという言葉はこの時期に生み出されている。

第3フェーズである1950年代には，「マーケティング志向」が取り入れられる。この段階では，経営者たちは，売上高を稼ぐため何百もの異なる新製

品を作らねばならなかったため，どの製品を開発するかという意思決定を迫られた。したがって経営者たちは，穀物を製粉するような単なる製造に留まらず，むしろ顧客のニーズや欲求を満足させるため，マーケティング活動に力を入れはじめた。

　第4フェーズの1960年代は，「マーケティング志向」から「マーケティング・コントロール」へと移行した時代である。この段階ではマーケティングは，製品や売上という同一次元を超えて，一段階高い経営の中枢機能として役割を担いはじめた。そのため資産，財務計画，利益目標はすべてマーケティングの管理下に存在するようになった。したがってマーケティングの役割を考察する際には，経営の中枢に据えるマーケティングを，どのように管理しコントロールするかに論点がおかれるようになった。

　さらに1970年代に入り，マーケティングを実行した際のビジネス・パフォーマンスに対する効果について議論がなされはじめた。Kotler（1977）によれば，顧客を掲げた理念，統合されたマーケティング戦略，適切なマーケティング情報，戦略志向，オペレーション効率性という5つの要素のバランスを考え，マーケティング効果の向上に，企業は尽力すべきであると説いている。

　1980年代には，マーケティングの役割の議論に，戦略的な視点が加えられている（Webster 1988）。Webster（1988）によれば，戦略プランを実行する企業の多くがその準備に時間を費やしすぎるため，競争効率が失われているという。そこで戦略プランに代わり，戦略的マネジメントを提唱した。そのなかでマーケティングの役割は，顧客管理を行い，組織上のあらゆる事業で顧客にコミットメントすることにあった。

　Webster（1988）の研究での重要な示唆は，マーケティングの役割を，以前のような顧客満足の実現ではなく，顧客とコミットメントを図る手段として捉え，企業と顧客の関係性構築を担えるものと説いたことにある。

　以上からマーケティングの役割は，1960年代の企業における中核的な経営機能を担うものから（Keith 1960），企業が顧客とコミットする唯一の手段でありその適合性を図るものへと（Webster 1988），移り変わっていることが伺える。そして，MO誕生以降では，マーケティング志向をもった従業員が顧

表1-1　マーケティングの役割の変遷

	1950年代	1960年代	1970年代	1980年代
マーケティング的な視点	マーケティング志向，製品，売上，広告のマネジメント	マーケティング・コントロール，財務，資産，売上などのすべての機能を，マーケティングがコントロール	マーケティング効果を考える必要性の浮上	顧客満足の実現のため，顧客へのコミットメントが重要視される
戦略的な視点	マーケティングは，企業戦略の1つ	マーケティングには，長期的な戦略プランが必要		戦略的にマーケティングを考察する必要性戦略的プランから戦略的マネジメントへ

客にどのような影響をもたらすかを解明できるようになったのである。**表1-1**に，マーケティングの役割の変遷をマーケティングの視点と戦略的視点から整理しておく。

1-4. 組織文化研究の必要性

MO は，組織文化に関する研究からも影響を受けている（Deshpandè, Farley, and Webster 1993）。組織文化に関する研究は，1970年以降頻繁に行われた M&A により，企業の統合が増加し，異なる文化の組織同士をどのように管理するかを考察する必要が生じたため，組織の文化的側面に関心が向けられ，研究が始められたといわれている（Schwartz and Davis 1981）。まず組織論を専門とする研究者たちが組織文化について研究をはじめ（e.g., Vancil, 1978; Pettigrew 1979），続いてその影響を受けてマーケティング研究者たちも関心をもちはじめた（Bonoma 1984）。

組織論における黎明期の組織文化に関する研究の題材は，文化に関する考察であった。きっかけは，1980年代以降に日本が米国と肩を並べる経済大国に成長した競争力の源泉を，組織の規模や設備ではなく，文化に起因すると考えたことにあった（e.g., Pascale and Athos 1981; Sathe 1983; Kilmann, Saxton, and Serpa 1985; Hofstede 1991）。Schwartz and Stanley（1981）では，AT&T を例に文化と風土の違いについて論じている。文化がメンバーによって共有

された信頼や期待を表すのに対し，風土がメンバーによる期待を表現したものであるという。

ほかにも様々な研究が行われている（e.g., Sathe 1983; Wilkins and Ouchi 1983）。Wilkins and Ouchi（1983）では，組織に共有された文化を変化させるのは新しい規則を構築するよりも困難であるが，文化は規則よりも組織に馴染みやすいため，うまくいけば規則よりも根づきやすいと主張している。

組織論における文化の概念がマーケティング研究に本格的に取り入れられたのは，Bonoma（1984）からである。彼は，事例を踏まえて組織における文化の重要性について論じている。優れた経営者は取引相手や流通業者などの顧客の意向を正確に認識することを望む。そのため顧客とのパートナーシップやエンドユーザーとの関係性を図り，顧客にマイナスとなる従業員の欠点を克服したいと考える。この欠点を補う機能が文化にあるという。

Weitz, Sujan, and Sujan（1986）では，組織文化とセールス・パーソンの関係について研究を行っている。セールス・パーソンに影響を与える先行要因として，「環境」，「特性」，「行動」の3つを取り上げている。彼らによれば，組織文化は「環境」を構成する要素であり，セールス・パーソンの特性の1つである「報酬志向」に影響し，ひいては組織パフォーマンスに結びつくと論じている。

続いて，Deshpandè and Parasuraman（1986）では，ボストン・コンサルティング・グループが提示したポートフォリオ・マトリックスや製品ライフサイクルといったフレームワークに，コンティンジェンシー・アプローチを援用しながら組織文化を適用している。

Deshpandè は組織文化に関する研究をさらに続け，マーケティング・マネジメントにおける4つの視点から，組織文化の重要性を説いている（Deshpandè and Webster 1989）。第一のグローバル・マーケティング・マネジメントでは，コカ・コーラとネスレのグローバル・マーケティングを比較し，前者が標準化の実現を，後者がローカル・マーケットの制覇を目指すという違いに着目しながら，グローバル・マーケティングの成功は従業員の価値観や信念に依ると述べている。

第二のマーケティング・マネジメントでは，企業は従業員の価値観と信念

を明らかにするべきで，その価値観や信念の根底に組織文化があるという。第三のマーケティング認知においては，共有化された知識の集合体が組織文化であるという（Myer, William, and Steplen 1980）。第四のマーケティング・シンボリズムでは，企業の価値観，規範，哲学といった文化的要素の重要性について指摘している。4つの視点のほとんどに文化という言葉を用いていることからもわかるように，Deshpandè and Webster（1989）の研究ではマーケティング・マネジメントにおいて文化を重視しているのである。

　以上から，1980年代中盤から文化に関する研究が組織論からの影響を受け，マーケティング研究においてもはじめられ徐々に取り組まれていったことがうかがえる。

　表1-2では，文化の概念が生まれた実務背景，組織論における文化研究の潮流，そしてマーケティング研究で文化が取り入れられるまでの研究系譜を示しておく。

表1-2　組織文化研究がマーケティング研究に取り入れるまでの流れ

	1970年以降	1980年前半	1980年中盤	1980年後半
実務背景	M&A には文化を考察することが重要である（Schwartz and Davis 1981）			
組織論研究	米国より日本がどうして勝っているか。理由は，文化が異なるからである（Pettigrew 1979）	「組織」の要素に文化の変数を取り入れる（e.g., Pascale and Athos 1981）	多くの「組織文化」について扱った研究（e.g., Sathe 1983; Kilmann, Saxton, and Serpa 1985）	
マーケティング研究			文化について扱う研究（Webster 1981; Bonoma 1984）	マーケティングに組織文化を取り入れる（Deshpandè and Parasuraman 1986; Deshpandè and Webster 1989）

1-5. MO がもたらしたマーケティング研究の進展

MO 誕生の経緯を探るため，マーケティング・コンセプト研究，マーケティングの役割を扱った研究，組織文化研究という研究潮流の視点から，当時の研究課題を整理した。MO の登場により，これらの3つの研究潮流はどのように進展したのか。

マーケティング・コンセプト研究をフィロソフィーとして扱った研究（1-2）では，課題としてマーケティングが資本市場における事業の成功に目を向けるのみで，社会的責任の視点が欠落している点があげられた。だが MO の登場により，マーケティング研究のテーマが企業の社会的責任にも向けられるようになった。例えば Liao, Foreman, and Sargeant（2001）では，MO を用いて，社会的責任の程度を測定する CSR 志向を開発している。

マーケティング・コンセプト実行に伴う実証研究（1-2）の限界は，統計処理を用いてマーケティング・コンセプトの有効性を実証できない点にあった。Kohli and Jaworski（1990）および Narver and Slater（1990）の MO 尺度はいずれも信頼性と妥当性が検証され開発されているため，研究者たちはマーケティングの有効性を統計的に検証できるようになった。結果として彼らの研究以降，マーケティング戦略の有効性を測定する研究が様々な研究者により数多く報告されている（e.g., Slater and Narver 1994; Deshpandè and Farley 1996; Han, Kim, and Srivastava 1998; Matsuno and Mentzer 2000; Cano, Carrillat, and Jaramillo 2004; Kirca, Jayachandran, and Bearden 2005; Grinstein 2008）。

続いて，マーケティングの役割を扱った研究（1-3）では，マーケティング目標が1980年後半には一時点の顧客満足向上ではなく，継続的な顧客とのコミットメント構築になったことをあげた。この課題に対し，マーケティング志向の従業員とその顧客との関係性を測定できるようにしたことで，MO は解を見出している。

例えば，リサーチ・デザインを二者，三者で設計し，MO にコミットメントや信頼といった変数を取り入れたモデルの構築が行われている（e.g., Siguaw, Brown, and Widing 1994; Siguaw, Simpson, and Baker 1998; Steinman,

Deshpandè, and Farley 2000; Langerak 2001)。あるいは，MO が供給業者と販売業者の間でどのように関係しているかを扱った研究もある（Siguaw, Simpson, and Baker 1998）。Siguaw, Simpson, and Baker（1998）では，分析結果から，供給業者の MO は自らのコミットメントやチャネル・リレーションシップを強化し販売業者の MO を高め，さらにその志向が販売業者の満足にまでプラスに影響することを明らかにしている。

　最後に，組織文化を扱った研究（1-4）では1980年代後半，マーケティングに組織文化の概念が取り入れられはじめたことについて論じた。結果として，MO はこの影響を受け，組織文化の概念を取り入れ開発されている。例えば，Narver and Slater（1990）では MO を，従業員が顧客に対する価値を創り出す組織文化であると述べている。MO は組織文化研究の流れを受けて，マーケティング的な思想や発想を考察するうえで，組織文化を根底において開発されたのである。

２．市場志向の二元性と理論的基盤

　表１-３で示されるとおり，MO は当時のマーケティング研究の課題を克服し，様々な研究潮流を大きく前進させた。この MO は1990年に Narver and Slater と Kohli and Jaworski という２つの米国の研究グループにより別々に提唱され，定義および尺度開発が個別に行われている。双方ともに世界のトップジャーナル誌である『*Journal of Marketing*』誌に掲載されたため甲乙つけ難かったこともあり二元性のある概念として今日にいたっている。この際２つの尺度のどちらかをある状況では優先して用いるといった明確な基準が存在しなかったため，のちの研究が行われる度に混乱を起こしてしまった。ゆえに多少ながら統一化の試みがされてきたものの（e.g., Deshpandè and Farley 1996），一貫して用いられる統一的尺度開発までには到達していない。そこで，以降では，MO の二元性について注目し，両者の理論的基盤，定義，尺度という視点から考察を行い，MO の統一化を試みる。

表1-3　2つの MO 概念における理論的背景の相違

研究分野	理論・概念	代表的な研究	Kohli and Jaworski (1990)	Narver and Slater (1990)
経済学	経済合理性	Dickson (1992)	○	
経営学 組織行動論	コントロール・メカニズム	Jaworski (1988)	○	
	行動モデル	Cyert and March (1963)		○
	資源依存モデル	Pfeffer and Salancik (1978)		○
	顧客ベースモデル	Anderson (1982)		○ (顧客志向)
	組織文化	Deshpandè and Webster (1989)	○	○
社会学	社会システム理論	Van de Van and Joyce (1981)	○	
戦略論	競争優位性	Porter (1985) Day and Wensley (1988)		○
	持続的競争優位	Barney (1991)		○

注：組織文化に関しては「2-1．文化的側面からの市場志向」にて，両尺度の理論的背景になった理由が
　　記載されている。

2-1．文化的側面からの市場志向

　まず，2-1では，2つの MO における理論的基盤の違いについて考察する。Narver and Slater（1990）では，組織が持続的な競争優位を維持するためには，顧客に優れた価値を常に創り出す必要があり，この価値創造の源泉が MO という組織文化であると論じている（e.g., Webster, 1988）。MO をベースとする場合の価値とは，買い手が期待した価値から獲得コストを差し引いたものを示す。売り手は買い手の利益増大，あるいは，買い手のコスト減少を実現することで，価値増大を図れる。したがって，MO を備えた売り手は買い手に優れた価値をどのように提供するかを考える。

　それでは，買い手に優れた価値を提供する MO には，どのような理論的背景があるのか。Narver and Slater（1990）では主に競争優位性（Porter, 1985）をあげている（Narver and Slater, 1990, p.21）。彼らは，MO という組織文化こそが競合他社に模倣されない競争優位性であると主張している。

MO の下位概念の１つである顧客志向の理論的基盤には，Anderson（1982）の顧客ベース理論がみられる。この理論の原点には，組織論の行動モデル（behavioral model）と資源依存モデル（resource dependence model）がある。

行動モデルでは，企業を個人の連合体と定めている。この連合体には，マネジャー，労働者，株主が存在する（e.g., Simon 1955, 1959, 1964; Cyert and March 1963）。そして，企業目標はこれらのメンバーの間で共有されるものとなる。

このモデルを基に，Pfeffer and Salantick（1978）が，資源依存モデルを提唱している。このモデルでは，連合体の視点を取り入れ，連合体によって必要な資源を保有，獲得するとともに，依存し合う外部組織との関係を管理することが企業存続の鍵になると記している。外部組織とは，顧客をはじめ，政府機関，同業者，サプライヤーを示す。

Anderson（1982）は，この資源依存モデルを援用しながら，マーケティング研究の分野において，顧客ベース理論を構築している。同理論によれば，組織の役割は外部組織と資源交換を行い，利益を得ることであるという。したがって，企業という連合体は取引を行っている外部組織に合わせて効率化を図り，効果を促進させなければならない。このなかで，マーケティングの責務は，最も重要な外部組織である顧客の長期的なニーズの実現にあるという。Anderson（1982）の顧客ベース理論に基づけば，連合体は顧客志向を取り入れることで，顧客との長期的なコミットメントを図り，顧客状況に柔軟に対応して変化していくことになるという。

2-2. 行動的側面からの市場志向

Kohli and Jaworski（1990）では，マーケティング・コンセプト（Felton, 1959）の概念を土台に MO を論じている。Kohli and Jaworski（1990）では，マーケティング・コンセプト適用に関する研究（e.g., Barksdale and Bill, 1971），あるいはマーケティング・コンセプトをビジネス・フィロソフィーとしている研究（e.g., Viebranz, 1967）が行われてきた一方，マーケティング・コンセプトの有効性には目が向けられていない点を指摘している。ゆえ

に，マーケティング・コンセプトの有効性を検証するため，MO という新た
な概念を掲げ，測定尺度構築に着手している。

　それでは，MO の概念化にあたり，どのような理論的背景に関心をもった
のだろうか。第一に，経済合理性である（Dickson, 1992）。彼らは市場策定者
が消費者や競合他社といったあらゆる集団の行動変化を入念に調査，分析す
る必要があり，この分析や調査する能力というのが MO であるという。第
二に，社会システム理論である。Katz, Kahn, and Adams（1980）によれ
ば，複数の存在物（entity）から成る社会システムでは，ある環境から新た
な情報を入手し，組織に労働の専門化と分化が進み相互依存関係が生じると
いう。この社会システム理論から，マーケティング部門と他部門との相互作
用の生成が裏づけられる。

　第三に，コントロール・メカニズムがあげられる。Kohli and Jaworski
（1990）では，マーケティングに携わる従業員をいかにコントロールするべ
きかにも，着目している。従来，従業員をコントロールするうえでの限界と
して，彼らの行動を図る指標などのパフォーマンス尺度が適切でない点や，
議論が成果ばかりに向けられており，環境要因が加味されていない点をあげ
ている。これらを克服すべく，Jaworski（1988）では，社会学や組織論にお
ける先行研究に基づいて，環境要因に考慮して従業員をコントロールし，最
終的に個人的な効果やマーケティング・ユニット・パフォーマンスといった
結果へと結びつくプロセスを表す概念的フレームワークを提示している。

　以上から，Narver and Slater（1990）と Kohli and Jaworski（1990）にお
ける理論的背景の明確な違いは，前者が戦略論や組織論を背景にしている一
方，後者が経済学や社会学を土台にしており，前者が組織単位で，後者が経
済や社会活動単位で MO を表そうとした点にある（表 1 - 3）。

2-3. その他の側面からの市場志向

　今日，MO を扱った研究の多くでは，Narver and Slater（1990）と Jawor-
ski and Kohli（1993）の研究が引用されている。この二者以外には1990年初
頭，MO 概念を提唱し尺度開発を扱った研究はなかったのだろうか。2 - 3
では MO の二元性という題材で議論を進めているため，Narver and Slater

（1990）と Jaworski and Kohli（1993）以外を MO の原点としての研究で扱うことは，この二元性という前提条件を崩しかねない。しかしながら二元性に至った経緯を証明するためには，Narver and Slater（1990）と Jaworski and Kohli（1993）と同時期に MO を提唱した研究が存在しなかった理由を明らかにする必要がある。

　まず取り上げるべき研究として，リレーションシップ・マーケティング研究の権威である Morgan, M. Robert と Hunt, D. Shelby が1994年に MO 概念を，経営的な視点から定義づけしている（Hunt and Morgan, 1995）。Hunt and Morgan（1995）によると，MO を有する組織では顧客や競合他社について詳しく知ることになるので，内部要因として，企業に対する正しい認識，曖昧な行動の回避などが可能である。一方で外部要因として，変化する顧客の選好や競争戦略の変化，それぞれに対応することが可能である。よって MO は無形資産となり持続的競争優位になるという（Hunt and Morgan, 1995, p.12）。しかしながら Hunt and Morgan（1995）では尺度開発までにはいたっていない。

　続いて，Deshpandè らのグループも1993年に，顧客志向を引き合いに出しながら，MO 概念について論じている。Deshpandè, Farley, and Webster（1993）では，MO が顧客志向と同意義ではないかと主張している。また Narver and Slater（1990）が唱えた競争志向をあげ，効果的なマーケティング戦略のためには，顧客志向と競争志向のバランスが不可欠であるとしている。さらに3つ目の構成要素である職能横断的機能統合が，顧客志向の中心的な要素であるともいっている。Deshpandè, Farley, and Webster（1993）では，ほかの研究者と一線を画し，顧客志向を MO の一部として捉えるのでなく，MO と同意の概念として主張しているのである。

　これらの Hunt and Morgan（1995）や Deshpandè, Farley, and Webster（1993）の研究は，Narver and Slater（1990）と Jaworski and Kohli（1993）と異なり，のちの研究で引用されることが少なかった。理由として，以下の2点があげられる。第一に，Narver and Slater（1990）と Jaworski and Kohli（1993）と比べ，発表された時期が数年遅かった点である。Narver and Slater と Kohli and Jaworski がいずれも，1900年に発表したことと比べ

ると，Hunt and Morgan（1995）および Deshpandè,Farley, and Webster
（1993）は，数年出遅れしまっている。

　第二に，定義の範囲に問題があった点である。**第4節**で詳しく論じる
が，Kohli and Jaworski（1990）が行動面，Narver and Slater（1990）が文化
面から定義づけしている一方で，Hunt and Morgan（1995）は経営面から
MO を捉えており，定義を広範囲に適用しすぎたため，かえって焦点が定ま
らず，曖昧になってしまったと考察される。

　以上から，MO 概念は1990年前半，Narver and Slater と Kohli and Jawor-
ski 以外の研究者たちも，『*Journal of Marketing*』誌といった高尚なジャー
ナル誌で発表しているものの，発表時期が遅れたこと，定義が不明確であっ
たこと，そして尺度項目の妥当性に欠けていたことから，今日まで残存しな
かったと考えられる。

3．市場志向概念と類似した概念の相違点

　前述までで明らかにしたとおり，Narver and Slater（1990）と Kohli and
Jaworski（1990）を中心に開発された MO 概念であるが，類似した概念がい
くつか存在している。**第3節**では，MO が類似した概念とは異なり，1つの
独立した概念であるかどうかを確認する。そこで過去の研究をベースとし
て，MO と類似した概念との相違を明らかにしていく。今回は MO と類似し
た概念として，「マーケティング・コンセプト」，「マーケティング志向」，
「顧客先導」，「顧客志向」の4つを取り上げる。

3-1．マーケティング・コンセプトと市場志向

　マーケティング・コンセプトとは，すべてのマーケティング機能に調和を
求める企業の心の状態であり，長期的に利益を最大化する目標であるという
（Felton, 1959）。また Kotler and Zaltman（1971）では，マーケティング・コ
ンセプトが利益や顧客満足の向上のため，企業におけるあらゆる活動に目を
向ける企業理念であると述べている。

　このことからマーケティング・コンセプトは，マーケティング的な思想や

発想を，企業が掲げるビジネス・フィロソフィーとして表していることがわかる。

Deng and Dart（1994）では，マーケティング・コンセプトと MO の相違を明確にすべく，前者が顧客ニーズを満足させる活動にフォーカスし，長期的な収益を実現するためのビジネス・フィロソフィーである一方，後者が，顧客ニーズを満足させていく組織能力および，部門を隔てて市場情報を普及させ市場機会を狙う戦略の実行であると指摘している（Deng and Dart, 1994, p.726）。

このことから，マーケティング・コンセプトが企業理念を，MO が組織能力ならびに戦略の実行をそれぞれ表していることがわかる。

3-2. マーケティング志向と市場志向

マーケティング志向と MO との違いは，Kohli and Jaworski（1990）において明記されている。Kohli と Jaworski は，マーケティングを実行する部門，マーケティング実行の際の権限所在，フォーカスの3点から，両者の違いについて論じている。

まず，マーケティングを実行する部門に関しては，マーケティング志向ではマーケティング部門のみが対象となる一方，MO では全部門があてはまる。マーケティング実行の際の権限所在についてはマーケティング志向ではマーケティング部門しか権限をもたないが，MO ではどの部門でも権限を有する。さらにフォーカスについては，前者ではマーケティング活動に中心がおかれ，後者では顧客を見据えた市場に焦点が定められる。

3-3. 顧客志向，顧客主導と市場志向

顧客志向とは，顧客の価値を創造するために，顧客を組織の中心に位置づけて行動することを意味する（Day and Wensley, 1988）。この顧客志向と MO の違いを検討するにあたり，両者の違いを論じた文献は存在していないが，顧客志向に類似した言葉である顧客主導と MO との違いを議論した研究は行われている（Slater and Narver, 1998）。

そこで，Slater and Narver（1998）の論文に基づいて，MO と顧客志向の

違いを示す。Slater and Narver (1998) では，両者の違いを顧客ニーズのタイプ，顧客に対する目標，時間の長さ，行動スタイル，学習スタイル，関係性の特徴，調査法の7つから分類している（Slater and Narver, 1998, p.1004）。

　まず，顧客ニーズのタイプに関しては顧客主導では，明言されたウォンツを発見しようとするため，顧客に歩調を合わせていく。一方でMOでは，隠れたニーズを探そうとするため，顧客よりも先を見越して行動するようになる。また時間の長さおよび顧客に対する目標は，前者では短期的に顧客満足を追求するのに対し，後者では長期的に顧客価値を高めようとする。

　続いて学習スタイルに関しては，顧客主導では顧客から学ぶことになるため受動的な学習スタイルをとるのに対し，MOでは従業員自らで顧客ニーズを見つけようとするため自発的な学習スタイルをとる。

　以上に基づくと，顧客との関係性の取り方も変わってくる。顧客主導では鍵となる顧客，つまりキーアカウントとの関係性を構築する必要があるが，MOでは未来のニーズを探るため，将来のニーズを予測する消費者であるリード・ユーザーとの関係性を構築する必要がある。

　したがって，調査法も異なってくる。顧客主導では，現在の顧客が抱く問題点を洗い出すため，グループ・インタビューなどのフォーカス・グループ調査を主に行う一方，MOでは顧客ニーズの変化を捉えるため定点調査やパネル調査などの継続的実験法を用いる。

　以上より既存研究を振り返ることで，MOがほかの類似した概念とは一線を画す異なる概念であることが確認できた。それでは実際に，MO概念は他の概念より，多く研究されているのだろうか。

　そこで，どの概念を扱った研究が多く行われているかを比較するため，MO，マーケティング・コンセプト，マーケティング志向，顧客志向，顧客主導に関し，学術検索サイト「ABI/Inform」を用いて，論文のタイトル本数を比較してみた[3]。期間はMOが誕生した1990年から2017年までの20年間とし，タイトルにそれぞれの言葉を入力していった。この際，「Market Oriented」，「Market Driven」といった用語についても検索を実施した。

　結果として，MOが1,256本，マーケティング・コンセプトが230本，マーケティング志向が281本，顧客志向が420本，顧客主導が17本となった。以上

より，MO概念が他の概念と比較して，研究数が圧倒的に多いことがわかる。つまり，MO概念はどの概念にも増して，重要かつ頑健な概念なのである。

4．市場志向概念の発展

4-1．市場志向の定義の変遷

MOは，どのように定義づけされてきたのだろうか。MOを定義づけした先行研究を整理することで，統一的MOの定義へと活かしていく。まず，Narver and Slater（1990）とKohli and Jaworski（1990）が提唱した，2つのMOの定義からみていこう。

Narver and Slater（1990）は組織文化側面から，MOを以下のように定義づけしている。

> *MOとは，買い手に継続的に優れた価値を創造するために必要な行為であり，その価値を効率的に創造するパフォーマンスを創る文化である。*
>
> *Narver and Slater（1990），p.21.*

一方で，Kohli and Jaworski（1990）では行動側面から，以下のように唱えている。ここでの市場情報とは，新製品の市場規模，顧客のニーズや欲求，市場セグメントの性質，そして競合他社に関する情報を示す（Ottum and Moore 1997）。

> *MOとは，現在と未来の顧客ニーズにかかわる市場情報を生み出し，組織内で市場情報を普及し，市場情報を反応することである。*
>
> *Kohli and Jaworski（1990），p. 6.*

同時期には，ほかにもいくつか著名な研究者たちがMOを定義づけてい

る。前述したとおり，リレーションシップ・マーケティングの権威である Morgan と Hunt は MO 概念を1994年に，経営的な視点から定義づけしている (Hunt and Morgan, 1995)。

MO では，顧客や競合他社について詳しく知ることになるので，内
部要因として，企業に対する正しい認識，曖昧な行動の回避が可能
になる。一方で外部要因として，変化する顧客の選好や競争戦略に
対応することが可能である。よって MO は無形資産となり持続的
競争優位になる。

Hunt and Morgan（1995），p.12.

　以上の3つの研究では，組織の文化面，行動面，そして経営という様々な視点から，MO を定義づけしている。MO 概念の萌芽期であったため，概念自体に関する議論が活発に行われていたことが垣間みられる。
　統一的 MO の試みもなされている。例えば，Deshpandè and Farley (1996)，Narver and Slater（1990），そして，Deshpandè, Farley and Webster（1993）という3つの尺度に関しメタアナリシスを行ったうえで，3つの尺度を統合した「MARIN」尺度を開発し，以下のように定義づけている。

MO とは，継続的なニーズの評価，顧客の創造と満足のために，方
向づけを行う内部的なプロセスと活動の集合である。

Deshpandè, Farley, and Webster（1993），p.14.

　あるいは，Harris（2002）では，以下のように，統一的 MO を定義づけている。

MO とは，組織を調整しながら，顧客志向と競争志向に基づいて行
動するため，組織がそれらを知覚する程度を示す。

Harris（2002），p.247.

4-2. 市場志向の構成要素

　前述したとおり，MO は様々な研究者たちにより定義づけされてきたが，MO は，どのような構成要素で表されているのだろうか。第 1 章で最終的に，統一的 MO 尺度の構成要素を導出するにあたり，先行研究でどのような構成要素が唱えられてきたのかを整理する必要がある。また構成要素に関しては，多次元のみならず，単一次元で捉えるものもあるが（e.g., Wood, Bhuian, and Kiecker 2000），**4-2** では，複数から成る構成要素を扱うため，あえて単一次元で開発された尺度については取り上げていない。

　まずは代表的な研究である，Narver and Slater（1990）と Kohli and Jaworski（1990）という 2 つの研究からみていこう。Narver and Slater（1990）では MO の構成要素として，「顧客志向」，「競争志向」，「職能横断的統合」の 3 つをあげている。「顧客志向」とは文字どおり，顧客に目を向けて行動していくことを示す。次に「競争志向」とは，競合他社の動きや商品を注視する行動を示す。最後の「職能横断的統合」とは，部門間が連携をして，コミュニケーションを円滑に図っていくことを示す。

　他方，Kohli and Jaworski（1990）では前述どおり，市場情報，すなわち，市場インテリジェンスの流れから，構成要素を規定している。市場インテリジェンスとは，顧客，売上，製品そして競合他社に関する一連のマーケティング情報を示す。第一に，「市場インテリジェンスの生成」とは，顧客のニーズや選好に影響する外部環境を分析し顧客を理解する仕組みを創り出すことを表す。第二に「市場インテリジェンスの普及」とは，他の部門とコミュニケーションをとり市場情報を伝達しあうことを示す。第三に「市場インテリジェンスの反応」とは，従業員が情報に反応することを表している。

　Narver and Slater（1990）と Kohli and Jaworski（1990）以降の研究では，様々な構成要素が考察されていった。目的は，妥当性や信頼性の向上にはじまり，それぞれの国や産業に適した尺度開発にまで及ぶ。

　第一に，構成概念の信頼性および妥当性の向上を目指した研究が Lafferty and Hult（2001）によって行われている。彼らは MO を 5 つの観点，すなわち「意思決定プロセス」，「市場情報」，「文化をベースとした行動」，「戦略的

マーケティング」,「顧客志向」をもとに,顧客の重視,競争志向,職能横断的統合,情報の重要性という4つの新たな構成要素を提示している。

　第二に,産業や国に適した形で尺度が改良され,それに伴って構成要素および測定項目が,新たに導出された研究である。まず,非営利組織に適した尺度開発を目的とした研究がいくつか存在する。Gainer and Padanyi（2005）では,カナダの「Greater Tront」と「Greater Montreal」に登録された非営利組織のCEOとマネジャー138名を対象に調査し,「MO型活動」,「MO型文化」からなる非営利組織のMO尺度を開発している。さらに,Gainer and Padanyi（2005）は2005年には,Narver and Slater（1990）とKohli, Jaworski, and Kumar（1993）の構成要素を基に,非営利のサービス組織を対象にMO尺度を開発している。構成要素としては,「クライアント志向型文化」と「クライアント志向型行動」を導出している。

　クライアントとドナー,あるいは,受益者と提供者といった二者1セットとする調査設計にも対応できるように,構成要素が改良されている。Morris, Coombes, Schindehutte, and Allen（2007）の研究では,米国「Internal Revenue Service」の非営利組織145団体を対象に調査を行い,クライアントとドナーのMO,ともに4項目から成る尺度を開発している。あるいはModi and Mishra（2010）では,Narver and Slater（1990）の顧客志向と職能横断的統合を基に,インドのIRMAデータの非営利組織102団体を対象に調査し,「受益者志向」,「提供者志向」,「仲間志向」,「職能横断的統合」から成る尺度を開発している。

　表1-4に,それぞれの研究の構成要素をまとめているが,名詞こそ異なる構成要素ではあるものの,Narver and Slater（1990）とKohli and Jaworski（1990）の構成要素とほぼ同意であることがわかる。このことから,構成要素に関していえば,Narver and Slater（1990）,あるいは,Kohli and Jaworski（1990）のいずれかに即していることがわかる。

表1-4　MO の構成要素間のつながり

研究名	構成要素のつながり					
	顧客志向	競争志向	職能横断的統合	市場インテリジェンスの生成	市場インテリジェンスの普及	市場インテリジェンスの反応
Naver and Slater (1990)	○	○	○			
Kohli, Jaworski, and Kumar (1993)				○	○	○
Laffterty and Hult (2001)	「顧客の重視」	○	○	「情報の重要性」		
Harris (2002)	○	○	○			
Gainer and Padanyi (2002)	○	○	○	○	○	○
Gainer and Padanyi (2005)	○	○	○	○	○	○
Morris, Coombes, Schindehutte, and Allen (2007)	○		○			
Modi and Mishra (2010)	「受益者志向」「提供者志向」「仲間志向」		○			

注1：年代順に記載している。
注2：Gainer and Padanyi（2002）と Gainer and Padanyi（2005）は，いずれも非営利組織を対象とした尺度である。

4-3. 市場志向尺度の発展

　MO の定義の変遷と構成要素を考慮すると，MO の尺度はどのように発展してきたのだろうか。まずは，端緒となる研究である Narver and Slater（1990）と Kohli and Jaworski（1990）の2つの研究からみていこう。

　Narver and Slater（1990）では，測定尺度を開発するにあたり，妥当性と信頼性を検証している。妥当性に関しては，マーケティングを専門とする3名の著名な研究者に，各変数が MO に一致するかを格づけさせている。続いて6名のマネジャーに，その質問表を配布し，修正コメントをベースに変

数を改良している。最終的には米国西海岸の企業の SBU（Strategic Business Unit）レベルの371名からの回答をもとに修正を加えている。信頼性については Cronbach の α 係数を算出している。顧客志向，競争志向，職能横断的統合に関してはこの係数の値が0.7を超えた。だが長期フォーカスと収益性についてはその基準を満たさなかった[4]。そこで顧客志向，競争志向，職能横断的統合の3要素のみを取り上げている（図1-3）。

図1-3　MOの構成要素

出典：Narver and Slater (1990), p.23.

　さらに，収束妥当性に関して，内向性を有する質問項目同士で相関が高くなるかどうかを検証した結果，MO を構成する3つの変数の相関は，0.67を超え有意水準が確認された。弁別妥当性については，例えば，人的資源マネジメント政策と職能横断的統合の相関が MO との相関よりも低くなったことなどから，MO の3つの要素における弁別妥当性が確認された。並存的妥当性については，外的基準の高いものとして差別化戦略を，外的基準の低いものとして低コスト戦略を用いて，MO の3要素との相関係数を測定するこ

とで検証している。その結果，MO の 3 つの要素との相関関係は低コスト戦略よりも差別化戦略において高くなったことから，妥当性が検証されている。

　以上から，構成概念妥当性，収束妥当性，弁別妥当性，並存的妥当性がいずれも妥当であるという結論に至っている。最終的に顧客志向（6 項目），競争志向（4 項目），職能横断的統合（5 項目）から MO は成立するとしている（表 1 - 5）。

表 1 - 5　Narver and Slater（1990）が開発した MO 尺度

●顧客志向
1　顧客に対してコミットメントしているか
2　顧客価値を創造しているか
3　顧客ニーズを理解しているか
4　顧客満足度を目標としているか
5　顧客満足度を測定しているか
6　購入後のアフターサービスが充実しているか
●競争志向
1　セールス・パーソンたちが競合他社の情報を共有しているか
2　競合他社の行動に，素早く対応しているか
3　トップマネジャーが競合他社の戦略について議論しているか
4　競争優位を構築するための機会をうかがっているか
●職能横断的統合
1　部門を問わず，顧客の要求にこたえているか
2　部門を問わず，情報を共有しているか
3　戦略が部門を隔てて統合されているか
4　すべての部門が顧客価値の向上に努めているか
5　他の部門と，リソースを共有しているか

出典：Narver and Slater（1990），p.24.

　ただし，尺度開発の問題点として，以下の 3 点が考察される。第一に，サンプリングの産業バイアスである。米国西海岸の企業では，消費財メーカー，生産財メーカー，流通業者，輸送業者を対象とするため，例えばハイテク産業といった特定の業種が除外されている。

　第二に，時系列を考慮した調査手法の必要性である。Narver and Slater（1990）では，収益性と長期フォーカスに信頼性がみられていないが，長期的に検証すると，この 2 つが有意になることもあり得る。第三に，顧客志向

と競争志向のバランスを考慮していない点である。顧客志向が最重要な要素であるという見解もあれば（Peters and Austin, 1985），顧客志向と競争志向は競争環境により異なるとした意見もあるからである（Day and Wensley 1988）。

　一方，Kohli and Jaworski（1990）では，MO の構成要素をどのように規定したのだろうか。彼らは，米国主要4都市の企業マネジャー62名を選び，デプス・インタビューを実施したところ，顧客フォーカスと調和されたマーケティング機能という2つに重きをおいていたことから，以下の3点を MO の要素としている。第一に，市場インテリジェンスの生成で顧客のニーズや選好に影響する外部環境を分析し顧客を理解する仕組みを作り出すことを示している。第二に，市場インテリジェンスの普及で他の部門とコミュニケーションをとり市場情報を伝達しあうことをあげている。第三に，市場インテリジェンスの反応で従業員が情報に反応することを提示している。ちなみに市場インテリジェンスとは，新製品の市場規模，顧客のニーズや欲求，市場セグメントの性質，そして競合他社に関する情報を示す（Ottum and Moore 1997）。

　続く Kohli, Jaworski, and Kumar（1993）において，これら3要素を取り入れた MO の尺度開発を行い，「MARKOR」尺度と命名している。尺度開発にあたり3回のプレ・テストを実施している。1回目は27名の経営者，2，3回目は7名のマネジャーにそれぞれ，質問表による回答を行っている。その後，妥当性と信頼性の確認のため，シングル・インフォーマントのサンプルとマルチ・インフォーマントのサンプルから，20の変数を抽出している（表1-6）。シングル・インフォーマント・サンプルとして，米国のマーケティング・エグゼクティブ230名を対象としている。マルチ・インフォーマント・サンプルに関してはマーケティング部門とそれ以外の部門で実施している。1つ目の抽出サンプルとして Marketing Science Institute の加盟企業13社のエグゼクティブ・ディレクター27名，2つ目として米国「Dun and Bradstreeet Top」に登録された102社のマネジャー229名を取り上げている。

　彼らの研究の問題点としては，以下の2点があげられる。第一に，取り上

表1-6　Kohli, Jaworski, and Kumar（1993）が開発したMO尺度

構成要素		項目
市場インテリジェンスの生成	1	この事業において将来，顧客がどのような製品あるいはサービスを求めるかを見つけるため，少なくても1年に一度顧客に会うようにしている
	2	この事業部門において，我々は社内で多くの市場調査を行っている
	3	我々は，顧客の選好の変化に気づくのが遅い（R）
	4	我々は，自らの製品やサービスの品質を評価するため，少なくても1年に1度，エンド・ユーザーに調査を行う
	5	我々は，自らが属する業界の変化を捉えるのが遅い（R）
	6	我々は定期的に，顧客のいる事業環境の変化を見直す
市場インテリジェンスの普及	1	我々は，市場のトレンドや開発に関して議論するため，少なくても四半期に一度，部内会議を行う
	2	マーケティングに携わる従業員は，ほかの部門の従業員と，将来の顧客ニーズを議論するのに，多くの時間を費やす
	3	主要顧客のいる市場で何か重要な出来事が起こったとき，短期間ですべての部門の従業員がそのことを知ることができる
	4	顧客満足度に関するデータは，この事業部門のすべての職階の従業員に普及していく
	5	ある事業部門で競合他社に関する重要なことが見つかったとき，他の部門に知らせるのが遅い（R）
市場インテリジェンスの反応	1	競合他社が商品の価格を変化させてきたときに，どのように反応するのか決定することを，我々は決めかねる（R）
	2	製品やサービスの顧客ニーズの変化を無視する傾向がある（R）
	3	顧客が求めるものを確認するため，我々は製品開発活動を定期的に見直す
	4	いくつかの部門では，事業環境の変化で生じた反応に，定期的に応じる
	5	主な競合他社が我々の顧客をターゲットとしたキャンペーンに着手したら，我々はすぐに応じていく
	6	事業部門における様々な部門の行動は，協調がよく保たれている
	7	顧客の不満は，我々の事業部門では無視されている（R）
	8	たとえ我々が素晴らしいマーケティング計画を構想しても，タイムリーにそれを実行できないだろう（R）
	9	顧客がサービスあるいは製品の修正を求めているのをみたら，我々はそれを行うのに躊躇してしまう（R）

注：（R）は逆転項目。
出典：Kohli, Jaworski, and Kumar（1993），p.476.

げたSBU以外のサンプルでも検討を要するという妥当性の問題である。先に述べたNarver and Slater（1990）と同様に，Kohli and Jaworski（1990）

の尺度開発に当ってもサンプル・バイアスに課題がみられる。第二に MO
を向上させる行動および実行に関する影響要因が変数から欠落している点で
ある。

　Deshpandè らのグループも1993年に，顧客志向を引き合いに出しなが
ら，MO 尺度について論じている。Deshpandè, Farley, and Webster（1993）
では，MO が顧客志向と同意義ではないかと主張している。また Narver
and Slater（1990）が唱えた競争志向をあげ，効果的なマーケティング戦略
のためには，顧客志向と競争志向のバランスが不可欠であるとしている。さ
らに3つ目の構成要素である職能横断的統合が，顧客志向の中心的な要素で
あるともいっている。

　尺度開発にあたっては，買い手と売り手を1セットとするサーベイ調査が
行われている。母集団に関しては，日本における東証一部企業50社が無作為
に抽出された。1社につき2名のマーケティング・マネジャーが選出され，
それぞれの回答者に3名の重要な顧客を答えさせ，そのうち，2名が選出さ
れた。つまり，売り手50名が2グループ，買い手50人が2グループ，で回答
している。測定尺度に関しては，信頼性と妥当性に関して検証されている
（表1-7）。

表1-7　Deshpandè,Farley, and Webster（1993）で開発された尺度

1	我々には，顧客にサービスを提供するためのルーティンワーク，あるいは，通常行うべき基準がある
2	我々の製品とサービスの開発は，市場と顧客からの情報をもとに行われる
3	我々は，競合他社についてよく知っている
4	我々は，顧客が製品やサービスでいかに価値を得るか，認識している
5	我々は，競合他社よりも，顧客に焦点を合わせている
6	我々は主に，製品やサービスの差別化で競う
7	経営者よりも，顧客がもつ興味が優先される
8	我々の製品とサービスが，ビジネスのなかで最もよいものである
9	我々のビジネスの目的は，顧客に奉仕するためのものであると信じている

出典：Deshpandè, Farley, and Webster（1993）, pp.33-34.

　Deshpandè, Farley, and Webster（1993）の研究は，Narver and Slater
（1990）や Jaworski and Kohli（1993）とは異なり，のちの研究で引用される

ことが少なかった[5]。

　理由として，以下の点があげられる。第一に，Narver and Slater（1990）と Jaworski and Kohli（1993）と比べ，報告された時期が数年遅かった点である。Narver and Slater と Kohli and Jaworski がいずれも，1900年に発表したことと比べると，Deshpandè, Farley, and Webster（1993）は，3年遅れしまっている。第二に，とくに Deshpandè, Farley, and Webster（1993）で開発された尺度項目をみてみると（**表1-7**），下位の構成要素が Narver and Slater（1990）と Jaworski and Kohli（1993）が多次元尺度であるのに対し，単一次元であり，さらに顧客にのみフォーカスしているためサービス産業に内容が偏ってしまっている点も垣間みられる。

4-4. 市場志向尺度の精緻化

　Narver and Slater（1990）と Kohli and Jaworski（1990）の2つの MO 尺度を起点に，これら2つの尺度の課題の克服を目指して，その後も様々な形で尺度の精緻化がなされている。

　Harris（2002）では，Narver and Slater（1990）をベースとして，自社，その顧客と競合他社という三者間に適用する尺度を開発している（**表1-8**）。

　43名のマネジャーとエグゼクティブを対象にインタビューを行い，さらに英国の「FAME」データベースから，123社の企業マネジャーとその競合他社とその顧客にサンプリングを実施し尺度を開発している。測定項目は，Narver and Slater（1990）と大差はないが，三者を1セットとするトライアド・サンプリングを実施しており，シングル・インフォーマントの問題点を克服している。

　Matsuno, Mentzer, and Rentz（2000）の研究では，MARKOR 尺度を用いた場合に，分析結果が変わるという不安定さの克服を目指し，MARKOR の測定項目として，新たに23の項目からなる測定尺度を開発している（**表1-9**）。興味深い点は，Kohli, Jaworski, and Kumar（1993）よりも明らかに，質問内容が具体的になっている点である。例えば「インテリジェンスの生成」の4つ目の項目には，金利，為替レート，インフレーションレートと

表 1 - 8　Harris（2002）における測定項目

●職能横断的統合
　1　すべての部門が，企業全体の戦略に貢献する
　2　我々の市場に関する情報は，ほんのわずかな部門でのみ共有される（R）
　3　すべての部門では顧客価値を創り出すのにつとめる
　4　部門間で相互に助ける文化がある
　5　マーケティング部門のメンバーは，めったに他の部門の人とは接点をもたない（R）
●顧客志向
　1　我々の企業では，競合他社よりも顧客ニーズを理解しようとする
　2　我々の企業では，競合他社よりも顧客価値を創り出そうとする
　3　我々の企業では，競合他社よりも顧客へのコミットメントにあまり重点をおかない（R）
　4　我々の企業では，競合他社よりも顧客満足にあまり注意を払わない（R）
　5　我々の企業では，競合他社よりも，顧客の要求に，より反応していく
●競争志向
　1　我々の企業では，競合他社よりも早く，競合他社の行動に応戦していく
　2　我々の企業では，競合他社よりも，競争優位性の機会を獲得しようとしている
　3　我々の企業では，競合他社よりも早く，彼らの行動に反応している
　4　我々の企業では，競合他社よりもうまく，産業やトレンドを予測している
　5　我々の企業では，競合他社よりも，業界内の競争相手をよく知っている

注1：なお，競合他社と顧客に対する項目は経営層に関する項目と同内容のため省略している。
注2：（R）は逆転項目。
出典：Harris（2002），p.262.

いった，具体的なマクロ情報が明記されている。

　Deshpandè and Farley（1996）では，Kohli and Jaworski（1993），Narver and Slater（1990），Deshpandè, Farley, and Webster（1993）という3つの研究について，メタアナリシスを行い，統一的MO尺度を開発している。

　続く，Deshpandè and Farley（1996）では，米国 Marketing Science Institute に加盟する82社のメンバーを対象に調査を行い，信頼性と妥当性を検討したうえで「MORTN」尺度を開発している（**表 1 -10**)。この尺度の特徴としては，Narver and Slater（1990）の「文化」的な項目というより，Kohli and Jaworski（1993）の「行動」的な項目で構成されることと，部門横断的に顧客にフォーカスしている点があげられる。

　似たような研究としては，Lafferty and Hult（2001）の研究がある。当該研究では，MO を，「意思決定」，「市場インテリジェンス」，「文化をベースとした行動」，「戦略フォーカス」，「顧客志向」という5つの観点から評価し，それらの共通項から，「顧客の重視」，「情報の重要性」，「職能横断的統

表1-9　Matsuno, Mentzer, and Rentz（2000）における測定項目

●インテリジェンスの生成
1　我々は，製品やサービスの品質を評価するため，少なくとも1年に一度エンド・ユーザーに調査を行う
2　我々のビジネス・ユニットでは，各部門がそれぞれ，競合他社に関する情報を得ている
3　我々は定期的に，顧客に関係するビジネスの環境変化について，観察している
4　我々はこのビジネス・ユニットにおいて頻繁に，金利，為替レート，GDP，インフレーション・レートというマクロ経済情報を収集している
5　このビジネス・ユニットでは，官僚や規制委員（FDA，FDC，議会など）と，コンタクトをとるようにしている
6　このビジネス・ユニットでは，ビジネスに影響を与えるトレンド（ライフ・スタイルや環境意識など）について，情報を収集し評価している
7　このビジネス・ユニットでは，ビジネスの様々な局面（製造プロセスや風土など）に関してより多くのことを学習するため，供給業者に対しても，時間を費やしている
8　我々のビジネス・ユニットでは，競合他社に関する情報を，みなで収集していない（R）

●インテリジェンスの普及
1　我々のビジネス・ユニットにおけるマーケティング部門は，ほかの部門と将来の顧客ニーズについて議論するため，時間を費やしている
2　我々のビジネス・ユニットは，定期的に顧客に情報を提供するため，報告書やニュースレターなどの書類を配布する
3　我々は顧客や競合他社，供給者について市場トレンドや研究開発について議論するため，部門横断的なミーティングの機会を設けている
4　我々は，一人ひとりがもつ知識を更新するため，部門ごとにミーティングを開いている
5　このビジネス・ユニットにおける技術系の従業員は，新製品の技術について，他の部門と情報を共有化するため，時間を費やしている
6　市場に関する情報は，このビジネス・ユニットのすべての職階の人間に，素早く行きわたっている

●インテリジェンスの反応
1　我々は顧客の製品やサービスのニーズ変化を無視しがちである（R）
2　我々の製品ラインは，真の市場ニーズより，内部事情に依拠している（R）
3　我々は，現実的にもっと早くした方がよいとわかっていても，供給業者とゆっくりビジネスを始めてしまう（R）
4　もし競合他社が我々の顧客に対し，集中的にキャンペーンを行った場合すぐに反応するだろう
5　このビジネス・ユニットにおける1つひとつの部門の活動は，うまく調整されている
6　このビジネス・ユニットでは，顧客から不満をいわれても無視される（R）
7　たとえ我々が素晴らしいマーケティング・プランを発見しても，タイムリーに反応できないだろう（R）
8　もし特別な集団（消費者擁護団体，環境保護集団）が公的に我々のビジネスに関して訴訟を起こした場合でも，その批判に対してすぐに反応するだろう
9　我々は法的規制の変化に対する反応に，競合他社よりも時間を費やす（R）

注：（R）は逆転項目。
出典：Matsuno, Mentzer, and Rentz（2000）, pp.536-537.

表 1 -10　Deshpandè and Farley（1996）における測定項目

1	我々のビジネスの目的は主に，顧客満足によって変化する
2	我々は，顧客ニーズを扱うためコンスタントに，顧客へのコミットメントや志向性の水準をモニタリングする
3	我々は，あらゆるビジネス部門を横断して，顧客に対して成功や失敗の経験について，自由に意見交換する
4	我々の戦略では，顧客ニーズの理解をまず第一に掲げている
5	我々は，顧客満足を体系的かつ頻繁に測定している
6	我々は，顧客へのサービスを，定期的に測定できる尺度をもつ
7	我々は，競合他社よりも，顧客にフォーカスする
8	我々は，このビジネスが顧客に奉仕していると確信している
9	我々は，製品やサービスの品質を評価するため，少なくとも 1 年に一度，エンド・ユーザーの意見を聞く
10	基本的に，顧客満足に関するデータが，すべてのビジネス・ユニットで共有されている

出典：Deshpandè and Farley（1996），p.19.

合」，「行動の実行」という，新たな構成要素を導出している。

　Gray, Matear, Boshott, and Matheson（1998）でも，MO 尺度の統一化を目指し，ニュージーランドにおける調査から**表 1 -11**のような測定項目を表している。「顧客志向」，「競争志向」，「職能横断的統合」，「利益志向」，「インテリジェンスの生成」という多次元尺度から構成されている点に，単一次元で構成されている Deshpandè and Farley（1996）の尺度とは明らかな違いがある。あるいは，項目内容に着目してみても，「顧客志向」，「競争志向」，「職能横断的統合」，「利益志向」が Narver and Slater（1990）から，「インテリジェンスの生成」が Kohli and Jaworski（1990）からそれぞれ作成されており，Narver and Slater（1990）と Kohli and Jaworski（1990）の構成要素の一部を取り入れた構成要素となっている。

　これまでの MO 概念を応用しながら，新たな形の MO を提唱した研究もいくつか行われている。これらの研究はすべて，2000年以降という比較的新しい時期に尺度の開発がなされている。まず Naude, Desai, and Murphy（2003）ではマーケティング業務の成功を測る尺度として，内部的 MO（internal market orientation）を開発している（**表 1 -12**）。

　あるいは，Narver, Slater, MacLachlan（2004）では，MO を，顧客の明言化されたニーズを発見し理解する反応型 MO と，顧客の潜在化されたニー

表 1 -11　Gray, Matear, Boshoff, and Matheson（1998）における測定項目

●顧客志向
1　我々は，顧客のコミットメントや苦情対応に注力するそれらは我々に，よりより仕事の機会を提供するからである
2　販売後のサービスは，我々の事業戦略で，重要な一部を占める
3　我々は，顧客に対して強いコミットメントをもつ
4　我々は，製品における顧客価値をつくるため，常にいくつもの案を探している
5　我々は，規則的に，顧客満足度を測定する
6　販売促進部が少しばかり懸命に働くならば，我々の企業はよりよくなるだろう
7　我々の企業において，マーケティングの最も重要な点は，顧客にニーズをを明らかにすることである
8　顧客が我々の製品やサービスに満足する程度を，品質として，我々は定義づけている
●競争志向
1　我々は定期的に，競合他社のマーケティング活動をモニタリングする
2　マーケティング・プランを考察するうえでの助けとして，競合他社のマーケティング・データを頻繁に集める
3　競合他社の活動に関して，セールス・パーソンに，監視させ同時に報告させている
4　我々は急速に，競合他社の活動に反応する
5　我々のトップ・マネジャーは時折，競合他社の活動について議論する
6　競争優位性をベースとして，我々は市場参入の機会を伺っている
●職能横断的統合
1　我々の企業において，マーケティングに従事する人々は，新たな製品やサービスの開発に，積極的に従事する
2　マーケティングに関する情報は，すべての部門で共有される
3　あらゆる部門が事業プランや戦略への準備にかかわっている
4　我々はすべての部門の活動を統合する作業を行っている
5　マーケティング部門の人々は定期的に，他部門とかかわることになっている
6　我々はマーケティングを，企業全体を方向づける道しるべとみなしている
●利益志向
1　我々の情報システムは，大口顧客からの収益を素早く決定できる
2　我々の情報システムは，製品ラインからの収益を素早く決定できる
3　我々の情報システムは，品物の種類ごとの収益を素早く決定できる
4　我々の情報システムは，流通チャネルからの収益を素早く決定できる
●インテリジェンスの生成
1　どうすれば顧客をよりよく扱えるかを模索するため，対面販売のスタッフは直接的に顧客と情報交換を行う
2　我々は，我々の製品やサービスを評価するため，マーケティング調査を多く行う
3　我々は時間をかけて，顧客の好みの変化を調査する
4　我々は，非公式に，業界情報を獲得している
5　我々は定期的に，我々の事業環境における変化（金利の変化，規制緩和）を観察している

出典：Gray, Matear, Boshoff, and Matheson (1998), pp.890-891.

表1-12　Naude, Desai, and Murphy（2003）における測定項目

1	我々の組織は我々が志すビジョンを，従業員に提唱していく
2	我々の組織のビジョンは，すべての従業員にうまく伝わっている
3	この組織は，従業員が気持よく働けるように準備されている
4	我々の組織では，コストよりも投資として，従業員の知識やスキルを開発している
5	従業員のスキルや知識の開発は，我々の組織の1つの業務とみなされる
6	我々は，「どうやってそれをすべきか」ではなく「なぜそれをすべきか」で，従業員に指導を行う
7	我々の組織では，トレーニングの域をこえて，ともに働くように従業員を教育する
8	我々の組織では，ビジョンに最も貢献する成果を測定するとともに，その成果に対し報酬を与える
9	従業員から集められたデータは，職務改善に利用され，組織戦略にも応用される
10	我々の組織において，優れたサービスを提供する従業員は，その活動に対して報酬が与えられる
11	この組織において，従業員は厳格に，サービスの仕方について，トレーニングを受けている
12	この組織では，従業員同士のコミュニケーションを，かなり重視している
13	この組織では柔軟に，様々な従業員のニーズに対応する
14	我々のパフォーマンス尺度や報酬制度によって，従業員はともに働く
15	我々の組織では，サービスの重要性について，従業員とコミュニケーションをとる

出典：Naude, Desai, and Murphy（2003），p.1220.

表1-13　先行型市場志向と反応型市場志向の測定項目

●先行型市場志向
1　我々は，顧客が市場の展望を予測するのを手助けする
2　我々は継続的に，明らかにされていない顧客ニーズを見つけ出そうとする
3　我々は，新たな製品やサービスにおいて，明らかにされていない顧客ニーズへの対応策を考える
4　我々は，いかに顧客が製品やサービスを利用しているか，ブレイン・ストーミングを行う
5　我々は，自らの製品を時代遅れにするリスクでさえ，イノベーションへと導ける
6　我々は，顧客がニーズを満たすのに困難な時間帯でも，事業機会を見つけ出していく
7　数ヶ月あるいは数年先を見据えた顧客ニーズを知ろうとするリード・ユーザーと，我々は親密である
8　現在のユーザーたちが将来求めるトレンドを予測している

●反応型市場志向
1　我々はコンスタントに，顧客ニーズに応じるため，コミットメントや志向性の水準をモニタリングしている
2　我々はすべての事業部門を通して，自由に，顧客に関する情報を伝達していく
3　競争優位性のあると思われる戦略は，顧客ニーズを理解することを前提としている
4　我々は体系的かつ柔軟に，顧客満足を測定する
5　我々は競合他社よりも，顧客によりフォーカスする
6　我々のビジネスは主に，顧客に対応することで成り立っていると思っている
7　顧客満足に関するデータは規則的に，あらゆるビジネス・ユニットに広められる

出典：Narver, Slater, and MacLachlan（2004），pp.346-347.

ズを発見，満足させる先行型 MO に分類した尺度を開発している（**表**
1-13）。

　留意すべき点としては，のちの研究において，Narver, Slater, MacLach-
lan（2004）の測定項目は他の MO 尺度と一線を画し，各要素が 1 つに合成
されず，個別に援用されている点にある。

5．市場志向統一化に関する研究

5-1．市場志向統一化を扱った研究

　Narver and Slater（1990），あるいは，Kohli and Jaworski（1990）の尺度
は，どちらがより多く引用されてきたのか。学術検索サイト「Web of Sci-
ence」にて，被引用文献数を調べたところ，2018年 3 月27日時点で，Narv-
er and Slater（1990）の論文が2,858本，Kohli and Jaworski（1990）の論文
が2,223本となり，ほぼ同数であった。このことから，どちらか一方の尺度
のみが引用されてきたとは言い難い。つまり並存した状況が続いているので
ある。

　並存を裏づける根拠は，1998年に米国 American Marketing Association
（AMA）のコンファレンスで報告された Griffiths and Grover（1998）の研究
にもみられる。彼らは二元性について 2 つの命題を示しながら見解を述べて
いる。常に変化するビジネス環境での行動から組織文化は生じる（命題
1）。一方で組織での行動は組織文化から影響される（命題 2）。彼らはこの
命題で 2 つの性質をもった MO が相互に影響し合い成立することを示唆し
ている。

　MO 尺度の精緻化にフォーカスしてレビューをしてきたが，2 つの尺度と
もに発展しており，どちらが優れているかということは一概にはいえない。
ゆえに，一方の尺度を切り捨て，一方のみを採用するといった議論には実り
が少ないと思われる。

　表 1-14には，取り上げられた尺度，対象国とサンプル，開発あるいは精
緻化された MO 尺度，インプリケーション，研究課題という視点から研究

表1−14　MO尺度について取り組んだ研究の整理図

研究者	取り上げられた尺度[*]			対象国サンプル	開発，あるいは精緻化されたMO尺度
	N-S尺度	K-J尺度	D-F-W尺度		
Narver and Slater (1990)	○			米国 西海岸の企業マネジャー (371)	顧客志向（6） 競争志向（4） 職能横断的統合（5）
Kohli and Jaworski (1990)		○		―	―
Jaworski and Kohli (1993)		○		米国 1回目：経営者（27） 2回目：マネジャー（7） 3回目：マネジャー（7）	市場インテリジェンスの生成（10），市場インテリジェンスの普及（8），反応のデザイン（14），反応の実行（7）
Kohli, Jaworski, and Kumar (1993)		○		米国 American Marketing Membershipのマーケティングエグゼクティブ（230）	市場インテリジェンスの生成（6） 市場インテリジェンスの普及（5） 市場インテリジェンスの反応（9）
Deshpandè and Farley (1996)	○	○	○	米国，欧州 マネジャー（82）	単一（10）
Deshpandè and Farley (1998)	○	○	○	米国，欧州 マネジャー（82）	単一（10）
Gray, Matear, Boshoff, and Matheson (1998)	○	○		ニュージーランド シニア・エグゼクティブ（1099）	顧客志向（8），競争志向（6），職能横断的統合（6），利益志向（4），インテリジェンスの生成（5）
Kahn (1998)	○			米国 Georgia Manufactures Directory（156）	顧客志向，競争志向，職能横断的統合
Griffiths and Grover (1998)	○	○		―	―
Mavondo (1999)	○			豪州，ジンバブエ Australian-industries the Automotive and Personal and Other Services (208). Food-manufacturing industry (176)	―

主なインプリケーション	研究課題
・MO 概念の提示 ・MO 尺度の開発	・ハイテク産業，サービス産業といった国際色豊かな産業でも取り入れられるサンプルの必要性 ・長期的なリサーチデザインの必要性 ・MO 3要素のバランスの考慮 ・ソーシャル・マーケティングの視点の検討
・MO 概念の提示	・MO と，技術タービュランスおよび経済状況との関係の解明 ・各部門間の関係を表す要素の加味（従業員の交換，トレーニングなど） ・MO の質についての考察
・MO 概念の提示 ・MO 尺度の開発	・命題検証を目的とした実証研究の必要性
・「MARKOR」尺度の開発	【方法論上の課題】 ・MO 要素間の因果関係の検討 ・尺度項目の妥当性分析 【実質的な課題】 ・Narver and Slater（1990）MO 尺度との比較 ・ステークホルダーの行動探索 【適用課題】 ・英語圏以外の言語での妥当性検証 ・クロスセクショナル・データでの検証（非営利組織，伝統的でない組織，標準的でないマーケティング部門など）
・メタアナリシスから統一した MO 尺度の開発	・精緻な妥当性の検証
・「MORTN」尺度の開発	・時系列データでの検証 ・欧州以外でのサンプリング実施（外部妥当性）
・ニュージーランドにおける MO 尺度の開発	・クロスセクショナル・データのみならず，時系列データの必要性 ・対象国以外でのサンプリング（外部妥当性） ・環境モデレーター要因の把握 ・MO 構成要素のバランスを考慮した研究の必要性
・職能横断的統合はマーケティング，製造，R&D の 3 部門を隔ててパフォーマンスに影響 ・顧客志向はマーケティング部門のみに影響	・米国ジョージア州の食料品，アパレル，テキストの企業以外でのサンプリング ・競争力や組織学習といった概念を加味しての検証
・MO の二元性の関係性に着目した命題提示	・実証研究による検証
・豪州では顧客志向と職能横断的統合が高水準 ・競争志向は二国間で水準の差なし	・ニュージーランドを先進国，ジンバブエを途上国としたことの妥当性 ・高い MO 水準の産業を選んだが，他の産業で同一結果を得られるか ・ジンバブエ被験者の平均年齢が，ニュージーランドの者たちよりも高齢だったことの影響検証 ・二カ国で，調査プロセスが異なっている妥当性

文献				国・対象	尺度
Matsuno, Mentzer, and Rentz（2000）		○		米国 マーケティングエグゼクティブ（1334）	インテリジェンスの発生（8） インテリジェンスの普及（6） 反応（9）
Wood, Bhuian, and Kiecker（2000）		○		米国 病院（237）	単一（11） 非営利組織（とくに病院）
Lafferty and Hult（2001）	○	○	○	—	顧客の重視，情報の重要性，職能横断的統合，行動の実行
Lytle, Hom, and Mokwa（1998）				米国 地方銀行 エグゼクティブ（15） 専門家（12） SBUに所属する従業員（1342）	顧客の扱い（4），従業員の権限（2），サービス技術（3），サービス失敗の防止（3），サービス失敗の回復（4），サービス標準コミュニケーション（5），サービスビジョン（3），サービスリーダーシップ（6），サービス報酬（2），サービストレーニング（3）
Harris（2002）	○			英国 FAME エグゼクティブ（123）	企業内のエグゼクティブ：職能横断的統合（5），顧客志向（5），競争志向（5）競争のエグゼクティブ：競争志向（5），職能横断的統合（5），顧客志向（5）顧客：顧客志向（5），職能横断的統合合（5），競争志向（5）
Naude, Desai, and Murphy（2003）		○		英国 多国籍企業（281）	内部的MO：単一（15）
Vázquez, Álvarez, and Santos（2002）	○	○	○	スペイン 民間の非営利組織の財団（191）	インテリジェンス生成（13） インテリジェンス普及（8） インテリジェンス反応（10）
Kara, Spillan, Deshields（2004）		○		米国 非営利組織（148）	—
嶋口，石井，黒岩，水越（2008）		○		日本 上場1部，2部 事業部門343のトップ	情報生成（5） 情報普及（5） 情報反応（5）
Gainer and Padanyi（2002）	○	○		カナダ Greater Tront, Greater Montreal CEO，マネジャー（138）	MO型活動（7） MO型文化（12）
Gainer and Padanyi（2005）	○	○		カナダ トロントとモンテリオール the Executive Directors（453）	クライアント志向型文化（12） クライアント志向型行動（7）

・「MARKOR」尺度の信頼性と妥当性の改善	・概念操作の妥当性 ・行動的視点を取り入れた尺度開発 ・構成概念妥当性の再検討
・非営利組織における MARKOR 尺度の開発	・病院以外の医療機関でサンプリング ・時系列変化の影響をみるため，時系列データのリサーチデザインの必要性
・MO のレビューから新たな 5 つの構成要素の提示	・構成概念の信頼性および妥当性の検証
・サービス志向（SEV*OR）尺度の開発	・変数の重複をなくすための精緻化 ・サンプルの妥当性
・自社，顧客，競合他社という Triad からの尺度開発	・英国のみを扱っているため，外部妥当性の欠落 ・消費財企業でも適用できる尺度の開発 ・エグゼクティブ以外の職階を対象にしたサンプリングの必要性 ・クロスセクショナル・データのため，因果関係をみることができない（基準連関妥当性）
・地元密着型経営，社会化，満足の 3 要素が内部的 MO に影響 ・立地と雇用形態が内部的 MO にプラス，年齢はネガティブに影響	・英国のみを扱っているため，外部妥当性が欠落
・民間の非営利組織における MO 尺度の開発 ・結果として，非営利組織の MO はパフォーマンスと組織ミッションの達成にプラスに影響	・スペインの財団のみを対象とするため生じるサンプルバイアス ・市場ダイナミズムや不確実性といった環境モデレーティング要因を加味したモデル構築
・非営利組織における MARKOR 尺度の有効性の確認	・さらなる変数を加味したモデル構築 ・今回対象以外の非営利組織でのサンプリング
・情報反応の平均値は，情報生成と情報普及よりも高水準	・Kohli and Jaworski（1993）の MO 尺度の信頼性の低さ ・日本における Kohli and Jaworski（1993）の 3 要素の妥当性検証
・非営利組織において MO 型の活動は MO 型の文化へプラスに影響	・クロスセクショナル・データではない，時系列を備えた長期的なリサーチデザインの実施 ・CEO やシニア・マネジャーを対象にしたことで生じた顧客や同僚からの意見の妥当性
・クライアント志向型文化とクライアント志向型行動の MO，そしてそれらのモデル構築 ・非営利のサービス組織において，クライアント志向型行動はパフォーマンスにプラスに影響	・時系列データの引用 ・CEO のみならず，従業員やクライアントへのサンプリング ・クロスセクショナル・データの利用

著者	N-S 尺度	K-J 尺度	D-F-W 尺度	対象	次元
Sin, Tse, Yau, Chow, Lee, and Lau (2005)	○			中国（222） 香港（277）	信頼（4） 絆（4） コミュニケーション（3） 共有価値（4） 感情移入（4） 相互作用（3）
Reid, Luxton, and Mavondo (2005)				―	ブランド志向 ・共有されたブランドのビジョン ・共有されたブランドの機能 ・共有されたブランドのポジショニング ・ブランドの投資収益 ・ブランドの象徴 ・ブランドの付加価値
Ward, Girardi, and Lewandowska (2006)	○			豪州，シンガポール，中国，オランダ 『Fortune』誌「Fortune 500」に記載された企業のマーケティング・エグゼクティブ（217）	―
Morris, Coombes, Schindehutte, and Allen (2007)	○			米国 Internal Revenue Service の非営利組織（145）	クライアントの MO（4） ドナーの MO（4）
Božić and Rajh (2007)		○		クロアチア 企業	―
Modi and Mishra (2010)	○			インド IRMA データ 非営利組織（102）	非営利組織の MO 受益者志向（5） 提供者志向（6） 仲間志向（4） 職能横断的統合（5）

注：N-S 尺度：Narver and Slater (1990)，K-J 尺度：Jaworski and Kohli (1993)，D-F-W 尺度：Deshpandè, Farley, and Webster (1993)。

が整理されている。

　前述したとおり，MO が二元性のある概念であるため，研究においてどちらの尺度を用いるべきかということで，マーケティング研究者たちに混乱をもたらしてきた。そこで，**表1-14**に示されるとおり，すでにいくつかの研究ではこの課題を克服すべく，統一化の試みが行われている。例えば，

・信頼性分析と収斂妥当性，判別妥当性，文化間安定性分析を行っての，リレーションシップ志向尺度開発	・中国と香港の国以外でのサンプリング（外部妥当性） ・クロスセクショナル・データから長期的データの活用
・ブランド志向と MO には相互関係がある ・ブランド志向は IMC にプラスの影響がある ・ブランド志向はブランド・パフォーマンスにプラスの影響がある	・実証研究の必要性 ・IMC のプロセスと，外部要因のパフォーマンスの検討の必要性
・Narver and Slater（1990）と同様，MO 尺度は，長期フォーカスと利益を除く，3 つの下位概念で 9 つの変数で成立	・広範な国と産業でのサンプリングの必要性
・クライアント MO とドナーMO は相互に影響 ・ドナーMO は組織パフォーマンスにプラスに影響 ・変革型リーダーは，クライアント MO にプラス ・役員構造は，ドナーMO にプラスに影響	・非営利組織への影響の明確化 ・社会的ミッションに関するパフォーマンス，といった尺度の加味 ・外部環境の付加
・クロアチア企業における，MAR-KOR 尺度の信頼性と，収斂妥当性，弁別妥当性の確認	・産業範囲の拡大
・発展途上国の非営利組織では，MO はパフォーマンスにプラスの影響 ・MO の非営利組織は，組織のミッション，受益者の満足，名声において，MO でない組織よりも，効果がある	・シングル・インフォーマントによるコモンメソッドバイアス ・受益者志向の α 係数の低さ ・インドの非営利組織の標本として，IRMA データベースの妥当性欠落

　Deshpandè, Farley, and Webster（1996）では，Kohli and Jaworski（1993），Narver and Slater（1990），Deshpandè, Farley, and Webster（1993）という 3 つの MO 尺度のメタアナリシスから，この 3 つの尺度の統一化を試みている。

　Gray, Matear, Boshoff, and Matheson（1998）では，ニュージーランドの

「New Zealand Marketing Management Research Programme」に登録され
た1,099名のシニア・エグゼクティブを対象に，尺度の統一化を試みてい
る，信頼性および妥当性をみるため確認的因子分析を行った結果，顧客志
向，競争志向，職能横断的統合，反応，利益の強調から MO が構成される
ことを確認している。あるいは，Lafferty and Hult（2001）は，MO 概念を
意思決定，市場インテリジェンス，文化をベースとした行動，戦略フォーカ
ス，顧客志向，という5つの観点から評価し，共通点から，顧客重視，情報
の重要性，職能横断的統合，行動実行という新たな4つの構成要素を導出し
ている。

5-2. 統一的市場志向の定義

　MO の定義について取り上げた多くの先行研究では総じて MO を，市場
に継続的に応じるため，組織が志す，文化や行動であると唱えている。ま
た，言い回しは多少違っても，すべての定義に，顧客や買い手など，ター
ゲットとなる市場の意味を含んでいた。

　しかしながら，市場にただ応じていくということだけでは，具体的に市場
が何を意味しているのか理解しがたい。そこで，本書では，統一的 MO を
定義づけするにあたり，この市場が何をさすのかを明確にする。先行研究に
基づくと，市場とは，ターゲットとする市場，すなわち獲得したい顧客や，
関係を構築したい買い手を示す。そしてこの顧客や買い手に対し，価値を提
供し続けニーズを充足させていく場であるといえる。

　同時に，忘れてはならない視点として，「市場情報（market intelligence）」
があげられる。例えば，Kohli and Jaworski（1990）では，定義の中心に明
らかに，市場情報をおいている。あるいは Narver and Slater（1990）や
Hunt and Morgan（1995）でも，MO を，顧客と競合他社に関する情報を，
獲得する行動としている。このように多くの研究では何らかの形で，定義の
なかに「市場情報」の視座を有している。以上の2点を踏まえ，統一的 MO
は，次のように定義づけされる。

　　統合的MO（Integrated Market Orientation）とは，継続的に，優

れた価値やニーズを顧客に提供するために，ターゲットとする顧客
の市場情報を獲得し，さらに部門を超え普及させていく，組織が志
向する組織文化を表す。

5-3. 統一的市場志向の構成要素

　ここまでの議論を踏まえ，統一的 MO の構成要素について提案する。**第
4節**であげた先行研究の測定項目を考慮し，単一次元ではなく多次元で，
統一的 MO の構成要素を捉えることにする。**第2節**で明らかにされたよう
に，Narver and Slater（1990）と Kohli and Jaworski（1990）の2つの理論
的背景は別々のもので，さらに構成要素にも類似性がみられないからだ。ゆ
えに，Deshpandè and Farley（1996）のように単一次元で統一的 MO を表す
ことには，限界がある。

　統一的 MO 尺度の次元として，「市場情報の獲得」，「職能横断的な情報の
普及」，「顧客への反応」の3つを提案する。これを本書で提唱した定義に当
てはめると，「市場情報を獲得し」が「市場情報の獲得」に，「部門を超え普
及させていく」が「職能横断的な情報の普及」に，そして「優れた価値や
ニーズを顧客に提供するために」が「顧客への反応」に，それぞれ対応して
いる。

　ちなみに，MO の構成要素としては他にも，「競争志向」があげられる。
しかしながらこの要素，すなわち競合他社に関する情報は，「市場情報を獲
得」に含まれるため，除外している。以下では，各要素について，説明と根
拠を述べる。

◆市場情報の獲得（Market Intelligence Acquisition）

　この構成要素は，Kohli and Jaworski（1990）の背景にある，経済合理性
（Dickson 1992）に依拠している。この理論に従えば市場シェアを獲得したい
企業では，他社よりも早く市場の変化に対応するため，あらゆることよりも
まず，あらゆる集団に目をむけていく。そのため市場情報の獲得が最優先さ
れる。

仮に，顧客に関する有益な情報を入手しなければ，市場を知ることはできない。そしてこのような状態では，組織全体が市場を志向することなど，とうてい不可能である。このことからも，この市場情報の獲得が，MOを実現するうえで市場との最初のインターフェイスとなることがわかる。

　また，この情報には顧客だけでなく競合他社の情報も含まれている。市場情報にはPOSや売上のデータもあり競合他社に関する情報が豊富に存在するからである。ゆえに，Narver and Slater（1990）の下位概念である顧客志向や競争志向の意味も包含しているといえる。

◆職能横断的な情報の普及（Interfunctional Intelligence Diffusion）

　この要素は，Kohli and Jaworski（1990）の「市場情報の普及」とNarver and Slater（1990）の「顧客志向」を統合し創られる。先に示したとおり，変数の内容から，両者の類似性が高いと判断されるからである。もちろん，「職能横断的な〜」という言葉で表されるように，Narver and Slater（1990）の職能横断的統合の意味も有している。

　この構成要素は，社会システム理論に依拠している。この理論に従えば，外部環境から新たな情報を入手することで，組織が活性化し，組織間で相互依存関係が生み出されることになる。

　視点をビジネスの場に向けてみても，この構成要素が不可欠であることがわかる。マーケターが，社内の情報システムを駆使して，様々なマーケティング情報を手に入れたとする。だが，マーケターのみがその情報を内に秘めていたのでは意味がない。会議などを通して，その情報を関係部門に伝達することで，はじめて価値のあるものになる。

　例えば，日本を代表するマーケティング・カンパニーである花王株式会社では月に一度，マーケターと販売担当者がミーティングを行っている。その場でマーケターは担当する製品について，POSデータやブランド評価に関する一連の情報を，販売担当者にむけ伝える。そしてこの情報をもとに，販売部門の人々は，販促方法や陳列について考えていく。まさに部門を超えてマーケティング情報が普及している好例といえる。

◆顧客への反応（Reaction to the Customer）

　マーケティング研究では長年の間，顧客ニーズに適切に応えていくことが当然のようにいわれてきた。そしてそのことの大切さと，企業にもたらす成果に関しては，数多くの研究が示唆している。実際に，多くの優良企業の理念や行動指針をみると，顧客に反応していくことの大切さが切実に伝わってくる。例えば花王株式会社は，企業理念である「花王ウェイ」のなかに，「消費者・顧客を最もよく知る企業に」を取り入れている[6]。

　ここでは，理論的背景として，資源依存モデルがあげられる（Pfeffer and Salantick 1978）。企業は，多くの顧客と自社で有しない資源交換を行い，結果として利益をあげる。そのため，顧客に目を向けることは不可欠となる。

　また，先に示したとおり，Narver and Slater（1990）の顧客志向と，Kohli and Jaworski（1990）の市場情報への反応が，この「顧客への反応」とほぼ同意となっていた。このことから，マーケティングを志す組織が顧客に反応していくことは，自明の理であるといえるだろう。

6．インプリケーション

　第2節以降では，本書のテーマでありマーケティングの中核概念であるMOに関して，二元性の問題に着目しながら（Griffiths and Grover 1998），統一的MOの検討に焦点を当てて考察してきた。本書の位置づけは，二元性のあるMOの概念や尺度を整理し，先行研究を概観しながら，統一的MO尺度の定義設定，および，構成要素の検討にあった。

　MO研究ではこれまで，いくつかの研究（e.g., Deshpandè, Farley, and Webster 1993; Gray, Matear, Boshoff, and Matheson 1998）において，統一化の試みはなされてきたものの，十分妥当な尺度は開発されていない。

　そこで，第2節から第4節では，二元性の本質を探るため，まず，Narver and Slater（1990）とKohli and Jaworski（1990），それぞれの理論的背景，定義の変遷，これまで唱えられてきたMOの構成要素について整理した。第5節では，これまでのMO尺度に関する議論を取り上げながら，妥当な統一的MO尺度開発にいたっていない現状について確認した。そし

て，MO の定義，構成要素，そして測定項目に関する先行研究を参考にしな
がら，統一的 MO の定義を検討した。最後に，先行研究の共通項を探りな
がら，統一的 MO の定義と構成要素を検討した。約20年間にわたる MO に
関する概念と尺度に関する研究の包括的レビューから導き出された今回の結
果は，統一的 MO 尺度の実現に向け一歩，進展をもたらしていると思われ
る。

7. 議　論

　冒頭で述べたとおり，現在，MO に関する研究は世界中でさかんに取り組
まれている。第1章ではまず，「マーケティング・コンセプトを扱った研
究」，「マーケティングの役割を扱った研究」，「組織文化を扱った研究」とい
う3つの研究潮流から，MO 誕生の背景について考察してきた。その結果，
これらの3つの研究潮流に存在していた研究課題が，MO の誕生によって克
服されていることが確認された。
　「マーケティング・コンセプトを扱った研究」に関しては，さらに「マー
ケティング・コンセプト研究をフィロソフィーとして扱った研究」と「マー
ケティング・コンセプトの実行に伴う実証研究」に分類し，考察を試みた。
「マーケティング・コンセプト研究をフィロソフィーとして扱った研究」の
課題として，当時のマーケティング研究では資本市場でのビジネスの成功に
目が向けられるのみで，社会的責任の視点が欠けていたことがみられた。だ
が，MO が登場したことで，マーケティング研究において社会的責任にも目
が向けられるようになっている。例えば，Liao, Foreman, and Sargeant
(2001) では，MO を援用して，社会的責任の程度を測定する CSR 志向を開
発することで，組織において社会的責任の程度を測定できるようにした。
　「マーケティング・コンセプトの実行に伴う実証研究」の課題は，統計的
処理を用いてマーケティング・コンセプトの有効性を実証できないことに
あった。だが，Kohli and Jaworski (1990)，および，Narver and Slater
(1990) において，いずれも，信頼性と妥当性が頑健な MO 尺度が開発され
たため，マーケティング研究者たちは，マーケティングの有効性を統計的に

測定できるようになった。その結果，MO 誕生以降，組織におけるマーケティングの有効性を測定する研究が数多く取り組まれるようになった。

「マーケティングの役割を扱った研究」では，マーケティングの役割の変化によって，MO が求められるようになったことを示した。マーケティング目標は，1980年前半には一時点における顧客満足度の向上であったが，1980年後半には継続的な顧客との関係性構築へと変化している。そのため，従業員と顧客との関係性メカニズムを明らかにする必要性が生じた。そこで，例えば，リサーチ・デザインを自社と顧客で設計し，MO とともにコミットメントや信頼といった変数を取り入れた仮説モデルを構築し，検証することが求められたのである。

「組織文化を扱った研究」では，1980年代後半から，マーケティング研究において，組織文化の概念が取り入れられ始めたことを論じた。結果として，Narver and Slater（1990）の MO はこの流れを受けながら，組織文化を理論的基盤として取り入れ，MO を開発している。

以上の3つの研究潮流から，MO が当時の研究課題や他分野からの流れを受けて，誕生した概念であることが明らかにされた。

第2節以降では，MO の二元性について論じた。理論的背景から Narver and Slater（1990）と Kohli and Jaworski（1990）の違いについて考察したところ，Narver and Slater（1990）では，持続的競争優位性や資源依存モデルを主な理論的基盤としていた一方，Kohli and Jaworski（1990）では，経済合理性や社会システム理論などを理論的基盤としていた。このことから，Narver and Slater（1990）と Kohli and Jaworski（1990）の明確な違いは，前者が戦略論の理論や組織文化を背景にしている一方，後者が経済学や社会学の理論を理論的基盤としている点を明らかにしている。

第3節では，MO と類似した概念との違いについて議論を進めた。類似した概念としては，マーケティング・コンセプト，マーケティング志向，顧客志向，顧客主導という4つをあげている。マーケティング・コンセプトとマーケティング志向に関しては，前者が企業理念を，後者が組織能力ならびに戦略実行を表している点に違いがあることを示した。マーケティング志向と MO に関しては，Kohli and Jaworski（1990）に基づいて，マーケティン

グを実行する部門，マーケティング実行の際の権限所在，フォーカスという3点から，両者に違いがあると論じている。顧客主導とMOに関しては，Slater and Narver（1998）に基づいて，顧客ニーズのタイプ，顧客に対する目標，時間の長さ，行動スタイル，学習スタイル，関係性の特徴，調査法という7つの観点から，両者の違いを明確にしている。

　第4節では，MOの構成要素について考察している。Narver and Slater（1990）とKohli and Jaworski（1990）以降，尺度の精緻化を目指し，様々な研究が取り組まれているが，一部の研究（Laffterty and Hult 2001; Modi and Mishra 2010）を除き，構成要素は，Narver and Slater（1990）における顧客志向，競争志向，職能横断的統合，ならびに，Kohli and Jaworski（1990）における市場インテリジェンスの生成，普及，反応に即していることが確認された。

　第5節では，MO尺度に関する先行研究を整理したうえで，二元性を有するMO概念の統一化を試みている。これまでの定義の変遷を参考にしながら，統一的MOについて定義づけした後，先行研究のレビューに基づいて，市場情報の獲得，職能横断的な情報の普及，顧客への反応という3つの構成要素を導出した。

　本書の課題は，前述のとおり，統一的MOの構成要素の導出までに留まっていることである。したがって，今後の研究では，本書で提示した統一的MOについて，定性調査を実施したり，類似した尺度を参考にしたりしながら，測定項目を精査したうえで，定量調査を実施することで，信頼性と妥当性を踏まえた頑健な尺度開発が求められる。

　第2章以降では，第1章で明らかにされたMO概念について，研究潮流ごとに先行研究を整理しながら，明らかにされていない因果関係やメカニズムを解明していく。

(1)　学術検索サイト「ProQuest ABI/Inform Complete」により，検索を実施した（2019年9月2日時点）。1985年から2017年までの期間で1年ごとに，詳細検索の記事タイトルに「Market Orientation」と入力し，検索を行った（URL：http://www.proquest.asia/ja–JP/）。

(2) 「マーケティングの役割」については近年，米国 Marketing Science Institute（MSI）が，「Marketing Topics」のなかで，製品戦略，リレーションシップ・マーケティング，ブランド・マネジメント，広告研究などと同次元に，「マーケティングの役割」を位置づけており，マーケティングの主要な研究テーマとなっている（URL：http://www.msi.org/publications/index.cfm?id=95）。「マーケティングの役割」の変遷については，Kotler（2000）にも詳しい。同書では，マーケティングの役割は，5つの段階を辿るという。第一段階は，マーケティングが他の機能よりも重要でない段階。第二段階は，マーケティングが他の機能と等しい位置にある段階。そして第三段階は，マーケティングが他の機能を超えて重要になる段階。第四段階は，マーケティングが生産や財務といった他の機能の中心に位置する段階。最終的な第五段階は，組織全体がマーケティング志向になる段階であると論じている。

(3) 抽出条件は，「学術論文」，「学位論文」，「学術講演会資料および資料」としている。実施期間は，2018年3月27日である。

(4) Narver and Slater（1990）において「顧客志向」，「競争志向」，「職能横断的統合」のほかに，「長期フォーカス」とともに，「収益性」という言葉で取り上げられている。米国西海岸の企業の戦略事業単位（SBU）において113名を対象に，信頼性分析を行い，Cronbach の α 係数が0.7を超えるかどうかで考察したところ，「顧客志向」（第一グループ：0.85，第二グループ：0.87），「競争志向」（0.71，0.73），「職能横断的統合」（0.71，0.74），「長期フォーカス」（0.48，0.41），「収益性」（0.14，0.04）となり，信頼性があると判断されたのは「顧客志向」，「競争志向」，「職能横断的統合」の3要素であった。

(5) 学術検索サイト「Web of Science」にて，被引用文献数を調べたところ，2018年3月27日時点で，Hunt and Morgan（1995）の研究が360本，そして Deshpandè, Farley, and Webster（1993）の研究が587本となった一方，Narver and Slater（1990）の研究が2,858本，Kohli and Jaworski（1990）の論文が2,223本となった。このことから，いかに被引用文献数に差があるかをみてとれる。

(6) 花王株式会社のホームページを参考にしている（URL：http://www.kao.com/jp/corp_about/kaoway.htm）。

第2章 | 市場志向の先行要因の解明

　従来の市場志向（Market Orientation，以下 MO と略）に関する研究の多くでは，MO を先行要因に位置づけ，MO がビジネス・パフォーマンスや新製品の成功，そして主要マーケティング概念へどのような影響を与えるかについて探索する研究が多く行われてきた。一方で MO の先行要因を探索する研究には，ほとんど光が当てられてこなかった。このような流れのなかで近年では，MO 研究者たちの間で，MO の先行要因に注目する動きが出はじめている。

　MO に影響を及ぼす先行要因を明らかにすることは，重要なインプリケーションを含んでいる。MO に影響を与える要因を強化するような報酬あるいは教育制度を導入することで，組織の MO をいっそう高めることができるからである。例えば，MO を高めるインセンティブを報酬として設定することで，組織の MO をより高めることができる。

　第 2 章では，MO がどういった先行要因から影響を受けるのかについてフォーカスを当てて，議論を進める。本書ではまず，MO に影響を与える先行要因に関する研究についてレビューを行う。その際には，研究の潮流ごとに進展の過程をみていく。さらに先行研究の整理によって浮き彫りにされた未だに議論されていない先行要因を明らかにする。そのうえで，先行要因のなかでも，MO に影響を及ぼすといわれるリーダーシップ・スタイルに焦点を絞り，それらが MO，そして，事業成果に及ぼす影響について考察する。

1. 市場志向の先行要因の整理

　MO の先行要因を扱った先駆的な研究は，Jaworski and Kohli（1993）であり，トップ・マネジメント要因，部門間ダイナミクス要因，組織制度要因の3つを取り上げている。

　トップ・マネジメント要因としては，トップ・マネジメントの強調とリスク回避をあげている。MO の強調とは，トップ・マネジメントがマーケティング的な思想を掲げることを，リスク回避とはトップ・マネジメントが積極的にリスクをとらないことをそれぞれ示す。部門間ダイナミクス要因には，部門間コンフリクトと部門間連結性をあげている。前者は部門間での摩擦の程度を，後者はコミュニケーションの程度を表している。組織制度要因には集権化や定式化，部門化あるいは報酬制度をあげている。集権化とは意思決定や責任を職階の高い従業員に集約させることを，定式化とはルールや制度を規定することをそれぞれ示す。Jaworski and Kohli（1993）では実際に実証研究を行った結果から，トップ・マネジメント要因では「トップ・マネジメントの強調」が，部門間ダイナミクス要因では「部門間コンフリクト」，「部門間連結性」が，組織制度要因では「集権化」，「定式化」，「部門化」，「報酬制度」が MO に影響を与えることを明らかにしている（図2-1）。

　Jaworski and Kohli（1993）の追試として，Hammond, Webster, and Harmon（2006）や黒岩（2007）の研究では，トップ・マネジメント要因の解明に的を絞っている。いずれの研究においても，MO がトップ・マネジャーの意向から影響されることを確認している。例えば，黒岩（2007）では，トップ・マネジメントの市場環境認識に関する19項目について因子分析と相関分析を行っている。結果として，第一に，市場での収益確保困難因子と MO・反応性が逆相関していることを明らかにしている。第二に，顧客ニーズ変化認識因子と MO・情報生成・反応性とが相関関係をもっていることも示している。

　さらに，Kirca, Jayachandran, and Bearden（2005）では，MO の先行要因と成果要因を対象にしたメタアナリシスを行っている。分析の結果から，

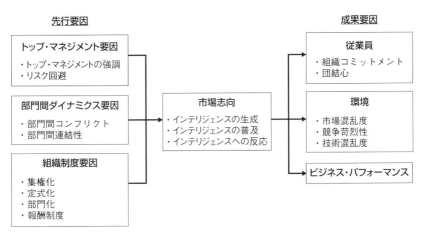

図2‑1 市場志向の先行要因と成果要因

先行要因

トップ・マネジメント要因
・トップ・マネジメントの強調
・リスク回避

部門間ダイナミクス要因
・部門間コンフリクト
・部門間連結性

組織制度要因
・集権化
・定式化
・部門化
・報酬制度

市場志向
・インテリジェンスの生成
・インテリジェンスの普及
・インテリジェンスへの反応

成果要因

従業員
・組織コミットメント
・団結心

環境
・市場混乱度
・競争苛烈性
・技術混乱度

ビジネス・パフォーマンス

出典：Jaworski and Kohli（1993），p.55.

「部門間連結性」，「トップ・マネジメントの強調」，「集権化」，「定式化」，
「報酬制度」，「部門間コンフリクト」がMOに有意な影響を及ぼすことを確
認している。

　以降で，MOの先行要因に関する研究は，組織の在り方に着目した組織構
造と，組織内で働く人の在り方に着目した組織の人的要因という2つの潮流
に拡がっている。そこで1‑1では，MOの先行要因を探索していく際に，
組織構造と組織の人的要因という2つの潮流ごとに，既存研究のレビューを
行っていくことにする。

1‑1. 組織構造に着目した研究

　組織構造とは，組織内の制度や組織設計といった組織の在り方を示す。組
織構造に注目した研究は，Ruekert（1992）が最も古い。Ruekert（1992）で
は，MOを高めるようなリクルーティング，選考，トレーニング制度，報酬
そして補償といった制度を導入した場合に，組織のMOが高まるのかを検
証している。米国「Fortune 500」のハイテク企業に属するSBU（Strategic
Business Unit）のマネジャー，販売担当者，セールス・マネジャーが対象と

され，400サンプルで分析を施している。

　結果として，以下の3点を明らかにしている。第一に，ビジネス・ユニットにおいては，適切な人材をリクルートし選抜すれば，MO全体の水準を高める点である。第二に，MOを向上させるトレーニング制度を高めるほど，MO全体の水準を高める点である。第三に，報酬や補償といった制度を高めるほど，MO全体の水準を高める点である。

　以上から，Ruekert（1992）では，MOの程度とリクルーティング，トレーニング，補償との関係性を明らかにしていることが確認される。

　続いて，Pelham and Wilson（1996）では，中小企業を対象に，市場環境，戦略，組織構造がMOに対し，どのような影響を与えるかどうかを考察している。「The Center for Entreprenourship at Easten University」のデータソースを利用し，平均売上高29億円，従業員数21.5人（30%の製造業，28%の小売業，24%のサービス業，18%の建設業）の企業68社を対象に，調査を実施している。

　結果として，以下の3点を明らかにしている。第一に，定式化，イノベーション／差別化戦略と結びついたMOは新製品の成功，そして，成長／シェアにプラスに影響していた。

　第二に，組織構造や戦略の短期的な変化は，MOに有意な影響を与えないが，調整システムやコントロール・システム，イノベーションを促進させていた。他方では差別化戦略は，MOを高めていた。

　第三に，競争の密集度が高まるほど，MO水準は高まっていた。このことから競合他社の数が増加するほど，中小企業も顧客に目をむけて行動していく必要があることがわかる。

　Pelham and Wilson（1996）の結果は，中小企業の社長であっても，MOを志すことで，特異性という競争優位が得られることを示す。中小企業は大企業と比べ，従業員が少数のため，従業員のMOを高めやすい。したがって，中小企業の社長は，例えば意思決定の迅速化と実行の定式化を促進することでMO水準を高め，結果として新製品成功の機会を向上できるのである。

1-2. 組織の人的要因に着目した研究

組織の人的要因に着目した研究とは，組織のなかで人的要因が MO にど
のように影響を与えているかについて考察した研究を示している。本研究潮
流は，2000年近くになって行われ始めている。

Morgan and Piercy（1998）では，マーケティングおよび品質といった戦
略が，部門間連結性，コミュニケーション，コンフリクトに働き，結果とし
て品質の成果，市場パフォーマンス，財務パフォーマンスといった成果変数
にどのような影響があるのかを考察している。

当該研究では，MO を取り上げていないものの，MO の先行要因となる部
門間連結性，コンフリクト，コミュニケーションがどのような要因から影響
されるかを考察している点で，のちの研究で必然的にレビューされている
（e.g., Harris and Piercy 1999; Harris and Ogbonna 2001; Cervera, Molla, and San-
chez 2001）。

英国の「Marketing Manager's Yearbook and and Key British Enterpris-
es」のデータ・ベースを利用し，企業の1,108名のマネジャーを対象にした
調査結果から，シニア・マネジメントのリーダーシップの品質，品質コント
ロール・システムの一貫性が高まるほど，部門間連結性やコミュニケーショ
ンが向上する一方，品質プランの定式化は両者に関係しなかった。そして，
最終的には，部門間連結性やコミュニケーションが市場パフォーマンスや財
務パフォーマンスを向上させることを確かめている。

過去のマーケティング研究によると，ビジネスの成功には，シニア・マネ
ジャーが品質戦略において強いリーダーシップを果たすことが重要であると
いう（Hartline and Ferrell 1996）。したがって，シニア・マネジャーに，品質
戦略に関する考えと技術を理解するように促すことが有効であるといえる。
また，本書では，品質戦略のコントロール・システムの一致によって，マー
ケティング部門と品質部門間のコンフリクトを減らせることも明らかにして
いることから，いかに品質に一貫した管理を行っていくことが必要かを示唆
している。

続いて，Griffiths and Grover（1998）では，MO を行動に移すまでのプロ

セスとして，組織の従業員に影響を与える先行要因が，組織文化として MO
に影響を与え，最終的に MO の行動にいたるという命題モデルを提示して
いる。組織文化である MO に対して，「組織内のメンバーシップ」，「組織の
象徴」，「組織の精神力学」，「組織における認識」という４つの先行要因が，
組織文化である MO に影響を与え，結果として MO の行動に影響するとい
う。実証研究は行われていないが，「MO の行動」に至る過程を初めて提示
した点に研究の価値がある。

　先行要因として，障害となる人的要因を取り上げた研究もある。Harris
and Piercy（1999）では，サービス業において，MO の阻害要因に着目し，
企業が MO を実現していくうえで影響する要因に着目している。彼らは，
阻害要因として，垂直的コミュニケーション量の低さ，政治的行動の程度，
コンフリクト行動の程度，組織メンバーの定式化の４つをあげていた。英国
の小売業のストア・マネジャー107名に対して調査を実施している。パス解
析の結果，上記４つの阻害要因が MO にネガティブに影響にすることを明
らかにしている。

　Harris は MO の先行要因についてさらに研究を進め，MO に影響を与え
る，トップ・マネジメントのリーダーシップのスタイルに注目している
（Harris and Ogbonna 2001）。

　Harris and Ogbonna（2001）では，次の３つのリーダーシップ・スタイル
が存在すると論じている。第一に，参画型リーダーシップ・スタイルであ
り，リーダーは部下に意思決定させる。第二に，支援型リーダーシップ・ス
タイルであり，部下がリーダーの行動を共感，友好的，思いやりがあるもの
としてみなす。第三に，道具的リーダーシップ・スタイルであり，部下の意
見に耳を傾けず，リーダーが望むことを行いながら，タスクを遂行していく
リーダーシップのスタイルである。

　パス解析を行った結果として，参画型リーダーシップ・スタイル，支援型
リーダーシップ・スタイルはポジティブ，道具的リーダーシップ・スタイル
はネガティブに影響を与えていた。MO 組織を目指すときには，参画型リー
ダーシップ・スタイルや支援型リーダーシップ・スタイルの促進を，目指す
べきであるといえる。

マネジャーの特性に注目した研究としては，Wren, Souder, and Berkow-itz（2000）も見逃せない。Wren, Souder, and Berkowitz（2000）では，先行要因として，「プロジェクト・マネジャー・スキル」と「トップ・マネジャー・サポート」というマネジャーの在り方について取り上げている。米国，ニュージーランド，韓国，ペルー，ノルウェー，スウェーデン，計6カ国のハイテク産業を対象にして調査を行った結果として，米国やニュージーランドといった個人主義の国で，「プロジェクト・マネジャー・スキル」と「トップ・マネジャー・サポート」という先行要因がMOに影響していた。しかしながら，韓国のようなルールが整備される国において，MOに影響していなかった。この結果は，個人主義の国では集団主義の国よりも，プロジェクト・マネジャーにメンバーの統一や調整が求められるので，MOが重視されやすいことを反映している。

1-3. 組織構造要因と人的要因，双方の混在した研究

MOの先行要因に関する研究が蓄積するにつれ，組織構造と組織の人的要因，双方を同時に扱った研究も行われている。Cervera, Molla, and Sanchez（2001）では，組織構造要因と人的要因，双方を取り上げている。先行要因としては，組織構造要因として組織特性と外部特性を，人的要因として個人特性を，それぞれあげている。個人特性としてはMOの強調と専門家気質を，組織特性としては組織のサイズとアントレプレナーシップを，外部特性としては環境タービュランスをあげている。

スペインのバレンシア州における540の地方自治体のサンプルを用いて，市長と事務長官を対象に調査を行った結果，専門家気質が，市場インテリジェンスの生成と普及に重要な影響があった。また市長のMOを強調しないマネジメント・スタイルから，コミットメントが向上したことから，公共機関ではMOの強調に関しては，MOにマイナスの影響が確認された。

このとき，より大きな組織ほど，あまり多くの市場インテリジェンスを生み出していなかった。つまり，大きな地方自治体では，より多くの予算を使い調査を行って市場を理解するが，市民とは直接接しない。一方，小さな地方自治体では，予算が小さく調査をあまり実施できないため，継続的に市民

に接触する機会があるのである。

1-4. MO の先行要因の発展的研究

2000年以降,「組織構造に着目した研究」と「組織の人的要因に着目した研究」はさらに拡がりをみせている。「組織構造に着目した研究」はより具体性のある内容を考察しており,組織戦略が MO にどのように影響するかを扱ったテーマに目が向けられている。他方で,「組織の人的要因に注目した研究」は一人ひとりの個性に着目し,従業員個人レベルの要因が,MO にどのように影響するかを扱っている。この際には,心理学の概念を取り入れている。

さらに,一組織の枠を超えて国といったマクロ要因が,企業の MO にどのような影響を及ぼすかに着目した研究も行われはじめており,国の規制や法律といった制度,国の文化,国民性を取り上げている。

◆組織戦略に着目した研究

組織戦略に着目した研究は,Narver, Slater, and Tietje(1998)が最も古い。MO を生み出すアプローチとして,プログラマティック・アプローチとマーケット・バック・アプローチの2つを取り上げている。

プログラマティック・アプローチとは,顧客に優れた価値を継続的に創り出す規範の創造のための演繹的なアプローチで,MO を創り出すのに最も使われるアプローチといわれる(Payne 1988; Webster 1988)。本アプローチは教育に関するプログラムであり,組織構造やプロセスに関するプログラムではない。いかに最善の変化になるかどうかは,経験学習を通して組織内で認知される。言い換えれば,プログラマティック・アプローチは,効果的な経験学習のための教育的基盤になるのである。

マーケット・バック・アプローチは,効率的かつ有効に,顧客に優れた価値を提供するための継続的な学習であるという(Narver, Slater, and Tietje 1998)。このマーケット・バック・アプローチで生じる継続的な学習は,文化を移行させ強化させるとともに,プログラマティック・アプローチの学習の延長線上にあるといわれる(Schaffer and Thomson 1992; Jaworski and Kohli

1993)。

　以上のように，Narver, Slater, and Tietje（1998）では，実証研究は行われていないが，MOに影響を与える要因を，2つの戦略から考察している。

　人的資源管理に着目した研究もある。Harris and Ogbonna（2001）では，組織論の「戦略的人的資源管理」がMOにどのように影響を及ぼすかについて考察している。英国の「FAME」データベースの企業を系統的無作為で抽出し，322名を対象に調査を行った結果，MOは戦略的人的資源管理によって決まると結論づけている。人的資源管理から発展したMOは，競争優位の源泉になるため，経営では人的資源を考察することがマーケティング組織をつくるうえで重要になることを指摘している。

　続いて，Matsuno, Mentzer, and Ozsomer（2002）では，アントレプレナー気質がMOにどのような影響があるかを考察している。アントレプレナーシップの概念は，マーケティング活動やプロセスの先行要因やインフルエンサーとして研究が取り組まれてきた（Ruekert, Walker, and Roering 1985）。

　Lumpkin and Dess（1996）によると，アントレプレナーは，前もって見通しを予測するため，新たな機会を予想し指導権をとっていく。例えば，新興市場において，競合他社よりも，先に新製品を導入すれば，先発優位性を発揮できる。結果として，市場を誰よりも，より深く理解していくため，市場インテリジェンスの生成や反応の水準を増加させるのである（Kohli and Jaworski 1990）。

　米国の製造業の企業のマーケティング・エグゼクティブ364名に調査を行い最尤推定法で分析した結果，アントレプレナー気質では，それ自身が組織構造にネガティブな影響を与えた。だが，MOの要素である市場インテリジェンスの生成，普及，反応は，その気質によって引き起こされることを明らかにしている。

　ちなみに近年ではGonzález-Benito and González-Benito（2009）が，アントレプレナーシップとMOは一方的なものではなく，相互に影響しあうことを確認している。

　マーケティング部門の影響力の程度がMOにどのような影響があるかを表した研究もある。マーケティング部門の影響力とは，組織がどの程度マー

ケティングを重視しているかを示す。Verhoef and Leeflang（2008）では，MO の先行要因として，マーケティング部門の影響力を掲げている。MO の先行要因となるマーケティング部門の影響力として，重要性への認識，経営幹部への敬意，意思決定の影響力，マーケティング意思決定の普及，という4 要素をあげている。分析結果から，企業全体が MO でない場合には，マーケティング部門の重要性が高まる一方で，企業全体が MO である場合には，マーケティング部門に影響力がなくても，企業パフォーマンスは変わらないことを明らかにしている。

　このほかにも，MO の先行要因として戦略に着目した研究が行われており，資産の比率が自己資本と他人資本でどのように MO への影響が変化するかを扱った研究や（Macedo and Pinho 2006），ブラジルの大手小売業 3 社を対象に IT 戦略がどのように MO に影響するかを題材にした研究があげられる（Borges, Hoppen, and Luce 2009）。

◆従業員レベルに着目した研究

　「組織の人的要因に注目した研究」は，個人一人ひとりの特性に着目した「従業員レベルに着目した研究」へと，さらに人的要因の深層へと迫っている。従業員個人レベルの要因が，MO にどのように影響するかを扱っていることから，心理学の概念が取り入れられている。

　2000年あたりから，欧州において，MO の先行要因として個人レベルの価値観や行動に関する議論が活発になりはじめた。Tregear（2003）では，MO は，個人がいくつかの目標を追求するうえで引き起こされる行動の結果であると示したうえで，英国北部の20名の食料生産者にデプス・インタビューを実施している。結果として，従業員のライフ・スタイルや生産工程に関連した目標を，従業員が追求することで MO は生じるとしている。

　Ellinger, Ketchen, Hult, Elmadağ, and Richey（2008）では，MO の先行要因として，従業員教育に着目した研究を行っている。彼らは米国のレイバー・スケジューリング・プログラムを取り入れている200社を対象にした調査を行った結果，従業員に，マーケティングに関する専門教育やコーチングを行うことは，MO にプラスに影響を与えることが確認された。だが，権

限移譲は MO に影響を及ぼさないことを明らかにしている。

　さらに，Gebhardt, Carpenter, and Sherry（2006）では，長期的推移法という方法を用いた研究を行い，初期化，再構築，制度化，維持という4つのプロセスを経て，従業員が徐々に MO 行動をとっていくことを確かめている。

◆国レベルに着目した研究

　MO の先行要因として，国の文化や特性について考察すべきという論調を反映して（e.g., Kirca, Jayachandran, and Bearden 2005），近年では組織内に留まらず，国レベルの要因が MO にどのような影響を与えるかにまで研究の幅が拡がっている。代表的な研究としては，Brettel, Engelen, Heinemann, and Vadhanasindhu（2008）があげられる。

　彼らは，主な先行要因として，文化における不確実性回避，MO プランニング，文化におけるパワー・ディスタンス，個人および集団主義の文化といった先行要因を取り上げている。1つ目の文化における不確実性回避とは，高いほど不確実性を脅威と考え，低いほどチャンスとしてリスクをとるため不確実性をより快適に感じることである（Hofstede 1980）。2つ目の MO プランニングとは，市場に対する一連の戦略の内容を示す。3つ目の文化におけるパワー・ディスタンスとは，上司と部下の間の権限移譲の程度を表す（Hofstede 2001）。4つ目の個人主義および集団主義の文化とは，前者が従業員一人ひとり自らの行動を重視する，後者が同じ集団にロイヤルティを感じ強い依存性を有する文化を示す。

　ドイツ，タイ，インドネシアにおける，製造業やサービス業などの企業120社を対象に調査を行い分析した結果，次のインプリケーションを導き出している。文化における不確実性回避が高いほど，MO プランニングと MO の関係は多少高まっていた。この時，MO プランニングは，国の文化の違いから，MO の影響に差が生じていた。またパワー・ディスタンスが低いほど，分散化と，市場インテリジェンスの生成と普及の関係は高まっていた。一方，パワー・ディスタンスが高いほど，参加と，市場インテリジェンスの生成と普及の関係は強まっていた。

さらに，個人主義や男らしい文化よりも女らしい文化では，専門家スタッフと，市場インテリジェンスの生成ならびに普及は弱まっていた。男らしい文化が低く，パワー・ディスタンスが高いときは，考察と市場インテリジェンスの生成と反応の関係が向上していた。

1-5. その他に着目するべき先行要因

以上までで取り上げてきたMOの先行要因は，すでに既存研究において取り上げられてきた先行要因である。しかしながら，既存研究にはなくても今後検討していくべきMOの先行要因もある。先行研究において，MOの一部の構成要素への影響が確認されている，あるいは，類似した概念がすでにMOの先行要因として取り上げられているからである。

そこで，1-5では，既存研究で行われていないが，MOに影響を及ぼすと考えられる先行要因について論じる。

◆自己効力感

第一に，自己効力感があげられる。自己効力感とは，人々が目標への成果を出す行動をおこせると判断する感覚を示す。自己効力感を通して，人々は自分の考えや感覚，行為をコントロールしている（Bandura 1986, p.391）。

Krueger and Dickson（1994）では，自己効力感とリスクの関係について調査している。結果として自己効力感が高いほど，恐怖が減少するのでいっそうリスクをとった行動をとるようになるという。また，Celuch, Slama, and Schaffenacker（1997）によると，自己効力感が高いほど，顧客情報を利用することで得られる利益をよりポジティブに感じるという。

以上より，自己効力感の強い従業員で構成される組織はそうでない組織よりも，顧客情報を積極的に活用し，失敗するリスクを恐れず競合他社にも戦いを挑むだろう。したがって自己効力感は，顧客志向や競争志向の統合概念であるMO（Narver and Slater 1990）を高めると考えられる。

◆個人間コンフリクト

第二に，個人間コンフリクトがあげられる。すでに既存研究では，部門間

コンフリクトが MO に対しマイナスの影響があることが明らかにされている（e.g., Jaworski and Kohli 1993）。だが，部内の従業員同士でも部門間コンフリクトと同様，コンフリクトが生じるだろう。年齢や性別，これまでの経験が異なれば，価値観や考え方は一人ひとり異なっているからである。こういった人員で構成される組織には，少なからずコンフリクトが存在していると考えられる。

　個人間コンフリクトの高い組織では，従業員同士が円滑なコミュニケーションを図れないため，マーケティング情報を普及させるのが困難であり，顧客ニーズの変化を察知し，他社の動向にスピーディーに対応できない。したがって，個人間コンフリクトは，MO を低下させると考えられる。

◆学習志向

　第三に，学習志向があげられる。学習志向とは，組織内のメンタル・モデルやドミナント・ロジックといった学習プロセスを通して，組織が学習することで従業員が喜びを感じられる一連の価値を示す（Baker and Sinkula 1999a）。Sinkula, Baker, and Noordwiser（1997）ではすでに，American Marketing Association の会員企業125社を対象にした調査結果から，学習志向が Kohli, Jaworski, and Kumar（1993）の MO 要素である，市場インテリジェンスの生成や普及にプラスの影響を与えることを確認している。

　以上の先行研究の知見から，学習志向が市場インテリジェンスの生成，普及，反応の統合された概念である MO（Kohli and Jaworski 1990）においても，プラスの影響を及ぼすと想定される。

2. 先行研究のまとめと考察

　MO の先行要因のレビューから伺える特徴は，ある程度研究潮流ごとに研究が分類されていることである。さらには，MO の先行要因として今後取り入れるべき変数も存在していた点である。マーケティング的な志向を有する組織がどのような要因から影響を受けているかを明らかにするためには，一連の先行要因の整理と解明が不可欠である。**第 1 節**では，この問題点に答

えるため，既存研究を潮流ごとに整理し，さらに未解明の先行要因を導出した点に理論的貢献があると思われる。MOの先行要因の研究潮流および起点となる研究を，時代の変化とともに図2-2に示しておく。

図2-2　市場志向における先行要因の研究潮流の概観

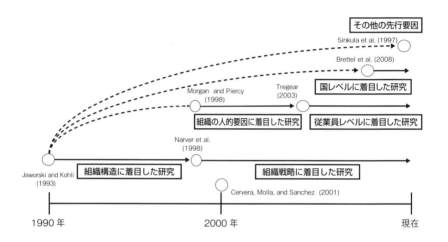

3．リーダーシップ・スタイルが市場志向に及ぼす影響

　MOを組織に根づかせていくには，どのようにすればよいのだろうか。Jaworski and Kohli（1993）ではMOの先行要因として，トップ・マネジメント要因，部門間ダイナミクス要因，組織制度要因の3つをあげている。なかでも近年では，組織のCEOや社長であるトップ・マネジャーがMOにどう影響していくかという，トップ・マネジメント要因に注目が集まっている。実際のビジネスにおいて，トップ・マネジャーがMOをますます重視しているからである。例えばKumar, Rajkumar, and Leone（2011）では，1997年から計3回，世界中のトップ・マネジャーを対象に組織のMOを測定したところ，平均値3以上の企業は，1997年に92社であったが，2001年に124社，さらには2005年に188社と年々増加していると報告している。

しかしながら，リーダーシップ・スタイルが MO に与える影響について
扱った研究はほとんど行われておらず，課題が山積している（e.g., Harris
and Piercy 1999; Harris and Ogbonna 2001）。第一に，リーダーシップ・スタイ
ルと MO について扱った研究は SBU の低い職階のマネジャーのリーダー
シップを取り上げているため，CEO や事業部長といった組織で意思決定を
行うマネジメント層を対象とした場合に，組織の MO にどのように影響す
るかは議論されていない。

　第二に，既存研究では，リーダーシップ・スタイルが MO にどのような
影響を与えるかという二者間の因果関係までしか言及されておらず，トッ
プ・マネジメントのリーダーシップが異なることで，彼らが MO を強調し
た際に，MO にどう影響し，さらに製品パフォーマンスにどういった影響を
及ぼすかについては議論がなされていない。

　以上を踏まえて本研究の最終目的は，リーダーシップ・スタイルの違いに
よって，組織の MO，ひいては製品パフォーマンスをどのように変化させる
かを明らかにすることにある[1]。本研究の流れは，次のようになる。まず，
本研究の先行要因となるリーダーシップ・スタイルに関する既存研究につい
てレビューを試みる。続いて，MO とリーダーシップ・スタイルを取り上げ
た研究のレビューを行い課題を探る。次に，リーダーシップ・スタイルが組
織の MO に，ひいては製品パフォーマンスにどのような影響をもたらすか
を解明する仮説モデルを提示する。最後に，実証分析を試みることで仮説検
証を行う。

3-1. リーダーシップ・スタイル研究のレビュー

　ビジネスの現場を見渡すと，組織のマネジャーは十人十色，一人ひとりが
個性豊かなリーダーシップを発揮しながら経営に携わっている。そのような
マネジャーのリーダーシップには，どのようなスタイルが存在しているのだ
ろうか。トップダウン型とボトムアップ型でリーダーシップを分類すること
もあるし，専制的あるいは協力的といったスタイルでも分けられるだろう。
リーダーシップ・スタイルの分類については，主に『*Academy of Manage-
ment Journal*』誌を中心に精力的に研究が行われているが一貫したレ

ビューはみられない（e.g., Jung and Avolio 1999; Egri and Herman 2000）。そこで3-1では，このリーダーシップ・スタイルに関する研究をレビューし，リーダーシップ・スタイルが学術的にどのように分類されてきたかを整理する。

　まず，初期段階の研究としては，Lewinらによるリーダーシップの類型が知られている（Lewin, Lippitt, and White 1939）。彼らはリーダーシップ・スタイルを先制型，民主型，そして放任型の3つに分類し，どの行動をとったときに集団の生産性が変化するかを考察しており，調査の結果，民主型のパフォーマンスが最も高いことを確認している。

　このLewinらのリーダーシップ・スタイルをもとに，Likert（1967）は，独善専制型，温情的専制型，相談型，参加型という4つにスタイルを分類している。この際，参加型が最もパフォーマンスを高めるとしている。このリーダーシップでは，メンバーが協力的なためコミュニケーションを円滑にとることで，組織へのロイヤルティを高めるのである。

　続いて組織の業績やリーダーの行動から，リーダーシップのスタイルを分析した研究が行われた。まず，部門の業績からリーダーシップ・スタイルの違いを検討した研究が，1940年代に米国ミシガン州立大学調査センターを中心に行われている（e.g., Likert 1961, 1967）。なかでもStogdill and Coons（1957）の研究では，業績の高いリーダーは，部下への信頼や気配りといった要因を重視していたことから従業員志向型とし，他方で業績の低いリーダーは，仕事の方法や進め方へ強い関与を重視していたことから仕事志向型と定めている。

　また，同時期に米国のオハイオ州立大学では，リーダーの行動を測定することでリーダーシップのスタイルを探索している。Stogdill and Shartle（1955）では，1,000以上の質問項目を作り管理職にインタビューを実施した結果，リーダーシップ行動を，「構造づくり」と「配慮」に分類している。「構造づくり」とは，メンバーが目標に向かうようにまとめていく行動で，メンバーの役割を明確に示し指示することをいう。「配慮」とは，メンバーとの信頼構築や気配りといった行動を示し，メンバーの考えを尊重し気を配ることである。

Fleishmann and Harris（1962）は，この「構造づくり」と「配慮」を援用し，製造工場における監督者のリーダーシップと部下の苦情との関係を分析し，「配慮」が少ない監督者は，「構造づくり」の程度と関係なく部下の苦情が多い点，「配慮」をよくする監督者は「構造づくり」を強くしても部下の苦情がそれほど増大しない点を確認している。

続く，Halpin（1966）の研究では，LBQ（Leadership Behavior description Questionnaire）というリーダーシップ・スタイルの測定法を用いて，配慮的行動を記述した15項目，構造づくり行動を記述した15項目を作成している。

ミシガン州立大学とオハイオ州立大学の研究に紐づいた研究として，Blake and Mouton（1964）があげられる。「人に対する関心度」と「業績に対する関心度」という二軸のマトリックスで，リーダーシップ・スタイルを解釈している。彼らの調査では，リーダーが最も優れた機能を果たすのは，「仕事中心型」や「人間中心型」でなく，仕事と人間，双方に高い関心を払う「理想型」であると報告している。

ちなみに日本でもほぼ同時期から，三隅二不二を中心に研究が行われてきた。まず永田（1965a, 1965b）はリーダーシップ・スタイルを，P（Performance）機能とM（Maintenance）機能に弁別した。前者とは，達成しなければならない目標に向かってメンバーが動くように，組織がメンバーの行動を促進し強化する機能を，後者とは，メンバー間の関係が良好となるようにメンバーに配慮し，組織内の人間関係を強化する機能を示す。

この２つの機能を，三隅（1966）では，P機能を強く持った「Pm型」，M機能を強くもった「pM型」，両方をもった「PM型」，どちらももたない「pm型」という４つに分類している。この際，PM型リーダーの生産性が最も高く，高いモチベーションを備えたリーダーであることが示されている。

三隅はさらに研究を進め，リーダーシップと集団効果性との関係（三隅，関1968），学習場面における影響者─被影響者の心理的関係（三隅，吉田，佐藤1969）を考察している。

以上の研究はいずれも，様々な事象に基づいて，リーダーシップ・スタイルを導き出した点に，学術的価値を見出すことができる。だがいずれの研究においても，常に変化するビジネス環境に対応したリーダーシップ・スタイ

ルでない点に，研究の限界がある（開本 2006）。現実のビジネスの世界で
は，刻々と変化する環境に合わせて効果的なリーダーシップ・スタイルを模
索しなければならない。

　そこでコンティンジェンシー理論，すなわち環境に対応して組織行動を変
化させることに応じられるリーダーシップ・スタイル研究が試みられた。こ
のコンティンジェンシー理論を考慮すると，先ほどの高い配慮の行動が不要
な働きかけになる場合がある。どのようなリーダーシップも，状況から影響
されるからである（Barnard 1948）。

　まず，コンティンジェンシー理論を取り入れた研究として，リーダーシッ
プのスタイルを扱っていないものの，Vroom and Yetton（1973）の意思決定
モデルが取り上げられる。参加の程度に応じて意思決定の方法は，専制，相
談，集団となり，状況に応じて最適の意思決定が選択されるという。

　代表的な研究としては，Fiedler らの条件即応モデルが知られている
（Fiedler, Chemers, and Mahar 1976）。組織特性によって，タスク志向型と人間
関係志向型というリーダーシップ・スタイルに変化するという。

　Fiedler らはリーダーシップ・スタイルの決定要因となる組織特性とし
て，以下の3点をあげている。第一にメンバーとの対人関係，第二にチーム
に与えられたタスク構造度である。タスク構造度とは，部下の仕事がどの程
度明確に決められているかを表す。第三に，リーダーに与えられるパワーを
示す。ちなみに，パワーが強いほど，部下への裁量が大きくなる。

　同じ研究の流れとして，Hersey and Blanchard（1977）では，Fiedler ら
のコンティンジェンシー理論を掘り下げ部下の成熟度に着目し，それに応じ
てリーダーシップ・スタイルを変更していく SL 理論（Situational Leader-
ship Theory）を提唱している。縦軸を仕事志向，横軸を人間志向の強さとし
て4つの象限に分け，それぞれの状況でリーダーシップの有効性を高めてい
くにはどうすればよいかを検討している。この4つの事象には，教示的，説
得的，参加的，委任型という4つのリーダーシップ・スタイルをあげてい
る。

　他にも House and Mitchell（1974）では，経路を明確に示し目標の魅力を
理解させるリーダーシップが最も優れるという経路―目標理論を掲げ，リー

ダーのスタイルとして，経路─目標を明確に示す指示的行動，友好的な態度で部下の幸福を考える支持的行動，意思決定への関与を求める参加的行動，高い業績水準を求める達成指向行動をあげている。続く House（1996）において，指示的行動が最も部下のモチベーションを高める傾向を認めている。

　上述のように，Fielder らの研究以降のリーダーシップ・スタイル研究の目的は，変化する環境に対応できるリーダーシップ・スタイルの模索にあった。だが1980年以降，組織を取り巻く環境が不安定かつ不確実な時代に入ってからは，時代を先読みして組織全体を大きく動かすリーダーシップが必要となってきた。

　この課題には，Bass（1985）のリーダーシップ・スタイルがこたえている。Bass（1985）では，リーダーシップには3つのスタイルが存在するという。1つ目は変革型リーダーシップであり，部下の在り方を変革することで部下を動かす。このリーダーシップの構成要素は，リーダーのカリスマ性を表す「理想化の影響」，仕事の意味を理解させ，部下のやる気を引き出していく「モチベーション鼓舞」，部下が納得するように説得する「知的刺激」，あるいは，メンバーの達成に注意を払って，面倒を見る「個別配慮」から成り立つ（Bass and Avolio 1995）。

　2つ目は交換型リーダーシップであり，報酬などの価値交換を行うことで部下を動かす。構成要素としては，目標を達成した際に報酬を与える「随伴的報酬」，ミスを注意し目標と適合しない場合に対処し，また現状が上手く進まない場合も対応する「例外による管理」の2つで成り立つ。

　3つ目は放任型リーダーシップであり，責任を部下に委譲していくリーダーシップである。

　もちろん，1990年以降から現在にいたるまでのリーダーシップ・スタイルを扱った研究では，様々な環境や他の概念との組み合わせによって，リーダーと部下の相互関係の解明が試みられている。

　だが，いずれの研究においても，Bass のリーダーシップ・スタイルを援用しており，新たなリーダーシップ・スタイルを提唱した研究は行われていない。3-2において詳しくレビューを試みていくが，リーダーシップ・スタイルと組織のかかわり合い（e.g., Egri and Herman 2000），あるいは，リー

ダーシップ・スタイルがもたらすインパクト（e.g., Jung and Avolio 1999）など，多くの先行研究において，Bass のリーダーシップ・スタイルが援用されている。

　いずれにせよ，今日用いられるリーダーシップ・スタイルの分類は，Bass（1985）の研究を援用したものが多いことから，研究が一段落していることがわかる。**表2-1**において，リーダーシップにおけるスタイルの分類を提示した先行研究について整理しておく。

3-2. リーダーシップ・スタイルがおよぼす影響

　リーダーシップ・スタイルに関する先行研究を振り返ると，今日のリーダーシップ・スタイルを扱った研究の多くが，Bass（1985）のリーダーシップ・スタイルを援用していることを確認した。それでは Bass のリーダーシップ・スタイルは，どのように研究が進められていったのだろうか。**3-2**の目標は，Bass のリーダーシップ・スタイルを扱った研究段階の把握にある。そのため，MO とリーダーシップ・スタイルを同時に扱った研究に関しては，**3-3**以降でまとめて取り上げる。

　Bass のリーダーシップ・スタイルを扱った研究は大きく，リーダーシップ・スタイルが組織全体の戦略や行動にどのような影響を及ぼすかという研究潮流と，リーダーシップ・スタイルの違いが従業員にどのような変化をもたらすかという研究潮流に分類される。

　まず，組織全体の戦略や行動に及ぼす影響について考察した研究からみていこう。

　Egri and Herman（2000）では，組織特性とリーダーシップ・スタイルの関係について考察している。彼らはカナダと米国の営利組織と非営利組織のリーダー63名を対象に調査し，多変量分散分析を施したところ，双方のリーダーともに交換型リーダーシップの要因である随伴的報酬に対し，有意な影響を確認している。同時に営利，非営利組織にかぎらず，環境に配慮するリーダーは，変革型リーダーシップをより好むことも認めている。彼らの結果に基づくと，組織形態や環境への配慮の程度から，トップ・マネジメントのリーダーシップ・スタイルを知る手掛かりを得られることがわかる。

表2-1　リーダーシップ・スタイルを提示した研究

先行研究	リーダーシップ・スタイルの分類	留意点
Lewin, Lippitt, and White (1939)	①専制型 ②民主型 ③放任型	
Stogdill and Shartle (1955)	①構造づくり ②配慮	・オハイオ州立大学の研究 ・リーダーの行動を測定
Halpin and Winter (1957)	①従業員志向型 ②仕事志向型	・ミシガン州立大学調査センター
Fleishman and Harris (1962)	①構造づくり ②配慮	・Stogdill and Shartle (1955) の実証研究
Halpin and Winter (1957)	①構造づくり行動 ②配慮づくり行動	・LBQ (Leadership Behavior Description Questionnaire) を採用
三隅 (1966)	① P 機能（Performance function：目標達成能力） ② M 機能（Maintenance function：集団維持能力）	
Likert (1967)	①独善専制型 ②温情的専制型 ③相談型 ④参加型	・Lewin et al. (1939) を元にしている
Vroom and Yetton (1973)	①専制 ②相談 ③集団	・リーダーシップ・スタイルではなく，意思決定モデル
House and Mitchell (1974)	①指示的行動 ②支持的行動 ③参加的行動 ④達成指向行動	
Fiedler, Chemers, and Mahar (1976)	①タスク志向型 ②人間関係志向型	
Hersey and Blanchard (1977)	①仕事志向 ②人間志向	・SL 理論 (Situational Leadership Theory) を提唱
Blake and Mouton (1964)	①人に対する関心度 ②業績に対する関心度 ⇒二軸のマトリックスに分類	・オハイオ州立大学およびミシガン州立大学の研究をベースにしている
Bass (1985)	①変革型リーダーシップ ②交換型リーダーシップ ③放任型リーダーシップ	

トップ・マネジメントのリーダーシップ・スタイルが，組織のイノベーション生成に影響することもある。Bundy（2002）や Henry（2001）では変革型リーダーシップが，イノベーションを生み出す新たなアイデア生成を促進することを，Yukl（2002）や Kickul and Gundry（2001）では交換型リーダーシップが，行動の遵守を促進しイノベーションを生成することをそれぞれ確認している。

　同じような視点に立つ研究としては，Elenkov and Manev（2005）があげられる。彼らは，ベルギーやフランスといった12カ国にサンプリングを行い，リーダーシップとイノベーションに，社会文化的コンテクストがどういった影響を及ぼすかについて考察している。階層的回帰分析を施した結果から，社会文化的コンテクストがそれぞれのリーダーシップ・スタイルに異なる影響を及ぼすことを確認している。文化におけるパワー・ディスタンスは3つのリーダーシップ・スタイルにプラスに，文化における不確実性回避は変革型リーダーにマイナスに，個人主義の文化は変革型あるいは放任型リーダーシップにプラスに，男らしさは交換型リーダーシップのみでマイナスに作用するという。

　リーダーシップ・スタイルは，イノベーションのみに影響をもたらすわけではない。例えば Srivastava（1983）が唱えた組織学習の概念への影響について扱った研究もある。Zagorsek, Dimovski, and Skerlavaj（2009）では，スロベニア共和国リュブリャナ大学の学生を対象に調査を行った結果，変革型と交換型のリーダーシップがともに，組織学習過程に変化をもたらすことを確認している。だが総じて交換型の方が変革型リーダーシップよりも，組織学習プロセスの4つに強い影響がみられた。スロベニアのように経済が成長している環境では，報酬による交換型リーダーシップが組織学習の効果を最も高めるのである。

　近年では効果的なマーケティング戦略を実行するために，リーダーシップ・スタイルの視点が取り入れられた研究も行われている。Lindgreen, Palmer, Wetzels, and Antioco（2009）では，英国の MBA プログラムに在籍する79名の学生を対象に調査を行い，変革型リーダーがネットワーク・マーケティングに，交換型リーダーがデータベース・マーケティングに影響する

一方で，放任型リーダーが何の影響も及ぼさないことを確認している。このことから例えばデータベース・マーケティングを実施していく際には，報酬によって部下を動機づけすれば，戦略がより実行されると思われる。

続いて２つ目の潮流，リーダーシップ・スタイルが従業員に及ぼす影響について扱った研究を概観する。

まず，Jung and Avolio（1999）の研究では，部下が個人主義あるいは集団主義であることで，リーダーシップ・スタイルがパフォーマンスにどう影響するかに目を向けている。被験者に，集団主義者としてアジア人を，個人主義者として白人を設定し，調査を実施したところ，白人では交換型，アジア人では変革型で，就業時のアイデア数が上昇していた。このことから，リーダーは，従業員の文化や価値観を考慮しなければならないことがわかる。

従業員のさらに内面に着眼した研究もある。Epitropaki and Martin（2005）では，リーダーシップ・スタイルと組織同一視の間の，従業員の自己スキーマや感情といったモデレーター要因に着目している。ギリシャの銀行における行員502名を対象に調査を行い，以下の３点を明らかにしている。組織同一視に与える影響は，変革型が交換型のリーダーシップよりも大きい点，自己スキーマが交換型リーダーシップと組織同一視のモデレーター要因となる点，変革型リーダーシップのみでは感情がモデレーター要因として作用する点である。どうやらリーダーシップの影響力は，従業員の内面からも左右されるようである。

１つのリーダーシップ・スタイルにフォーカスし，従業員行動にどのような影響をもたらすか，詳細に分析した研究もある。Piccolo and Colquitt（2006）では，変革型リーダーシップが部下の行動にどのような影響を及ぼすかを，米国の Study Response サービスを利用し調査を行ったところ，変革型リーダーシップが部下の業績や職務特性に影響することを確認している。つまり，部下の業務への意欲の程度は，上司の変革型リーダーシップから設定されやすいのである（Piccolo and Colquitt 2006, p.337）。

一方で，交換型リーダーシップのみを取り上げた研究も行われている。Walumbwa, Wu, and Orwa（2008）では，米国中西部の６つの銀行42部門を対象に，手続き公正風土が，交換型リーダーシップの構成要素である随伴的

報酬と部下の満足度の媒介要因となるか考察している。最小二乗法による回帰分析から，手続き公正風土が，両者の媒介要因になることを認めている。このことから，交換型リーダーシップを発揮し部下の手続き公正風土を向上させれば，上司に対する満足度や組織コミットメントを高められると思われる。

　もちろん，双方のリーダーシップ・スタイルを取り上げた研究もある。Dumdum, Lowe, and Avolio（2002）では，Bass のリーダーシップ質問表を利用した実証分析からメタアナリシスを行い，変革型が交換型のリーダーシップよりも，職務満足とパフォーマンスに強い影響があることを表している。あるいは Rowold and Heinitz（2007）ではドイツにおいて，変革型リーダーシップがカリスマと類似した概念であることを示したうえで，交換型リーダーシップよりも職務満足と相関が強いことを確認している。

　さらに研究のスケールは，従業員に留まらずチーム単位にまで拡められている。これには，Ling, Simsek, Lubatkin, and Veiga（2008）の研究が見逃せない。彼らは，変革型リーダーシップが経営層のチームメンバーたちにどのような影響があるかに着目している。米国ニューイングランドの152組の企業における CEO とメンバーを対象にした調査から，変革型リーダーシップが経営層のチーム行動や責任の分散化を防ぎ，最終的に企業のアントレプレナーシップにプラスに働くことを認めている。

　Bass のリーダーシップを援用してはいないが，Norrgren and Schaller（1999）も，生産中心型，従業員中心型，変化中心型という３つのリーダーシップ・スタイルが，チームメンバーにどのような影響を及ぼすか考察している。スウェーデンの企業で実施された製品開発プロジェクトに携わったマネジャーとスタッフを対象に調査を実施したところ，すべてのスタイルで自由さ，アイデア，信頼がプラスに働くことを確認している。なお，学習戦略との相関関係をみたところ，すべての学習戦略と従業員中心型リーダーシップが特に強く関係することも認めている。

　以上のレビューから共通して確認できるのは，Bass のリーダーシップ・スタイルが，様々な組織要因の先行要因として扱われている点である。Egri and Herman（2000）の研究のように分散分析を行っているため，因果

関係を明らかにしていない研究があるにしても，相互関係を観ている点で基本的なスタンスは変わらない。

3-3. リーダーシップ・スタイルと市場志向に関する研究のレビュー

　リーダーシップ・スタイルを扱った先行研究をみてみると，リーダーシップ・スタイルは先行要因として，経営戦略から従業員の行動にいたる様々な要因に対して影響をもたらすことが明らかにされた。それでは，このリーダーシップ・スタイルは MO とはどのような関係があるのだろうか。**3-3** では，MO とリーダーシップ・スタイルを扱った先行研究を振り返りながら，両者の関係性を追究していく。

　初期段階の研究としては，リーダーシップ・スタイルではないが，マネジャーの行動がどのような MO の阻害要因になるかを考察した研究があげられる。Harris and Piercy（1999）は，MO の阻害要因として，コミュニケーション量の低さ，政治的行動，コンフリクト，組織メンバーの定式化という 4 つをあげている。英国の小売業のストア・マネジャー107名に調査し，パス解析を行った結果，これらの 4 つの阻害要因が MO にマイナスに影響にすることを確認している。

　さらに Harris は，Ogbonna とともにマネジャーのリーダーシップ・スタイルについて着目した分析を行っている（Harris and Ogbonna, 2001）。先に取り上げた House and Mitchell（1974）のリーダーシップ・スタイルを応用し，MO への影響を検討している。1 つ目の参画型リーダーシップでは部下が意思決定を行う，2 つ目の支援型リーダーシップでは部下がリーダーの行動に共感する，3 つ目の道具型リーダーシップではリーダーが部下の意見に耳を傾けずタスクを遂行していくことをそれぞれ表している。英国「FAME」データベースに登録された企業のなかからランダムに抽出された 1,000社を対象に調査したところ，参画型と支援型のリーダーシップはポジティブ，道具型リーダーシップはネガティブに影響を与えることを認めている。

　Harris and Ogbonna（2001）では，明確な根拠なく，唐突に House の

リーダーシップを取り入れたところには疑問が残る。だがリーダーシップ・スタイルと MO を同時に取り上げた点では，唯一の研究であり学術的価値を見出すことができる。

2005年をこえたあたりから，Bass のリーダーシップ・スタイルを取り入れた研究が行われている。Zhu, Chew, and Spangler（2005）では，リーダーのカリスマ性（変革型リーダーの１要素）が，MO と職務満足，組織コミットメント，信頼にどのような影響を及ぼすかについて検討している。

中国の製造企業の2,754名の従業員を対象として調査を行い，多変量解析を施した結果，リーダーのカリスマ性が高いときには，MO が組織コミットメントにいっそう強い影響が確認された。しかしながら，従業員の職務満足，企業に対する信頼感に関しては，モデレーター要因が確認されなかった。Zhu, Chew, and Spangler（2005）の研究では，リーダーのカリスマ性がいかに影響力のあるものなのかを示している。

同じように Bass のリーダーシップを取り上げた研究として，Martin and Alan（2006）もあげられる。彼らは，セールス・マネジャーのリーダーシップとして，変革型リーダーシップを取り上げている。米国小売業において，セールス・マネジャーとセールス・レップという二者を１セットとしたダイアド・データ106セットを対象に調査した結果，販売におけるセールス・マネジャーの変革型リーダーシップが，セールス・レップの顧客志向型セリングにプラスの影響を及ぼすことを確認している。

ほかにも，Bass が提唱したリーダーシップ・スタイルの１要素である変革型リーダーシップに焦点を当てながら，MO との関係性を検証した研究は多く取り組まれているようである。Menguc, Auh, and Shih（2007）では，変革型リーダーシップが，MO，ひいてはポジション優位性（イノベーション差別化，マーケティング差別化，低コスト戦略）に及ぼす影響について考察している。

豪州企業の260名の CEO とシニア・エグゼクティブ，マーケティング・マネジャーを対象とした調査の結果，変革型リーダーシップが MO にプラスの影響を与え，イノベーション差別化とマーケティング差別化にプラスに働いていた。だが，低コスト戦略には影響しないことを明らかにしている。

続く，Menguc and Auh（2008）では，変革型リーダーシップが，MOとタスク・コンフリクトに与える影響を確かめている。豪州企業の260名のCEOとシニア・エグゼクティブ，マーケティング・マネジャーを対象とした調査の結果，変革型リーダーシップは，MOとタスク・コンフリクト間にU字の関係を及ぼすことを確認している。

　変革型リーダーシップの他のスタイルにも焦点を当てた研究は取り組まれている。例えば，Chiou and Chang（2009）の研究は，Harris and Ogbonna（2001）で取り上げられた参画型リーダーシップにフォーカスしながら，国の特性を加味した形で，研究を引き継いでいる。ChiouとChangは垂直型社会，つまり台湾をはじめとするヒエラルキーで集団主義の強い社会では，国民は集団のなかで個人のアイデンティティを犠牲にし，権威や階層制度を重んじるという。こういった社会では，参画型リーダーシップが有効である。集団の意思決定に加わることで，従業員は名誉を感じるからである。

　一方で，水平型社会，つまり平等で個人主義の米国やカナダのような社会では，従業員は個人での行動を重んじるため，協力的な行動に魅力や憧れを感じない。米国と台湾におけるMBAの学生，各122名と178名を対象に調査を行った結果，参画型リーダーシップが水平型社会よりも垂直型社会で，MOにより強い影響を及ぼすことが報告されている。

　以上のレビューを振り返ると，リーダーシップ・スタイルとMOの先行研究の段階と課題は以下の3点になると思われる。

　第一に，先行研究では，リーダーシップを1つのスタイルのみから捉え，それがMOにどのような影響を及ぼすかをみている（e.g., Harris and Ogbonna 2001）。第二に，先行研究では，リーダーシップ・スタイルとMOという二者間の因果関係にフォーカスしている（e.g., Martin and Alan 2006）。第三に，Zhu, Chew, and Spangler（2005）を除いた先行研究では，欧米企業を対象としている。

　以上の3点を踏まえると，続く仮説設定を導出するにあたり，本研究の意義は次の3点になる。第一に，1つのリーダーシップ・スタイルではなく，包括的なリーダーシップ・スタイルがMOに与える影響を解明する必要性である。第二に，リーダーシップ・スタイルとMOという二者間の因果関

係にフォーカスする枠を超えて，リーダーシップ・スタイル，MO，ビジネス・パフォーマンスという連続的なメカニズムを解明することである。第三に，先行研究の多くが欧米というコンテクストで研究を行っていたのに対し，日本というアジア・コンテクストで，リーダーシップ・スタイルの違いがMO，そしてビジネス・パフォーマンスに及ぼす影響の解明が必要である点である。

4. 市場志向の先行要因に関する仮説設定

4-1. 概念モデルの構築

　リーダーシップ・スタイルとMOに関する研究の課題を踏まえ，本研究では，図2-3に表される概念モデルを構築している。この際には，分析結果に影響を及ぼすと思われる要因をコントロール変数として導入し，統制している。組織環境に関するコントロール変数としては，製品開発に携わったメンバー数を表すプロジェクト・メンバー数を，被験者の企業への務めた年数として勤続年数を，企業規模を表す従業員数を設定している。一方，市場環境に関するコントロール変数としては，市場の成長性を表す市場の潜在性を設定している。

　本研究では，リーダーシップ・スタイルとして，Bass（1985）の3つのリーダーシップ・スタイルを取り上げている。理由としては，第一に，急速に変化するビジネス環境でも変わらないリーダーシップ・スタイルの尺度であることである。すなわち，Bass（1985）が開発したリーダーシップ・スタイルの尺度は，条件適応理論に応じたリーダーシップ・スタイルの尺度である点である。第二に，市場の変化を先読みできる要素が加味されたリーダーシップ・スタイルであることである。市場が右肩あがりではなく，経済状況が不安定な今日では，市場を先読みできるリーダーシップが不可欠である。第三に，統計を行ううえで，分析にたえられるリーダーシップ・スタイルであることである。つまり，信頼性と妥当性のあるリーダーシップ・スタイルの尺度である点である。

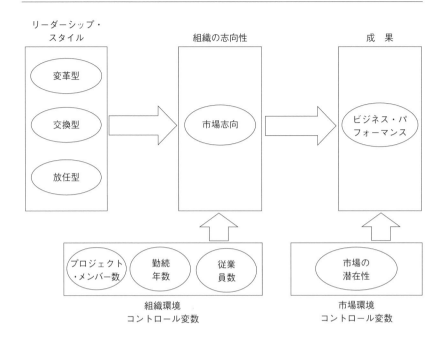

4-2.　仮説の導出

　続いて，**図2−3**で示した概念モデルに基づいて，仮説構築を試みる。

　マーケティング・マネジャーが，変革型リーダーシップを発揮すれば，組織には MO が根づくと考えられる。なぜなら，変革型リーダーシップをとるマネジャーは，従業員が尊敬や崇拝といったカリスマ性を感じる行動をとるため，従業員から高い支持を獲得できるからである（Zhu, Chew, and Spangler 2005）。

　あるいは，変革型リーダーは，従業員が頭で納得するように論理的に仕事の内容を理解させるとともに，親身になって彼らの相談にものるため，厚い信頼を得ていくともいわれる（Ling, Simsek, Lubatkin, and Veiga 2008）。このような心底から慕われるリーダーは，部下のロール・モデルとしての役割を

果たすため，社会的学習が生じ，部下はリーダーと同じ行動をとるようにな
る（Waldman and Yammarino 1999）。

　ゆえに，変革型リーダーシップを有したマーケティング・マネジャーが，
MO を強調すれば，部下も MO に即した行動をとるものと思われる。先行
研究では，変革型リーダーシップが，MO にプラスに影響することが確認さ
れている（Harris and Ogbonna 2001; Menguc, Auh, and Shih 2007）。以上から，
次の仮説を設定した。

　　仮説 1：トップ・マネジメントの変革型リーダーシップは，市場志向に
　　　　　　プラスに影響する。

　交換型リーダーシップをとるマネジャーは，努力に対して報酬を与える約
束を従業員との間で交わすため，目標を達成したら，成果に応じた報酬を彼
らに与えていく（Anderson and Chambers 1985; Jaworski 1988）。したがって，
交換型リーダーシップをとるマーケティング・マネジャーが，市場志向的な
行動をとるように促す報酬制度を構築すれば，従業員はこの目標を実現する
べく，組織内で行動するため，組織の MO は向上していくと思われる。

　また，交換型リーダーは，従業員が目標に適合しない行動をとった場合に
は，彼らの逸脱に対して注意を促し，目標に沿った行動をとるように対応す
る（Bass 1985）。つまり，交換型リーダーシップは，組織の目標実現への達
成能力も向上させる（e.g., Yukl 2002; Kickul and Gundry 2001）。

　これらを踏まえると，マーケティング・マネジャーによる交換型リーダー
シップは，MO 実現という目標に向け，従業員を動機づけするだけでなく，
目標達成能力も向上させながら，組織の MO を高めると思われる。以上か
ら，次の仮説を設定した。

　　仮説 2：トップ・マネジメントの交換型リーダーシップは，市場志向に
　　　　　　プラスに影響する。

　放任型リーダーシップを有したトップ・マネジメントは，議論やミーティ

ングに参加せずに，意思決定や作業プロセスをすべて，部下に任せる（Lewin, Lipitt, and White 1939）。

そのような組織では，他の 2 つのリーダーシップ・スタイルよりも，ビジネス・パフォーマンスが低くなるといわれる（Bass 1985）。なぜなら，放任型リーダーはメンバーに関与しないため，メンバーは自由に仕事を進めるとともに，意思決定を個別に行っていく。そのため，メンバーは勝手な行動をとり，協調性が低下するため，組織目標が達成されにくくなるからである（White and Lipitt, 1960）。

あるいは，放任型リーダーでは，トップ・マネジメントからのプレッシャーにさらされないため，個々の努力水準や生産性が低下する「社会的手抜き」が生じると考えられる（e.g., Latanè, Williams, and Harkins 1979）。

したがって，放任型リーダーの組織では，MO に関する目標が掲げられたとしても，その目標は実現されづらい。同時に，顧客や競合他社にも目を向けず，他部門とのコミュニケーションもとられにくいと思われる。以上から，次の仮説を導出した。

　　仮説 3 ：トップ・マネジメントの放任型リーダーシップは，市場志向に
　　　　　　マイナスに影響する。

MO はこれまで，組織の様々な成果にプラスの影響をもたらすことが確認されている。MO は，製品優位性や製品パフォーマンスを向上させるだけでなく，コンフリクトや役割の曖昧さを低下させる（e.g., Atuahene-Gima 1995; Lukas and Ferrell 2000; Siguaw, Brown, and Widing 1994）。MO 型組織というのは，マーケティング部門のみならず，組織全体において，マーケティングの役割の重要性を認識しており，顧客の意見や競合他社の動向に目を向け，部門間で連携することが製品開発やビジネスに成功をもたらすことを認識している（e.g., Grewal and Patriya 2001; Frambach, Prabhu, and Verhallen 2003）。

したがって，組織の MO はビジネス・パフォーマンスを向上させると思われる。先行研究では，MO がビジネス・パフォーマンスにプラスに影響することが示されている（e.g., Lai 2003; Cano, Carrillat, and Jaramillo 2004）。以

上から，次の仮説を導出した。

　　仮説4：市場志向は，ビジネス・パフォーマンスにプラスに影響する。

　以上から，**図2-4**の仮説モデルを導出している。

図2-4　導出された仮説モデル

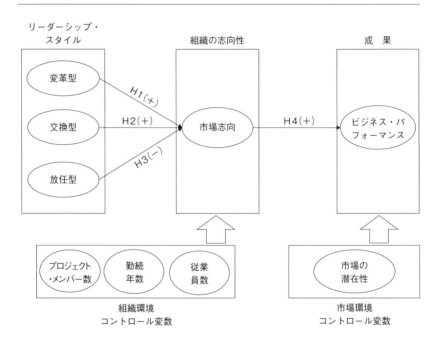

5．調査と分析結果

5-1．調査の概要

　ダイヤモンド社のデータベース「D-VISION」に基づき，東証1部と2部に上場している，食料品，繊維製品，パルプ，化学，医薬品，石油，ゴ

ム，ガラス，鉄鋼，非鉄金属，金属，機械，電気機器，輸送用機器，精密機器，その他製品以下の業種の企業の企画部門経営企画系，営業部門マーケティング系，マーケティング企画系，商品企画系に属する事業部門長ならびに部門長のみ，2,498名にアンケート調査票を配布した。期間は，2015年12月1日〜25日であった。

　調査対象者に関しては，本来であれば，組織においてリーダーシップをとるマーケティング責任者（CMO）やマーケティング・マネジャーに調査を実施するべきだが，わが国においてはそれらの役職はほぼ存在していない。そこで，本研究では，企画部門（経営や商品）の事業部門長，あるいは，部門長が，企業において最も強くマーケティングの役割を担う人物であると考えた。Jaworski and Kohli（1993）の「市場志向の強調」という変数を用いて，事業本部長が組織でマーケティングを強調しているかどうかを確かめたところ，7ポイント中，平均5.31ポイントとなり，高いスコアが確認された。

　以上から，本研究では，組織の企画部門（経営や商品）の事業部門長，ならびに，部門長を，組織においてリーダーシップをとる人物としている。

　測定尺度は先行研究で信頼性，妥当性が確認されている頑健性を有する尺度を援用している。回答はすべて，7ポイントのリッカート尺度より測定している。変革型リーダーシップに関しては，Bass and Avolio（1995）のMultifactor Leadership Questionnaire（MLQ）の20項目を援用した。交換型リーダーシップに関してはMLQの8項目を，放任型リーダーシップに関してはMLQの8項目を援用している。MOに関しては，Narver and Slater（1990）における顧客志向の6項目，競争志向の4項目，職能横断的統合の5項目の合成尺度を利用している。ビジネス・パフォーマンスに関しては，Kim, Im, and Slater（2012）の5項目を用いた。コントロール変数については，プロジェクト・メンバー数，勤続年数，連結従業員数（日経 value search），市場の潜在性（Song and Parry 1997）を用いている。

　質問票作成の際には，シンプル・バックトランスレーションを実施している。期間は，2015年11月4日〜15日で，第三者機関である翻訳を専門とする企業であるユレイタスに依頼をした。プロセスとしては，まず，代表者が英文の原文を，日本語文に翻訳した。続いて，論文翻訳を行う企業であるユレ

イタスにより，筆者の日本語文を英文に翻訳している。次に，ユレイタスが，2つの英文（原文と筆者訳文）を比較し，異なる箇所を筆者に提示した。その結果，全体を通して「意味の違い」を表す大きな表現の違いは見受けられないとユレイタスにより判断されたが，7箇所について，細かな指摘を受けたため，再度検討をした。そのうえで，一部修正を加えたものを完成版の調査票としている。最終的には，206名から回答を得た（r.r＝8.2%）。そのうち，2名については，単一の回答を複数回答で答えていたため，削除した。結果として，204名を採用している。回答企業の業種と数は**表2−2**において表される。欠損値については，平均値で置き換えている。また，調査データの入力に関しては，外部機関のうるるBPOに委託し，ベリファイ入力を実施している。

表2−2　回答企業の業種と数

業種	企業数	割合（%）	業種	企業数	割合（%）
電気機器	41	20.1	医薬品	8	3.9
化学	30	14.7	ゴム	6	2.9
機械	23	11.3	鉄鋼	6	2.9
食料	21	10.3	非鉄金属	6	2.9
輸送用機器	19	9.3	その他	6	2.9
パルプ	10	4.9	精密機械	5	2.5
硝子	9	4.4	金属製品	4	2.0
繊維製品	9	4.4	石油	1	0.5

5-2. 分析の結果

　分析を実施するにあたり，Anderson and Gerbing（1988）に従い，2段階アプローチを実施した。第一段階として，信頼性の確認および，潜在変数の収束妥当性，および，弁別妥当性の検討をした。第二段階として，仮説モデルを検証するため，パス解析を実施している。

　今回使用する各変数を構成する質問項目について，床効果と天井効果を確かめたところ，放任型リーダーシップの4変数において，床効果が確認され

たため，削除している。すべての変数を含めて確認的因子分析（CFA）を行う場合，推定パラメーター数（誤差項を含む）の5倍のサンプル数が必要であるとした Bentler and Chou（1987）の5：1基準を満たさなければならない。しかしながら，今回のサンプル数は204であり，この基準を満たしていないため，概念ごとに CFA を実施した。結果として，因子負荷量の標準化係数が0.4を下回った4項目（変革型リーダーシップ：5項目，交換型リーダーシップ：2項目，市場志向：1項目）については，検証を行う前に削除している。

　残りの変数に関しては，概念ごとに，Composite Reliability（CR），あるいは，Cronbach の α 係数を用いて，測定概念の信頼性を確認したところ，放任型リーダーシップ以外は，いずれも基準を満たした（Nunnally 1978; Bagozzi and Yi 1988; Hair, Black, Babin, Anderson,and Tatham 2006）。放任型リーダーシップについては，CR が基準値である0.7を下回ったが（Nunnally 1978），多義性を考慮し削除しないこととした。

　収束妥当性に関しては平均分散抽出度（AVE）を用いて検討している。0.5以上が望ましいとされる（Fornell and Larcker 1981）。AVE を用いて検討している。結果として，「放任型リーダーシップ」と「ビジネス・パフォーマンス」では0.5を上回る値となったが，「変革型リーダーシップ」と「交換型リーダーシップ」と「市場志向」では0.5を下回る値となった。しかしながら，確認的因子分析（CFA）を実施し，0.5を下回った各項目の因子負荷量をみてみると，「変革型リーダーシップ」では2項目，「交換型リーダーシップ」では1項目，「放任型リーダーシップ」では2項目を除き，他の値がすべて0.5を超えているとともに，それらの3項目も0.4を超えており，極端に低い項目が含まれていなかった。

　以上から，本研究で取り上げる構成概念については，収束妥当性があると判断された（Fornell and Larcker 1981）。

　弁別妥当性に関しては，潜在変数間の共分散を1に固定したモデルと自由推定したモデルの値を算出し，有意差があるかを検討した。その結果，各モデル間の差はすべて，1％水準で有意であった（Anderson and Gerbing 1988）。分析で用いた測定尺度の各質問項目は，**表2-3**に示されている。

表2－3　測定尺度の項目，および，信頼性と妥当性の検証結果

変革型リーダーシップ（α＝.86，CR＝.89，AVE＝.37，平均値＝5.14）	因子負荷量
・適切かどうかという疑問が生じている重大な前提について，再検討する	0.71
・最も重要な価値観や信念について語る	0.64
・問題を解決する際には，様々な見方を模索する	0.45
・成すべきことについて，情熱を持って語る	0.43
・高い目的意識をもつことの重要性を具体的に述べる	0.60
・教育と指導に時間を費やす	0.61
・一人ひとりを，集団としてではなく，個人として扱う	0.70
・意思決定の際には，道徳的ならびに倫理的な観点を考慮する	0.66
・未来への魅力的なビジョンをはっきりと示す	0.55
・様々なニーズ，能力，志を持つものとして他人をみる	0.64
・他人が，様々な角度から問題をみられるように促す	0.65
・他人が，自らの強みを向上できるように手助けする	0.68
・他人が，自らの課題を遂行できるように新たな方法を提示する	0.64
・集団で使命感を持つことの重要性を強調する	0.54
・将来，必ず目標達成できるという自信を示す	0.57
交換型リーダーシップ（α＝.80，CR＝.87，AVE＝.45，平均値＝4.41）	
・ミスや失敗，不平に対応するため，注意を集中させる	0.74
・目標達成の責任を誰が取るのかという具体的な議論を行う	0.57
・目標が達成されたときに，誰が何を受け取るかを明確にする	0.46
・過ち，不平，失敗に対応するため，あらゆる注意に集中する	0.83
・すべてのミスを記録に残している	0.62
・基準に達するため，失敗に対して注意を向けている	0.75
放任型リーダーシップ（α＝.80，CR＝.61，AVE＝.60，平均値＝2.54）	
・問題が深刻になるまで，干渉しない	0.53
・重要な課題が浮上したとき，その課題に関与することを避ける	0.63
・触れる必要のないことを，わざわざ掘り起こさなくてもよいという　会社の希望を示している	0.50
・自らの行動を起こす前に，問題が慢性的に起こるものであることを示す	0.48
市場志向（α＝.90，CR＝.90，AVE＝.40，平均値＝4.87）	
・顧客ニーズを把握するため，顧客へのコミットメントおよび顧客志向の水準を常に監視している	0.55
・競争優位を獲得するための戦略においては，顧客ニーズの理解を基本としている	0.64
・顧客にいかに優れた価値を提供するかという信念に基づいて，戦略が決まる	0.72
・顧客満足を組織的かつ頻繁に測定している	0.66
・販売後のアフター・サービスに対し，きめ細かな注意を払っている	0.54

・営業部員同士は，競合他社の戦略に関する情報を定期的に共有している	0.54
・脅威となっている競合他社の行動には，迅速に対応している	0.72
・トップマネジメントは，競合他社の強みと戦略について定期的に議論している	0.54
・競争を有利に展開できる顧客を標的にしている	0.58
・各部署のトップは，定期的に既存顧客および見込み顧客を訪ねている	0.55
・顧客にまつわる成功経験や失敗経験について，各部署は自由に情報のやりとりをしている	0.67
・標的市場のニーズに合わせて，すべての部署が統合されている	0.72
・マネジャーたちは，自社の従業員がどうすれば顧客価値の創造に貢献できるのかを理解している	0.75
・すべての部署が徹底的に働いて，ともに問題解決にあたっている	0.70
ビジネス・パフォーマンス（α＝.90，CR＝.76，AVE＝.90，平均値＝4.52）	
その新製品は，本来の目標と比べて，以下の点でどの程度成功しましたか	
・利益	0.88
・投資収益率（ROI）	0.84
・市場シェア	0.79
・売上	0.87
・顧客満足	0.66
市場の潜在性（α＝.82，CR＝.83，AVE＝.74，平均値＝4.56）	
・担当したこの製品は，マス・マーケティングの機会を提供するような多くの潜在顧客を有している	0.74
・潜在顧客は，この種の製品に大きなニーズを抱いている	0.83
・担当したこの製品の市場規模（既存市場あるいは潜在市場の規模）は　非常に大きい	0.75
・担当したこの製品の市場は，急速に成長している	0.64
プロジェクトメンバー数（平均値＝11.06）	
この新製品開発プロジェクトには，コア・メンバーとして何名の人々が携わっていましたか	
（　　　　　　　）名	
勤続年数（平均値＝23.11）	
あなたは，現在の企業でどれくらいの期間を働いていますか	
（　　　）年（　　　　）カ月	

注1：因子負荷量0.4を下回った項目を除いたうえで，核変数ごとに算出した値を掲載している。
注2：平均値，a係数，CR については，因子負荷量で0.4を下回ったものを除いて，算出している。

MO に影響を与える統制変数として，企業規模を表す変数として連結従業員数を投入している。歪度と尖度を確認したところ，歪度：3.763，尖度：16.2となり，Ghiselli, Campbell, and Zedeck（1981）の基準（歪度＜2，尖度＜5）を満たさなかった。そこで，より正規分布に近づけるために，自然対数に変換した値を算出した。その結果，歪度：－0.193，尖度：0.65となり，Ghiselli, Campbell, and Zedeck（1981）の基準を満たした。そこで，分析の際，連結従業員数については，この自然対数に変換した値を使用している。

　本研究では，独立変数と従属変数を単一回答者に尋ねているため，因果関係が実際よりも強くみられるというコモン・メソッド・バイアスが問題となる可能性がある。そのため，Harman's one factor test を実施した（Podsakoff and Organ 1986）。Podsakoff and Organ（1986）では，探索的因子分析より，因子が1つしか抽出されない場合，そして，第一因子がデータの分散の過半数以上を説明してしまう場合，コモン・メソッド・バイアスが問題になるとしている。そこで，今回のモデルで使用する構成要素を用いて，固有値1以上を因子抽出条件とする探索的因子分析（回転なし，主因子法，バリマックス）を実施したところ，複数の因子が抽出され，また，第一因子の寄与率は23.38% だったため，コモン・メソッド・バイアスは問題にならないことが確認された。

　また，非回答バイアスについても，回答の早いグループと遅いグループの平均値を t 検定によりその差をみることで，問題ないことを確認した（Armstrong and Overton 1977）。

　パス解析による適合度指標については，$\chi^2(9) = 6.811$，$P = 0.657$，SRMR = 0.0025，GFI = 0.993，NFI = 0.970，RFI = 0.880となった。χ^2検定の結果，「構成された分析モデルは正しい」という帰無仮説は棄却されず（$P > .10$），SRMR は，0.08以下であり（Hu and Bentler 1999），GFI は0.95以上であり（Hu and Bentler 1999），良好な適合度が確認された。

　また，Browne and Cudeck（1993）によると，RMSEA は0.05以下で当てはまりがよく，0.08以下で妥当，0.1以上でモデルは棄却されるという。RMSEA をみると，0.05以下であった。以上から，本モデルは当てはまりのよいモデルと判断される。本研究の分析結果は，図2－5のとおりである。

図2-5　パス解析による仮説モデルの結果

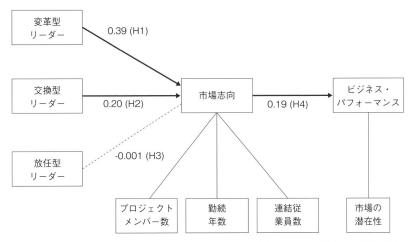

注1：N＝204，　━━→（太線）1％水準，　──→（細線）5％水準，　----▶（点線）10％水準で有意。
　　　------（矢印なし点線）非有意。
注2：連結従業員数は対数変換している。
注3：プロジェクトメンバー数，勤続年数，連結従業員数，市場の潜在性については，コントロール変数の
　　　ため，━━（直線）で掲載。

　パス解析の結果（図2-5），変革型リーダーシップ（$\beta=0.39$, $p<0.01$）と
交換型リーダーシップ（$\beta=0.20$, $p<0.01$）は，MOに対してプラスの影響
を与えていた。以上から，仮説1と仮説2は支持された。しかしながら，放
任型リーダーシップは，MOに対して影響を与えていなかった（$\beta=-$
0.001, $p>0.1$）。よって，仮説3は棄却された。MOは，ビジネス・パフォー
マンスに対して，プラスの影響を及ぼしていた（$\beta=0.19$, $p<0.01$）。以上か
ら，仮説4は支持された。

6．インプリケーションと課題

　第3節からは，先行要因のなかでも，ほとんど研究が取り組まれていな
いリーダーシップに焦点を当てて，Bass（1985）の3つのリーダーシップ・
スタイルの違いがMOにどのように影響し，最終的にビジネス・パフォー
マンスに影響をもたらすかを明らかにするため，日本の製造業における企業

の従業員を対象にした調査を行った。その結果，仮説どおり，変革型リーダーシップと交換型リーダーシップが MO にプラスに影響し，最終的にビジネス・パフォーマンスに影響することを明らかにした。

　一方，仮説 3 に反して，放任型リーダーシップは MO に影響を及ぼさなかった。なぜであろうか。条件適応理論に基づくと（Hersey and Blanchard 1977），習熟度を有する組織，すなわちメンバーの熟練度が高い組織では，放任型リーダーシップが有効であることが確認されている（Chaudhry and Javed 2012）。そのような組織では，リーダーがその都度細かく指示するよりも，意思決定を少なく，かつシンプルにした方が，メンバー達の創造性や自主性がいっそう発揮されるからである（Zareen, Razzaq and Mujtaba 2015）。先行研究では，習熟度の高い組織では，放任型リーダーシップがメンバーのモチベーションを高めることが確認されている（Chaudhry and Ja-ved 2012）。したがって，組織の習熟度を組織モデレーター変数とすると，放任型リーダーシップが MO に影響する可能性がある。

　今回の研究における理論的インプリケーションとしては，次の 2 点があげられる。第一に，従来の研究では，1 つのリーダーシップ・スタイルのみを取り上げ，それが MO にどのような影響を及ぼすかを，個別に検討していた。そこで，本研究では，1 つのリーダーシップ・スタイルでなく，包括的にリーダーシップ・スタイルを取り上げ，それらが MO にどのような影響を与えるかを確認している。

　さらに本研究では，複数のリーダーシップ・スタイルが MO に与えるシナジー効果を検証するため，追試を行っている。検証の際には，各リーダーシップの変数を中心化した値を用いている。変革型リーダーシップと交換型リーダーシップ，変革型リーダーシップと放任型リーダーシップ，交換型リーダーシップと放任型リーダーシップという複数のリーダーシップ・スタイルのシナジー効果が MO に対して働いているかを検証する 3 つのモデルを構築し，パス解析を試みた。どのモデルも，良好な適合度が確認されている（Hu and Bentler 1999; Browne and Cudeck 1993）。

　分析の結果，第一に，変革型リーダーシップと交換型リーダーシップは MO に対して有意な影響が確認されなかった（$\beta = 0.11$, $p > 0.1$）。第二に，

変革型リーダーシップと放任型リーダーシップは MO に対してプラスのシナジー効果が確認された（$\beta = 0.12$, $p < 0.05$）。第三に，交換型リーダーシップと放任型リーダーシップは MO に対してプラスのシナジー効果が確認された（$\beta = 0.22$, $p < 0.01$）。

以上から，MO に影響を与えるリーダーシップ・スタイルは一部の組み合わせで，シナジー効果が生じることが確認された。とくに，放任型リーダーシップは単独では MO に影響しなかったが，変革型リーダーシップや交換型リーダーシップとともに取り入れることで，MO にプラスに働くことが明らかにされた。

第二に，先行研究では，リーダーシップ・スタイルと MO という二者間の因果関係の解明に留まっていた。そこで，本研究では，変革型リーダーシップと交換型リーダーシップという 2 つのリーダーシップ・スタイルが MO に影響を与え，さらに，ビジネス・パフォーマンスを向上させるという一連のメカニズムを明らかにしている。

実務的インプリケーションとしては，以下の 2 点がある。第一に，MO の生成には，リーダーシップ・スタイルが関係していることを明らかにしている点である。MO 型組織の実現には，トップ・マネジメントによるリーダーシップ・スタイルのマネジメントが鍵となるのである。したがって，マネジメント層を対象としたリーダーシップ教育が不可欠であることがわかる。

第二に，意思決定者のリーダーシップ・スタイルによって，MO への影響が異なる点である。たとえ，トップ・マネジメントが MO を組織で実現したくても，とるべきリーダーシップ・スタイルを誤ると，MO を組織に浸透できない。どのようなリーダーシップ・スタイルを採用するかが MO の実現には鍵となるのである。

以上のようなインプリケーションがある一方で，本研究には課題や限界も残されている。

第一に，製造業以外を対象とした調査設計である。本研究では，日本の製造業の企業を対象に調査を実施している。そこで，今後の研究では，サービス業や非営利組織といった他のサンプル対象を用いることで，より外部妥当性のある結果を得られると思われる。

第二に，時系列的な，あるいは二次データを取り入れた調査設計である。本研究では，一時点を対象としたクロス・セクショナルなデータが用いられた。そこで，今後の研究では，複数時点を対象とした時系列データ，あるいは，二次データを用いた調査設計が求められる。

第三に，モデレーター変数の検討である。今回の仮説モデルには，様々なモデレーター変数が影響を与える可能性がある。市場混乱度，技術混乱度，競合密集度，組織ケイパビリティといった変数を取り入れて，再度，分析を行う必要がある。

第四に，日本以外でのサンプリングの検討である。これにより，外部妥当性を克服できる。日本以外でのサンプルを加えることで，国の文化や価値観からの影響を加味したメカニズムの解明が行われる。

以上のような課題は残されているが，本研究はこれまでに明らかにされてこなかった包括的なリーダーシップ・スタイル，MO，そしてビジネス・パフォーマンスのメカニズムを解明した点において，学術的価値を見出すことができると思われる。

7. 議　論

第1章では，MOの理論的背景，定義の変遷，尺度の精緻化といった概念自体の把握に努めた。第2章では，議論を一歩進め，MOがどのような変数から影響を受けて，生成されるのかという先行要因について考察してきた。先駆的研究であるJaworski and Kohli（1993）から近年に至るまでのMOの先行要因について扱った研究を整理した結果，MOの先行要因に関する議論は，**図2-2**に示されるとおり，時代ごとに研究潮流があり，潮流ごとに研究が進められてきたことが明らかにされた。初期の潮流は，Ruekert（1992）の研究が起点となってはじめられた「組織構造に着目した研究」であった。組織構造の観点では，教育制度のなかにMOの重要性を従業員に学ばせるプログラムを導入したり，MOに関する成果を達成した場合にインセンティブや補償を与える報酬制度を整備したりすることがMO生成の源泉になるとしている。

「組織構造に着目した研究」はさらに，Narver, Slater, and Tietje（1998）の研究を嚆矢として，「組織戦略に着目した研究」へと展開されている。当該研究では，特定の組織戦略を行うことで，MO が生成されるとしている。組織戦略としては，プログマティック・アプローチとマーケット・バック・アプローチという 2 つの学習（Narver, Slater, and Tietje 1998），人的資源管理（Harris and Ogbonna 2001）などがあった。近年では，組織における MO の影響力を考察した研究も取り組まれていた（Verhoef and Leeflang 2008）。

　組織構造や組織戦略とは別に，2000年頃からは「組織の人的要因に着目した研究」が進められていた。この人的要因には，コミュニケーション，リーダーシップ，マネジャーの特性，メンバーシップがあげられた（e.g., Hartline and Ferrell 1996）。一方，MO に障害となる人的要因を扱った研究もみられた（e.g., Harris and Piercy 1999）。MO の障害要因には，垂直的コミュニケーション量の低さ，政治的行動，コンフリクト行動，組織メンバーの定式化があげられる。

　「組織の人的要因に着目した研究」は，よりミクロな単位として，従業員個人一人ひとりの特性に目を向けた「従業員レベルに着目した研究」へと発展を遂げている。MO に影響を及ぼすと思われる要因としては，ライフ・スタイル（Tregear 2003），従業員教育（Ellinger, Ketchen, Hult, Elmadağ, and Richey 2008）がみられた。しかしながら，ほとんどの研究では，定性調査が中心で取り組まれたことから，今後は定量分析を行うことで，従業員個人のどのような具体的特性が MO に影響を与えるかに関する考察が不可欠である。この課題については，個人における MO の影響について取り上げた第 5 章で詳しく研究に取り組んでいる。

　研究が蓄積されるにつれ，マクロの視点からも，MO の先行要因は考察されていた。国の文化や特性であり，先行要因には，文化における不確実性回避，パワー・ディスタンス，個人および集団主義の文化が取り上げられている（e.g., Brettel, Engelen, Heinemann, and Vadhanasindhu 2008）。

　以上から，MO における先行要因に関する研究潮流は，「組織構造に着目した研究」，「組織の人的要因に着目した研究」，「組織戦略に着目した研究」，「従業員レベルに着目した研究」，「国レベルの要因に着目した研究」が

あり，時代ごとに各潮流に関する先行要因が明らかにされた。

　他方，研究が着手されておらず，未解明の先行要因も確認された。本書で
示した個人間コンフリクトや学習志向に加えて，先行研究で取り上げられて
きた変数のいくつかには研究の余地がみられる。そこで，本書では，先行要
因として課題や未解明の部分が多い，リーダーシップ・スタイルと従業員特
性についてさらに研究を進めた。リーダーシップ・スタイルに関しては，
Harris and Ogbonna（2001）などにより，研究が取り組まれているものの，
調査対象の設計や連続的なメカニズムの解明には至っていなかった。また，
従業員特性に関しては，従業員特性のライフ・スタイルや教育に関しては研
究が取り組まれているが，価値観や文化など，重要であるが見落とされてい
る視点がみられた。そこで，第5章では，リーダーシップ・スタイルに焦点
を当て，実証研究に取り組んだ。従業員特性に関しては，従業員レベルの研
究を詳しく扱う第5章において研究をさらに進めている。

　まず，リーダーシップ・スタイルとMOに関する先行研究のレビューを
試みた。その結果，先行研究では，リーダーシップを1つのスタイルのみか
ら捉え，それがMOにどのように影響を及ぼすかについてみている点，
リーダーシップ・スタイルとMOという二者間の因果関係にフォーカスし
ている点，欧米企業を対象としている点に限界があることを確認した。そこ
で，Bass and Avolio（1995）の変革型，交換型，放任型という包括性のある
3つのリーダーシップ・スタイルを援用し，それらがMOにどのように影
響し，事業成果に影響を及ぼすかについて考察を試みた。わが国の製造業の
企業における事業部門長と部門長に対して調査を試みた結果，変革型と交換
型リーダーシップはMOにプラスに影響していたが，放任型リーダーシッ
プはMOに影響を与えていなかった。そして，MOは事業成果にプラスに影
響していた。さらに追試からは，変革型リーダーシップと放任型リーダー
シップ，ならびに，変革型リーダーシップと放任型リーダーシップがMO
に対してプラスのシナジー効果が働くことが明らかにされた。先行研究で
は，個々のリーダーシップ・スタイルがMOに影響を与えるという関係ま
でしか明らかにされていないが（e.g., Harris and Ogbonna 2001），本書では，
包括的なリーダーシップ・スタイルがMO，そして，ビジネス・パフォーマ

ンスに与える影響までの連続的な因果関係を解明している。

　今後の研究では，モデレーター変数を導入することで，より精緻化した仮説モデルの構築が求められる。また，製造業以外のサンプリングを使用したり，クロスセクショナル・データだけでなく時系列データを利用したりすることで，外部妥当性を克服した形で検証する必要がある。

(1)　本研究は，JSPS 科学研究費補助金 JP24730369の助成を受けたものである。

第3章 製品開発において市場志向が成果要因に及ぼす影響

　前章までは，市場志向（Market Orientation，以下 MO と略）の発生経緯とその理論的背景，測定項目，そして先行要因を中心に論じてきた。それでは，MO は製品開発に対しては，どのような成果をもたらすのであろうか。MO によってもたらされる製品パフォーマンスが明らかにされれば，MO によってどのような優位性を有した製品が開発されるかが導き出される。すでに，製品開発において MO を取り上げた研究は数多く報告されている。そこで，第3章ではまず，製品開発において MO を取り上げた研究を次の3つのタイプに分類し，文献レビューを試みることで先行研究の段階と課題について明らかにする（**図3-1**）。

図3-1　製品開発における市場志向研究のタイプ

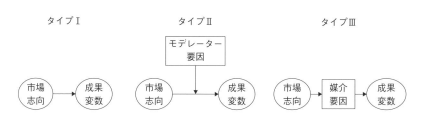

　タイプⅠは最もシンプルな因果関係を表しており，MO が直接，製品開発の成果変数にもたらす影響を表している。タイプⅡでは，MO と成果変数間

に存在するモデレーター要因にフォーカスしている。モデレーター要因とは，独立変数と交互作用があり，従属変数に与える影響を変化させる変数をいう。タイプⅢでは，MOと成果変数の間に存在する要因，すなわち，媒介要因に光を当てている。媒介要因に光を当てることで，製品開発においてどのような変数にMOがとくに強く結びつくかを理解できる。

1. 市場志向と新製品パフォーマンスの 因果関係に関する研究

　まず，タイプⅠに該当する研究からみていこう。MOと新製品パフォーマンスの因果関係を扱った研究にみられる傾向は，製品開発を行う製造業の企業を対象に，製品開発における様々な成果変数を扱った研究が行われている点にある。

　まず，Lukas and Isabelle（1998）では，MOと新製品アイデア創出のメカニズムについて研究しており，MOが顧客に新たな価値を提供するアイデアを生み出す要因になると報告している。

　続く，Langerak and Commandeur（1998）では，MOと競争優位性における因果関係について考察を行っている。競争優位性を表す要因としては，市場フォーカス，差別化優位，コスト優位をあげている。また，MOの下位要素については，Narver and Slater（1990）が唱えた3つの構成要素に加え，独自に供給志向を加えている。オランダで生産財ビジネスを行う企業483社のCEOから得た結果に対して回帰分析を施した結果，次の関係を確認している。市場フォーカスに対しては，MOはすべてプラスに影響していた。差別化優位に対しては，顧客志向，供給志向，職能横断的統合がプラスに影響していたが，競争志向は非有意であった。そして，コスト優位に対しては，競争志向，供給志向，職能横断的統合はプラスに影響していたが，顧客志向は非有意であった。

　Lukas, A. Bryanは研究をさらに発展させ，MOが製品イノベーションに与える影響についても検討している（Lukas and Ferrell, 2000）。製品イノベーションを，ライン拡張品，模倣品，新製品の3つに分類し，米国の製造

業の企業を対象にした調査結果から，MO のなかでも顧客志向は新製品の導入数を増加させ，模倣品の数を減少させたことから，イノベーションの源泉になる一方，競争志向は模倣品の導入数を増加させライン拡張品と新製品の数を減少させていたため，模倣品製造の源泉になることを確認している。ちなみに職能横断的統合はライン拡張品の数を増加させ，模倣品の数を減少させていた。

　2000年以降では，他領域の理論を取り入れた研究も行われ始めている。Matsuno and Mentzer（2000）では，Mile and Snow（1978）の保守型，投機型，分析型という企業戦略の分類軸を取り入れた研究を行っている。

　回帰分析を行った結果，分析型では MO が増加しても利益がほとんど変化しなかった。分析型組織は組織特性としてリスクを最小化しようとするため，大胆な行動に出られず売上を増大させないからである。保守型では，リスクをとる行動に出られず既存の製品戦略のみに目を向けるため，市場シェア，売上成長，新製品の売上比率を低下させていた。投機型では，市場環境の変化に関係なく市場シェア，売上成長，新製品の売上比率を高めていたことから，投機型組織に MO が最も有効であることを明らかにしている。

　MO と新製品パフォーマンスの因果関係を扱った研究が蓄積されるにつれ，両者を対象にしたメタアナリシスも行われている（Deshpandè and Farley 1996; Cano, Carrillat, and Jaramillo 2004; Kirca, Jayachandran, and Bearden 2005; Grinstein 2008）。Deshpandè and Farley（1996）では，Kohli and Jaworski（1993），Narver and Slater（1990），Deshpandè, Farley, and Webster（1993）という 3 つの MO 尺度のメタアナリシスを行い信頼性と妥当性を確認した結果，この 3 つの MO 尺度の類似性がかなり高いことを確認している。

　Cano, Carrillat, and Jaramillo（2004）のメタアナリシスではとくに，次の 2 点を明らかにしている。第一に，MO とビジネス・パフォーマンスの関係は，国や文化の違いから影響されないという。第二に，MO を重視しない産業においても，MO を重視する製造業などと同様，MO が競争優位となるという。以上から，製品開発の現場だけでなく，サービスや非営利組織といったコンテクストでも，MO が有効であることが理解できる。

新製品開発の現場で，MO で行動する従業員がどのような影響を及ぼすか
という視点にも目が向けられてきた（Narver, Slater, and MacLachlan 2004）。
彼らは，従業員の MO を，先を見越す行動と反応する行動に分類してい
る。先を見越す行動とは顧客の潜在化されたニーズを発見，理解，満足させ
る行為を（Slater and Narver 1995），反応する行動とは顧客の明言化された
ニーズを発見，理解，満足させる行為を表す（Day 1999）。分析の際には
MO と革新性が互いに補完する関係を有することにも注目し，イノベーショ
ン志向を加えている。

結果から MO のなかでも先を見越す行動のみが新製品パフォーマンスに
重要な役割を担っていた。さらに 3 つの志向を取り入れた場合にも先を見越
す行動のみが新製品パフォーマンスに影響したことから，顧客の潜在ニーズ
を捉える従業員行動が新製品戦略にはとくに重要であることが確認できる。

同時期，MO が創造性にどのような影響を及ぼすかについてもさかんに議
論がなされている。製品開発研究において，創造性とは，新製品が顧客に，
ユニークな，かつ，意味のある差異を知覚させる程度である，という（Alti-
er 1988）。さらに，創造性は，新奇性と意味性という 2 つの下位概念から成
り立つ。新奇性とは，新製品のオリジナリティとユニークさの程度を表し，
消費者からみたときの目新しさを示す。意味性とは，ターゲットとなる顧客
にとって，適切かつ有用さの程度を表し，消費者からみたときの製品の意義
を示す（Altier 1988）。

創造性は，製品開発の様々なパフォーマンスにプラスの影響をもたらすこ
とが明らかにされてきた（e.g., Deshpande, Farley, and Webster 1993; Im and
Workman 2004）。そのため，製品開発研究において，1 つの重要変数として
様々な研究が取り組まれている。その多くが先行要因として，創造性にどの
ような影響を及ぼすかといった視点で研究が進められている。この際，創造
性は成果変数として，研究に用いられることが多かった。創造性を有する組
織は，優れた新製品を生み出すことができると考えられるからである。この
ことは，創造性の OU（アウトプット・パースペクティブ）といわれている
（Im and Workman 2004）。創造性は新たなアイデアを生み出し，このアイデ
アがイノベーションの決定要素となる（Amabile 1983）。また，創造性は，ユ

ニークさ，品質，コスト効果，技術成果といった様々な製品差別化も創り出す（Song and Parry 1997）。

　創造性の先行要因としては，従業員個人を扱った Andrews and Smith（1996），クロス・ファンクショナルな製品開発チームを取り入れた Sethi, Smith, and Park（2001），そして，組織学習を扱った Moorman（1995）がある。

　MO と新製品パフォーマンスの媒介要因として，創造性を取り入れた端緒となる研究は，タイプⅢに属する研究のため，後で詳しく説明していくが，Im and Workman（2004）の研究である。続く，Im, Hussain, and Sengupta（2008）では，MO がマーケティング・プログラムの創造性，すなわち，マーケティング・プログラムにおけるユニークさや意味のある差異にどのような影響を及ぼすかについて考察している。米国ハイテク企業の新製品開発チームのプロジェクト・チーム・リーダー206名を対象とした調査を行い，二段階最小二乗回帰分析と最小二乗回帰分析を施した結果，顧客志向と競争志向，ならびに競争志向と職能横断的統合はマーケティング・プログラムの新奇性に交互作用がみられた。また，マーケティング・プログラムの新奇性には競争志向と職能横断的統合に交互作用がみられている。

　あるいは，MO に加えて，技術志向を取り入れて，製品の創造性にどのような影響を及ぼすかを考察した研究もある。Kim, Im, and Slater（2012）では，MO が新製品の新奇性と意味性にどのような影響を与え，製品差別化と顧客満足へとつながるかを考察している。米国ハイテク企業100社のマーケティング・マネジャーとプロジェクト・マネジャーを対象とした調査から，MO は新製品の新奇性には有意でない一方，新製品の意味性にはプラスに影響することを確認している。そして，新製品の新奇性は製品差別化のみに影響する一方，新製品の意味性は製品差別化と顧客満足にプラスに影響していた。

　近年では，よりミクロな視点で，セールス・フォースの MO が，創造性にどのような影響を及ぼすかについて考察した研究もある。Wang and Miao（2015）では，米国製造業の企業153社のセールス・マネジャーとセールス・バイス・プレジデントを対象とした調査の結果，セールス・フォースの顧客

志向，競争志向，職能横断的統合はセールス・フォースの創造性にプラスに
影響することを明らかにしている。

2．市場志向と新製品パフォーマンスの モデレーター要因に関する研究

　続いて，タイプⅡに該当する，MO と新製品パフォーマンスのモデレー
ター要因に関する研究をみていこう。最も古い研究としては，Slater and
Narver（1994）や Han, Kim, and, Srivastava（1998）があげられる。まず
Slater and Narver（1994）では，MO とビジネス・パフォーマンスのモデ
レーター変数に，強度要因として，市場の高い混乱度，技術の低い混乱度，
競合他社への高い敵意性，低い市場成長を，また強調要因として市場成長，
買い手の交渉力，競争の集中度，競合他社への敵意性の高低を取り入れた研
究を行っている。調査結果から強度要因は，MO とビジネス・パフォーマン
スに影響を及ぼさなかったが，強調要因は MO とパフォーマンスを変化さ
せることを確認している。

　モデレーター変数に，市場や技術水準の安定性を表す混乱度を取り入れた
研究もある（Han, Kim, and Srivastava 1998）。彼らは混乱度として市場と技術
という2つの変数を加えた三段階最小二乗法から，MO は組織の革新性を促
進させビジネス・パフォーマンスにプラスに影響し，特に技術混乱度が高い
ときに革新性を促すことを確認している。また市場混乱度だけが職能横断的
統合と革新性のモデレーター変数になっていた。

　Atuahehe-Gima（1995）の研究では，市場環境を表すモデレーター要因と
して市場競争の集中度，業界の敵がい性，新製品の新奇性，製品のライフサ
イクルを，成果要因として新製品パフォーマンスを取り上げている（図
3-2）。重回帰分析を施した結果，市場競争の集中度や業界の敵がい性が高
いほど，さらに製品のライフサイクルが初期段階のとき，MO と新製品パ
フォーマンスの関係が強くなることを確認している。

　MO が新製品開発の優位性をもたらすかどうかを測定した研究もある。
Iyer and Frankwick（2000）の研究では，新製品開発の優位性のモデレー

図3-2　市場志向と新製品開発に関する概念モデル

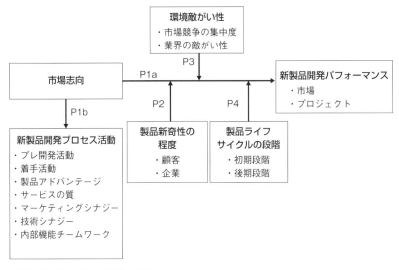

出典：Atuahene-Gima（1995），p.277.

ター要因として技術と市場のタービュランスを，MO と新製品開発の優位性
の媒介要因として供給者関与を取り上げた命題モデルを導出している。

　カントリー・オブ・オリジンの要素を取り入れ，MO と新製品パフォーマ
ンスの関係を国の文化や社会制度の観点から考察した研究もある（Wren,
Souder, and Berkowitz 2000）。米国，ニュージーランド，韓国，ペルー，ノル
ウェー，スウェーデンの 6 カ国での調査結果から，MO の構成要素である市
場インテリジェンスは国に関係なく新製品パフォーマンスとの関係が確認さ
れたが，顧客志向は国によって差が生じていた。国別にみると，韓国のよう
なルールや規範を重視する国においては関係がみられなかったが，米国や
ニュージーランドのような個人主義の国では関係が強くなっていた。個人主
義の国ではプロジェクト・マネジャーに，協調性に欠けるメンバー間の調整
を求めるため，MO が重視されるわけである。

　Kim and Feick（1999）では，MO と成果変数のモデレーター要因とし
て，「役員形態」を考慮した研究を行っている。従来のトップ・マネジャー

の役割の重要性，MO を実行する際のマネジャーの役員戦略といった先行研究の指摘（Felton 1959; Kohli and Jaworski 1990）から問題意識を得ている。

米国の94社の CEO を対象とした結果から，リーダーシップの形態，役員形態，役員人数の役員構成が MO と事業成果にポジティブな影響を与えることを証明している。

Joshi and Sharma（1999）では，MO の構成概念である市場インテリジェンスの発生，市場インテリジェンスの普及をモデレーター要因として，組織の情報プロセスと組織パフォーマンスについて考察している。変数として，MO の市場インテリジェンスの発生，市場インテリジェンスの普及，機敏性，そして，財務パフォーマンスを取り入れている[1]。結果として，市場インテリジェンスの発生と市場インテリジェンスの普及は，機敏性，そして財務パフォーマンスに影響を与えていた。

あるいは，部門というモデレーター要因によって，MO がパフォーマンスに与える影響が異なるかに着目した研究もある。Kahn（2001）では，マーケティング，研究開発，製造という部門間で，MO が製品開発パフォーマンスに与える影響がどのように異なるかについて分析し，マーケティング部門と製造部門のみが，MO と製品パフォーマンスに関係することを確認している。

Menguc and Auh（2006）では，革新性をモデレーター変数に取り入れた研究を行っている。革新性は，他社によって容易に模倣されない企業特性であり，価値を有するとともに，複雑なリソースとなる。MO は，組織内にプロセス，ルーティン，学習のシステムとして埋め込まれるため，因果曖昧性を生み出すという。この因果曖昧性は，他社による模倣をより難しくする。そして，この因果曖昧性は，企業の奥深くに暗黙知として埋め込まれた革新性の働きによってさらに高まるのではないかと論じている。

そこで，MO と企業のパフォーマンス間に，革新性をモデレーター変数とする仮説モデルを設定し，検証を試みている。豪州の企業（食品，自動車，建設機器，化学など）の CEO やシニア・エグゼクティブ242名を対象とした調査を実施し，階層的回帰分析を施している。その結果，革新性の高い水準の企業で，MO と企業のパフォーマンスの関係が強くなっていた。一方，革

新性の低い水準の企業では，MO は企業のパフォーマンスに有意に関係していなかった。このことから，MO と企業パフォーマンスの関係には，革新性のモデレーター効果があることが示されている。

3．市場志向と新製品パフォーマンスの
媒介要因に関する研究

　タイプⅢである MO と新製品パフォーマンスの媒介要因に関する研究に関しては，Wei and Morgan（2002）を皮切りに MO と新製品パフォーマンスのブラック・ボックスを解明する研究が行われ，今日にいたっても研究が進められている（Baker and Sinkula 2007）。

　Wei and Morgan（2002）では，媒介要因として他部門同士が協力的かどうかという協力的な組織環境を取り上げている。中国の製造業の企業を対象としたサーベイ調査から，協力的な組織環境が MO と新製品パフォーマンスの媒介要因になることを確認している。

　資源依存理論（Resource Base Theory）で創造性が重視されているのに着目し（Barney 1991; Hunt and Morgan 1995），MO と新製品パフォーマンスの媒介要因として創造性を取り入れた研究もある（Im and Workman 2004）（図3-3）。創造性を，ユニークな差異を表す新奇性，標的となる顧客に対し意味を明確にする意味性という 2 つの構成要素に分類している。

　結果をみると，顧客志向は意味性にプラスの，新製品の新奇性にはマイナスのインパクトがそれぞれあり，マーケティング・プログラム（MP）の新奇性にはあまり重要な効果がなかった。また，競争志向は新奇性の改善を促していたが，意味性には影響がなかった。これは企業が情報を共有し顧客の声を聞き反応するときには，意味のある製品やプログラムを提供する一方，競合他社をモニタリングする企業はより顕著かつ新奇的な特徴に注力するため，新奇性のある製品やプログラムを提供する傾向があることを示している。

　わが国においては，石田らが Im and Workman（2004）の追試を行っている（石田，岩下，恩藏，イム 2007）。特筆すべき点は，Im and Workman（2004）

図3-3　新製品とマーケティング・プログラムの創造性に関する概念モデル

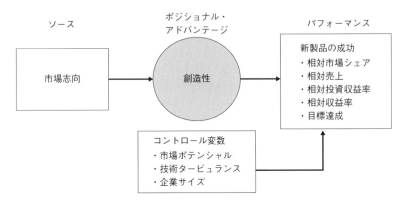

出典：Im and Workman (2004), p.118.

で確認されなかった職能横断的統合が，新製品とMPの新奇性と意味性にプラスに影響していた点である。理由として石田らは，日米間における組織文化の差異をあげており，米国企業は個人主義を，日本企業は集団行動をそれぞれ尊重していると述べている。

　媒介要因として，新製品開発に着手する際の重要項目を取りあげた研究もある（Langerak, Hultink, and Robben 2004）。彼らは構造方程式モデルから開始戦術がMOと新製品パフォーマンスの媒介要因になることを確認しており，マネジャーは新製品開発の際，マーケティング・ミックスなどの戦術に細心の注意を払うことが製品開発成功の鍵になると主張している。

　Langerakらはさらに，新製品開発の熟練度合がMOと新製品パフォーマンスにどのように影響するかも研究しており（Langerak, Hultink, and Robben 2004），構造方程式モデルの結果から，戦略的プランニング，アイデア・ジェネレーション，アイデア・スクリーニングにはプラスの媒介関係があり，なかでも戦略的プランニングとアイデア・ジェネレーションがとくに，MOと新製品パフォーマンスの関係を強めることを確認している。

　さらに近年では新製品成功へと導く糸口を，新たな切り口から見出そうとする動きが出ている。Baker and Sinkula（2007）では，MOが新製品成功を

導くうえで，インクレメンタル・イノベーションを誘発する適応型学習と，ラディカル・イノベーションを触発する生成型学習という媒介要因を取り入れて，2つの学習スタイルがどのように関係するかを考察している。適応型学習とは経験を通じ明らかに成功したアプローチを反復し，成功しなかったアプローチを廃棄する学習スタイルを（Cyert and March, 1963），生成型学習とは経験を通じ創造性を持つことによって知識生産する学習スタイルを示す（Argyris and Schön, 1978）。243名のマーケティング・エグゼクティブを対象にした調査結果から，MO は組織の適応型学習と生成型学習の双方を高めることを確認している。つまり MO は組織の学習能力を向上させ，イノベーションを誘発するのである。

4．市場志向がナレッジマネジメント・アクティビティに及ぼす影響

第3節のレビューからわかるとおり，MO は，製品開発の学術面で数多く研究が取り組まれるが，製品開発の実務面においても数多くの企業で実践されている。例えば，わが国の代表的な医薬品メーカーであるエーザイ株式会社の事例があげられる。同社は1989年より，患者の声に耳を傾け，そこから得られた知見を製品開発に反映させる「hhc（ヒューマン・ヘルスケア）活動」を実施している。エーザイの研究者は，高齢者施設を訪問し，入院中のアルツハイマーに疾患している患者を観察した結果，一部の患者が自力で水を飲むことさえままならないという事実を知った。この情報は社長直轄の「知創部」にもたらされ，単なる情報ではなく，価値があり利用可能なナレッジに変換されたうえで保管された。保管されたナレッジは社内で共有されたり，各部門の活動と照らし合わされたりした。結果として，ナレッジをベースとして，固形からゼリー状のアルツハイマー病治療薬「アリセプト」という価値ある製品が生み出されている[2]。

エーザイの事例は，MO の重要性を我々に教えてくれる。同時に，MO によってもたらされる各種情報を単に製品開発部門へ伝えるだけでなく，組織内で情報をナレッジへと転換することの重要性を示している。本研究で着目

したのは，まさにこの点である。ナレッジが MO と同様に，製品開発に有効であることはわかっていても，その両者間のメカニズムの解明については，過去の研究によってほとんど取り組まれていない（Kim, Im, and Slater 2012）。そこで，本研究では，両者間にナレッジに関する変数を介することにより，MO から市場優位性を備えた製品開発へと結びつく組織プロセスの解明を試みていく。

　以上を踏まえると本研究の目的は，以下の3点にまとめることができる。第一に，MO の3要素，すなわち，顧客志向，競争志向，職能横断的統合が，ナレッジマネジメント・アクティビティにもたらす影響の解明である。ナレッジマネジメント・アクティビティについては，4-1 にて詳しく論じる。第二に，ナレッジマネジメント・アクティビティが，製品品質優位性と製品新奇性という2つの製品優位性をもたらすかどうかを明らかにする点である。第三に，適切な MO や優れたナレッジマネジメントによってもたらされた新製品はどのような経済成果を生み出すのかの解明である。

　本研究の流れは，以下のとおりである。まず，本研究の中核となるナレッジマネジメント・アクティビティに関して，概念規定および定義づけを行うとともに，どのような研究が取り組まれてきたかレビューし，本研究の概念モデルを検証するための仮説を導出する。続いて，調査設計および測定尺度について示す。さらに，調査で得られたデータを分析し，仮説検証の結果を考察することにより，理論的および実務的インプリケーションについて論じる。最後に，本研究の課題と今後の研究の方向性について示す。なお，本研究は，岩下，石田，恩藏（2014）で取り組まれた内容をストーリーの一部に活かしている[3]。

4-1. ナレッジマネジメント・アクティビティ

　本書の1つ目の鍵概念であるナレッジマネジメント・アクティビティについて論じる。ナレッジに関してはこれまで，ナレッジ特性やナレッジマネジメントについて研究が取り組まれている。ナレッジ特性には，優れたアイデアや創造性の源泉となるナレッジ複雑性や（e.g., Amabile 1988），阿吽の呼吸といった目に見えないところでのコミュニケーションを通して得られる暗黙

知がある（e.g., Nonaka 1991; Nonaka and Takeuchi 1995）。また，ナレッジマネジメントに関する研究では，内外の情報から組織がナレッジを集めることを示すナレッジ収集といった概念が取り上げられている（e.g., Gupta and Vijay 2000; Shenkar and Li 1999）。

　ナレッジに関する先行研究を振り返ると，ナレッジ複雑性やナレッジ収集をみてわかるとおり，ナレッジ特性やナレッジマネジメントに関する概念そのものを扱った研究は行われている一方，ナレッジマネジメントの活動面に目を向けた研究は取り組まれていない。そこで本研究では，理論的基盤を情報プロセス（川上 2005）に置き，ナレッジマネジメントの活動面を捉えた概念として，「ナレッジマネジメント・アクティビティ」を新たに規定した。

　組織の情報プロセスに関しては，数多くの研究が進められている。例えば，一部門内における情報プロセスに関する研究（e.g., Sinkula 1994; Maltz and Kohli 1996）や，企業単位における情報プロセスに関する研究（e.g., Moorman 1995; Ottum and Moore 1997）などである。

　そして，組織における情報プロセスには，収集，共有，利用という3つの段階がある。同様にナレッジも，情報プロセスと類似した段階を経て芽生えることが指摘されてい（Davenport and Prusak 1998）。そもそもナレッジというのは，情報が利用可能な形に変換されて生じるからである。まず組織内外から様々な情報が収集され（e.g., Sinkula 1994），続いてそれらの情報が組み合わされ，組み合わされた情報が融合され，最終的にナレッジが生み出される（e.g., De Luca and Atuahene-Gima 2007）。

　以上の情報プロセスを理論的基盤として，チームにおけるナレッジマネジメントの活動面を表す，ナレッジマネジメント・アクティビティを以下のように定義した。つまり，「ナレッジマネジメント・アクティビティとは，チーム内外から情報を収集し，それらの情報を組み合わせ，さらに融合させながら価値あるナレッジへと昇華させようとする諸活動」である。

4-2. ナレッジマネジメントと市場志向に関する先行研究

　図3−1のタイプⅠで述べてきたとおり，MOに関する研究テーマは，広範に及んでいる。研究潮流のなかに，MOとナレッジマネジメントの結びつ

きを解明しようとする試みがあり，MO がナレッジマネジメントにどういった影響を与えるのかといった視点で研究が進められている。MO とナレッジマネジメントの結びつきを示す理論的背景としては，リソース・ベースト・ビューをあげることができる（Barney 1991）。この見解によれば，MO を備えた市場駆動型組織では，顧客との絆や流通チャネルとのつながりを強化する優れたケイパビリティが多く保有されており（Day 1994），それゆえ様々なナレッジが生み出されるという（Sinkula 1994）。実際，Baker and Sinkula (1999b) の研究では，市場駆動型組織がナレッジを生み出すために要するリソースを多く備えていることが確認されている。

MO とナレッジを結びつけて取り組まれた研究としては，Chien（2006）が知られており，MO とナレッジマネジメントの関係に着目し，MO が高まるほど，ナレッジマネジメントが向上することを明らかにしている。続く，Olavarrieta and Friedmann（2008）の研究では，ナレッジマネジメントに関係する変数として，市場感知能力と模倣能力を取り上げている。市場感知能力とは企業が市場からナレッジを取り入れたり保管したりする能力を（Cohen and Levinthal 1990），模倣能力とは競合他社に関するナレッジを利用し，競争優位を構築するように模倣する能力を示す（Dickson 1992）。分析の結果から，MO は市場感知能力と模倣能力を媒介し，事業成果に影響することを示している。Li, Wei, and Liu（2010）では，組織がどれだけナレッジを獲得する資質を有しているのかを表すナレッジ獲得と MO との関係を考察している。回帰分析を施した結果から，MO とアントレプレナー志向がともに，ナレッジ獲得にプラスに影響することを明らかにしている。

さらに，近年では，ナレッジタイプとしてナレッジ複雑性と暗黙知を取り上げ，MO とそれらのナレッジタイプが新製品創造性にどのように影響するかといった研究が取り組まれはじめている（Kim, Im, and Slater 2012）。

以上から，MO とナレッジマネジメントに関する先行研究では，ナレッジ獲得など（Li, Wei, and Liu 2010），ナレッジマネジメントに関する限られた変数が取り上げられてきただけであり，ナレッジマネジメントの活動面は見落とされていた。したがって，MO がナレッジマネジメント・アクティビティにどのような影響を及ぼし，さらにナレッジマネジメント・アクティビ

ティが製品開発における優位性や経済成果にどのように影響するかというメカニズムに関する議論は試みられていない。本研究の焦点はまさにこの点にある。

5．市場志向がナレッジマネジメント・アクティビティと製品成果に及ぼす影響に関する仮説設定

第4節までの議論を踏まえ，本研究では次の概念モデルを設定している。まず先行要因となる組織文化として，MOが取り上げられる。本研究では，組織文化に着目しているため，Narver and Slater（1990）で提唱されたMOの3要素，すなわち，顧客志向，競争志向，職能横断的統合を用いる。これらの3要素がチーム活動であるナレッジマネジメント・アクティビティに影響を及ぼし，さらにナレッジマネジメント・アクティビティが製品優位性に影響していく。製品優位性に関してはIm and Workman（2004）に基づいて，製品新奇性と製品品質優位性という2つの次元から捉えている。そして，製品新奇性と製品品質優位性が市場優位性である製品差別化に影響を及ぼしていく。最終的には，経済成果である競合他社と比較しての成功と，自社目標と比較しての成功にどういった影響を及ぼすかを明らかにしていく。続いて，**図3-4**に示される概念モデルに基づき，仮説の設定を行う。

　顧客を中心に据えて行動すること，すなわち顧客志向を高め，顧客からより多くの情報を獲得するほど，組織では様々なナレッジをより多く蓄積できる。過去の研究では，顧客志向の上位概念であるMOがナレッジマネジメント浸透にプラスに影響することが確認されている（Chien 2006）。顧客志向は，ナレッジマネジメント・アクティビティを高めると考えられる。以上から，次の仮説を導出した。

　　仮説1：顧客志向は，ナレッジマネジメント・アクティビティにプラス
　　　　　の影響を与える。

図3-4　本研究の概念モデル

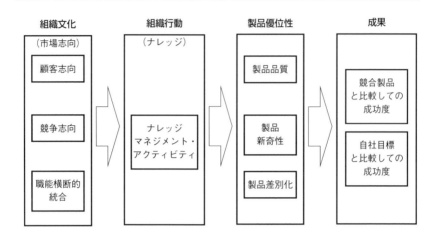

　競合他社に目を向けすぎると，他社動向ばかりに気をとられて，顧客の重
要な声を聞き逃してしまう（Lengler, Sousa, and Marques 2013），あるいは競
合他社のデータを収集するのに手間と時間をかけすぎてしまい，製品や技術
に関する情報獲得がないがしろになってしまう（Cadogan and Diamantopou-
los 1995）。結果として，競争志向が高すぎる組織は，製品優位性をむしろ引
き下げてしまうといわれる（Langerak and Commandeur 1998）。このことか
ら，組織が競争志向を重視しすぎると，獲得する情報が競合他社に関する情
報に偏るため，多様な情報が融合して起こるナレッジがむしろ生じにくくな
ると想定される。

　以上から，競争志向は，ナレッジマネジメント・アクティビティを低下さ
せてしまうと考えられる。以上に基づいて，次の仮説を導出した。

　　仮説2：競争志向は，ナレッジマネジメント・アクティビティにマイナ
　　　　　スに影響する。

　職能横断的統合が低いときには，部門間で高い垣根があるため，情報が
チーム内外にうまく伝わらず，入手された顧客や競合他社に関する情報が一

部門内に留まりやすい。したがって，情報が他部門からうまく伝わらないため，ナレッジも生成されにくい（Grant 1996）。

　職能横断的統合が高まると，すなわち部門間でのコミュニケーションが活発になると，ある部門の情報が他の部門へスムーズに移転するようになる（Darroch and McNaughton 2003）。したがって，そういった状況下で製品開発チームが編成されると，メンバーたちはコミュニケーションを頻繁にとるため，スムーズに情報がメンバー間で伝達され，ナレッジへと変換，利用されていく。このことから，職能横断的統合は，ナレッジマネジメント・アクティビティを高めると考えられる。以上から，次の仮説を設定した。

　　　仮説3：職能横断的統合は，ナレッジマネジメント・アクティビティに
　　　　　　プラスの影響を及ぼす。

　組織がナレッジの重要性を認識している組織は，製品やサービスの品質を高めることが確認されている（Wang, Hult, Ketchen, and Ahmed 2009）。ナレッジに溢れた組織では，豊富な知見を活用することで，従来よりも優れた品質を有する製品が開発されるからである。

　パナソニック・インドでは，ナレッジを社内で蓄積し，製品開発部門がそのナレッジを活かすことで，高品質を有する製品を作り出している。例えば，高性能エアコン「CUBE」はまさに，そのような仕組みを活かして開発された製品である。都市部を担当する営業担当者がある家庭を訪問した際，室外機の付いた一体型エアコンを使用していることを発見した。さらに，居住空間が狭いため，少ない窓に大きなエアコンを設置しており部屋を暗くしてしまっていた。この事実を社内のナレッジ共有システムで知った製品開発担当者は，一体型かつ小型で，さらに省エネ機能まで備えたエアコン「CUBE」を開発したのである[4]。

　また，チームにおけるナレッジマネジメント・アクティビティが促進することで，技術や市場に関するナレッジを，チームはより多く獲得することになる（Kim, Im, and Slater 2012）。そして，多くのナレッジを取り入れるほど，開発する新製品はいっそう新奇性に富んだものとなる。様々なナレッジ

を組み合わせることで，これまで思いもつかなかった新たな視点を新製品に取り入れることが可能になるからである（Hargadon and Fanelli 2002）。

　したがって，ナレッジマネジメント・アクティビティがしっかりと根づいたチームでは新奇性を有した製品が生まれやすいものと思われる。よって，次の2つの仮説が導き出される。

　　仮説4：ナレッジマネジメント・アクティビティは，製品品質優位性に
　　　　　プラスの影響を与える。

　　仮説5：ナレッジマネジメント・アクティビティは，製品新奇性にプラ
　　　　　スの影響を与える。

　製品品質優位性は，製品差別化に深く結びつく戦略的な要因の1つであるといわれる（Calantone, Schmidt, and Song 1997）。過去の研究より，競合製品よりも優れた品質を有する製品は，カテゴリー内で差別的ポジションを確立できるといわれている（Montoya-Weiss and Calantone 1994）。

　また，製品新奇性は，新製品に差別化をもたらすことが確認されている（Song and Montoya-Weiss 2001）。時代の最先端を走る技術や製品のデザインは，競合製品よりも市場においていっそう高い要求に応えられるのである（Song and Parry 1997）。例えば，アップルのiPhone，ダイソンの掃除機，バルミューダの電子レンジは，これまでにはみられなかった目新しいデザインを製品に付与し，世間の話題をさらった。こういった新奇性を有する新製品は，同一カテゴリー内で恵まれたポジションを獲得できるとされており，そのことは競合他社との差別化を実現する（Kim, Im, and Slater 2012）。以上より，次の仮説を設定した。

　　仮説6：製品品質優位性は，製品差別化にプラスの影響を与える。

　　仮説7：製品新奇性は，製品差別化にプラスの影響を与える。

最終的な経済成果を表す変数としては，他社製品と比較しての成功度，自社目標と比較しての成功度の２点に注目し，利益，投資収益率，市場シェア，売上，顧客満足に関する質問項目を設定した（Im and Workman 2004）。

　これまでの研究から，製品差別化は，開発する製品に優れた品質や技術，ブランド・イメージをもたらすといわれている（Frambach, Prabhu, and Verhallen 2003）。したがって，差別化された製品は，競合製品の存在しない新たなポジショニングを獲得できる（Day and Wensley 1988）。このことから，製品差別化は競合他社と比較しての成功度にプラスの影響を与えるものと思われる。

　また，製品差別化を実現し，ユニークな製品を開発した企業は，顧客を獲得，維持できるため，結果として優れたパフォーマンスを達成できる（eg., Beal and Yasai-Ardekani 2000）。ゆえに，製品差別化は，自社製品の経済成果にプラスの影響を与えると想定される。以上から，次の仮説を設定した。

　　仮説 8：製品差別化は，経済成果にプラスの影響を与える。

　以上に基づき，次のような仮説モデルを導出することができる（図3-5）。

図3-5　本研究の仮説モデル

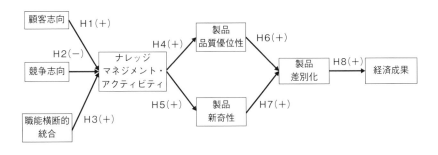

6. 調査と分析結果

6-1. 調査設計

　本研究では，営業担当者と開発マネジャーを調査対象とする2段階サンプリングを採用した。2段階サンプリングにより独立変数部分の質問項目の回答者と従属変数部分の質問項目の回答者を分離させることで，単一の回答者に両変数を尋ねた際に起こる偏重であるコモン・メソッド・バイアスを排除している（Olson, Walker, and Ruekert 1995）。

　営業担当者には，組織文化，チーム活動，製品優位性，市場優位性を評価してもらった。その理由としては，営業担当者は製品開発にダイレクトにはかかわらないため，部門や製品開発チームの状態，あるいは製品について，客観的な評価ができると考えたからである。

　一方，開発マネジャーには，競合製品と比較しての成功度と自社目標と比較しての成功度といった経済成果について回答してもらった。開発マネジャーは，製品開発に最も深くかかわるメンバーであり，経済成果について最も正確に理解している人物である。

　本研究ではまず，『会社四季報』に基づき，東証1部と2部に上場している電気機器，機械，精密機械，輸送用機器，その他製造業のなかでハイテク製品の製造にかかわっていると判断できる企業241社を抽出し，それらの企業に対して，調査への協力とサンプルとなる営業担当者の紹介を依頼した。約3割の企業は回答拒否により返却され，最終的に有効な回答として，9社からの回答が得られた。

　さらに，ビジネス・スクールの学生や共同研究を行っている企業の担当者を通じて，彼らの企業で新製品開発に携わっているマネジャーへ調査票を配布し回答を求めた。その結果，67社からの追加的な回答を得た。最終的に得られた76サンプルで仮説検証を試みた（**表3-1**）。

表3‐1　回答企業の業種と数

業種	企業数	割合（%）
電気機器	42	55.3
機械	17	22.4
精密機械	4	5.3
輸送用機器	3	3.9
その他製造業	10	13.2
計	76	100.0

調査段階	企業数
（1）1回目調査業種	9
（2）2回目調査	67
計	76

6-2.　測定尺度

　各構成概念の測定にあたっては，7ポイントのリッカート尺度を用いており，先行研究において信頼性と妥当性が確認されているものを利用している。調査票の作成では，まず先行研究の測定尺度を著者の1人が日本語に翻訳した。その後，別の著者により翻訳が適切かどうかを確認している。顧客志向，競争志向，職能横断的統合は，Narver and Slater（1990）の測定尺度を採用している。ナレッジマネジメント・アクティビティについては，新たに開発した尺度を利用している[5]。製品品質優位性に関しては，Calantone, Schmidt, and Song（1997）の測定尺度を，製品新奇性については Im and Workman（2004）の測定尺度を，そして，製品差別化については Homburg, Workman, and Krohmer（1999）の測定尺度を利用している。成果変数である経済成果を表す，競合他社と比較しての成功度と自社目標と比較しての成功度はいずれも，Song and Parry（1997）の測定尺度を利用している。

　なお，対象とした製品に関しては，被験者に，以下の2つの条件を満たす製品を特定してもらっている。第一に，部署が責任をもっており，よく理解している新製品であり，第二に，発売から少なくても6カ月は経過しており，その成果を測定できる新製品である。

表 3 - 2　測定尺度の項目，および信頼性と妥当性の検証結果

測定尺度	因子負荷量
顧客志向（α ＝ .83，CR ＝ .84，AVE ＝ .56，平均値＝5.11）	
・ビジネス目的として，顧客満足が最優先にあげられている	0.76
・顧客ニーズを把握するため，顧客へのコミットメントおよび顧客志向の水準を常に監視している	0.76
・競争優位を獲得するための戦略では，顧客ニーズの理解を基本としている	0.85
・顧客満足を組織的かつ頻繁に測定している	0.61
競争志向（α ＝ .67，CR ＝ .69，AVE ＝ .42，平均値＝4.88）	
・営業部員同士は，競合他社の戦略に関する情報を定期的に共有している	0.63
・脅威となっている競合他社の行動には，迅速に対応している	0.82
・トップマネジメントは，競合他社の強みと戦略について定期的に議論している	0.50
・競争を有利に展開できる顧客を標的にしている	
職能横断的統合（α ＝ .80，CR ＝ .82，AVE ＝ .48，平均値＝5.61）	
・各部署のトップは，定期的に既存顧客および見込み顧客を訪ねている	0.68
・顧客にまつわる成功経験や失敗経験について各部署は自由に情報のやりとりをしている	0.61
・標的市場のニーズに合わせて，すべての部署が統合されている	0.74
・マネジャーたちは，自社の従業員がどうすれば顧客価値の創造に貢献できるのかを理解している	0.77
・すべての部署が徹底的に働いて，ともに問題解決にあたっている	0.65
ナレッジマネジメント・アクティビティ（α ＝ .92，CR ＝ .92，AVE ＝ .67，平均値＝4.44）	
・新製品を開発する際，流通業者や競合他社からの詳細な情報を利用できている	0.80
・新製品に関する情報を，組織内部の関連部署に広めるのに長けている	0.62
・新製品を開発する際，流通業者と競合他社からの情報をまとめることができている	0.88
・新製品を開発する際，流通業者と競合他社からのナレッジを有効に活用できている	0.96
・流通業者と競合他社から手に入れた様々な情報を組み合わせることで，新製品開発につなげることができている	0.87
・流通業者や競合他社とのコラボレーション関係を築くことで手に入れたナレッジを，新製品開発で生じる諸問題に役立てている	0.73
製品品質優位性（α ＝ .80，CR ＝ .87，AVE ＝ .42，平均値＝5.09）	
・生産性（この製品が顧客の仕事を効率化する程度）	0.60
・信頼性（この製品に欠陥がない程度）	0.63
・互換性（この製品が既存品と互換できる程度）	0.58
・使いやすさ（この製品の習得，あるいは使用しやすさの程度）	0.59
・機能性（この製品が顧客の機能的ニーズに合致している程度）	0.83

・耐久性（この製品が競合他社の製品と比べて，長持ちする程度）	0.71
・多様性（この製品が追加的な特徴を有する程度）	

製品新奇性（α = .76, CR = .77, AVE = .46, 平均値=4.91）

・競合他社に比べて，新製品とその新製品のマーケティング・プログラムは，明らかに卓越している	0.76
・競合他社に比べて，新製品とその新製品のマーケティング・プログラムは，画期的なものである	0.76
・競合他社に比べて，新製品とその新製品のマーケティング・プログラムは，顧客の役に立つ	0.57
・競合他社に比べて，新製品とその新製品のマーケティング・プログラムは，型にはまることのない問題解決法を示している	0.60

製品差別化（α = .81, CR = .76, AVE = .43, 平均値=4.63）

・製品に付随したサービスを通じて，優れた顧客価値を創り出している	0.50
・プレミアム製品として考えられている	0.77
・プレミアム・ブランドのイメージを享受している	0.85
・市場で高い価格評価を受けている	0.71
・製品ラインの幅が広い	
・市場で競合する他社製品に対し差別化されている	0.56

自社製品の成功（α = .93, CR = .93, AVE = .58, 平均値=4.23）

・当該市場の競合製品と比べて，この新製品は利益の面で非常に成功している	0.79
・当該市場の競合製品と比べて，この新製品は投資収益率の面で非常に成功している	0.83
・当該市場の競合製品と比べて，この新製品は市場シェアの面で非常に成功している	0.73
・当該市場の競合製品と比べて，この新製品は売上の面で非常に成功している	0.76
・当該市場の競合製品と比べて，この新製品は顧客満足の面で非常に成功している	0.63
・本来の目標と比べて，この新製品は利益の面で非常に成功している	0.81
・本来の目標と比べて，この新製品は投資収益率（ROI）の面で非常に成功している	0.76
・本来の目標と比べて，この新製品は市場シェアの面で非常に成功している	0.72
・本来の目標と比べて，この新製品は売上の面で非常に成功している	0.86
・本来の目標と比べて，この新製品は顧客満足の面で非常に成功している	0.69

注：因子負荷量に関しては，0.4を下回ったもの（黒塗の項目）を除いたうえで，各変数ごとに算出した値を記載している。

a 係数，Composite Reliability（CR），AVE，平均値に関しては，因子負荷量で0.4を下回ったもの（黒塗の項目）を除いて算出している。

6-3.　分析結果

◆構成概念の信頼性と妥当性

　続いて，各構成概念の信頼性と妥当性に関して検証を試みた（**表3-2**）。

　信頼性に関しては，Composite Reliability および Cronbach の α 係数により検証した。すべての変数を含めて確認的因子分析（CFA）を行う場合，推定パラメーター数（誤差項を含む）の5倍のサンプル数が必要であるとしたBentler and Chou（1987）の5:1基準を満たさなければならない。しかしながら，今回のサンプル数は76であり，この基準を満たしていないため，概念ごとに CFA を実施している。結果として，因子負荷量が0.4を下回った3項目については，検証を行う前に削除している[6]。Composite Reliability の範囲はすべての構成概念において0.69から0.92であり，競争志向のみがわずかに0.7を下回った（Nunnally 1978）。しかしながら，競争志向の測定項目については，多義性を考慮し項目を削除しないことにした。また，すべての構成概念の α 係数はおおむね0.70以上となったことから，本研究で用いる構成概念は内的一貫性を備えていることが確認された（Bagozzi and Yi 1988）。

　続いて，収束妥当性と弁別妥当性について吟味した。収束妥当性に関しては，AVE を用いて検討している。結果として，顧客志向，職能横断的統合，ナレッジマネジメント・アクティビティ，製品新奇性，競合製品と比較しての成功度，自社目標と比較しての成功度ではおおむね0.5を上回る値となったが，それ以外の競争志向，製品品質優位性，製品差別化では0.5を下回る値となった。しかしながら，構成概念ごとに確認的因子分析（CFA）を実施し，0.5を下回った各項目の因子負荷量をみてみると，すべての値が0.5を超えており，極端に低い項目が含まれていなかった。以上から，本研究で取り上げる構成概念については，十分な収束妥当性が確認された（Fornell and Larcker 1981）。

　弁別妥当性に関しては，今回取り上げた構成概念のうち，2つから構成される CFA モデルを構築し，変数間の共分散を1に固定したモデルと自由推定したモデルの χ^2 を算出し，有意差が確認できるかどうかを検討している（Anderson and Gerbing 1988）。その結果，成果変数である競合製品と比較し

ての成功度と自社目標と比較しての成功度以外は，各モデル間のχ^2差は10%水準で有意であった。そこで，モデル間のχ^2差が非有意となった経済成果については，2つの成功度を統合した自社製品の成功を新たに作成，経済成果の尺度とした。この成功度の尺度で再度，変数間の共分散を1に固定したモデルと自由推定したモデルの値を算出し，有意差があるかを検証した結果，モデル間のχ^2差は10%水準で有意となり，変数間の弁別妥当性が確認された。以上の弁別妥当性の検証結果から，成果変数が自社製品の成功の1つに集約された仮説モデルが導出された（**表3-2**）。

6-4. 仮説モデルの検証結果

　仮説モデルを検証するため，サンプル数が76と少数であったため，PLS構造方程式モデリングを実施した（Hair, Hult, Ringle, and Sarstedt 2014）。Hair, Hult, Ringle, and Sarstedt（2014）に従い，ブートストラッピングのサブ・サンプル数は，5,000とした。その結果，顧客志向（$\beta = 0.732$, $p < 0.01$）と競争志向（$\beta = 0.289$, $p < 0.1$）は，ナレッジマネジメント・アクティビティに対してプラスの影響があった。したがって，仮説1は支持された。また，仮説2は棄却された。一方，職能横断的統合は，ナレッジマネジメント・アクティビティに対して影響を及ぼしていなかった（$\beta = 0.07$, $p > 0.1$）。したがって，仮説3は棄却された。

　仮説4と仮説5は，ナレッジマネジメント・アクティビティが製品品質優位性と製品新奇性を向上させるというものである。ナレッジマネジメント・アクティビティは製品品質優位性（$\beta = 0.366$, $p < 0.01$）と製品新奇性（$\beta = 0.697$, $p < 0.01$）にプラスの影響を与えていた。このことから，仮説4と仮説5は支持された。

　製品品質優位性（$\beta = 0.229$, $p < 0.05$）と製品新奇性（$\beta = 0.556$, $p < 0.01$）はともに製品差別化にプラスの影響を与えていた。したがって，仮説6および仮説7は支持された。最後に，製品差別化が経済成果に与える影響について検証したところ，プラスの影響が確認された（$\beta = 0.467$, $p < 0.01$）。以上から，仮説8は支持された。仮説モデルの検証結果は，**図3-6**に示されるとおりである。

図3-6　仮説モデルの検証結果

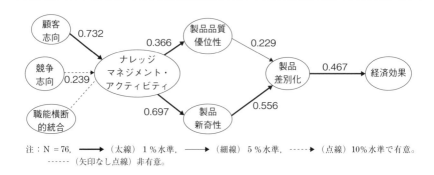

注：N＝76. ━━━▶（太線）1％水準, ──▶（細線）5％水準, ┈┈┈▶（点線）10％水準で有意。
　　┈┈┈（矢印なし点線）非有意。

6-5.　インプリケーション

　上場企業を対象とした調査と分析の結果, 仮説1, ならびに, 仮説4から仮説8は支持された。一方, 仮説2と仮説3は棄却されたが, 興味深い結果が得られている。そこで, 第3章では, 分析結果について考察を加えていく。

　第一に, 顧客志向はナレッジマネジメント・アクティビティにプラスの影響があった。顧客志向の高い組織では, 低い組織よりも, 顧客の声や動向に常に耳を傾けるため（Narver and Slater 1990）, より多くの市場情報を得られる（Kohli and Jaworski 1990）。したがって, 顧客志向を有する組織では, 獲得された顧客インテリジェンスをより多くのナレッジへと変換し, 活用していけるのである。

　第二に, 競争志向は仮説とは逆に, ナレッジマネジメント・アクティビティにプラスの影響が確認された。このことは, 競争志向を有する組織は, 競合他社への対抗意識を高め, より優れた製品を作ろうと努力をするため, 製品開発にいっそう強くコミットするようになる（Debruyne, Frambach, and Moenaert 2010）。ゆえに, 競争志向が高い組織は, 競争志向が低い組織よりも, 他社に関する情報をいっそう積極的に取り入れ, それらの情報をナレッジに変換していくと考えられる。したがって, ナレッジマネジメント・アクティビティを強化したい企業は, 顧客ばかりでなく, 競合他社にも目を向け

ることが不可欠なことが伺える。

　第三に，職能横断的統合はナレッジマネジメント・アクティビティに影響
を及ぼさなかった。このことは，何らかの影響がみられた先行研究とも異な
る結果となっている（e.g., Grant 1996; Davenport and Prusak 1998）。理由とし
ては，集団凝集性の存在があげられると思われる（Festinger 1950）。部門間
の連携がうまくいくと，集団凝集性が働き，メンバー同士が仲よくなりすぎ
てしまう。すると，慣れ合いで議論が進むようになり，内向きの意見が主流
を占め，不満や疑問の提示は影を潜める。結果として，メンバーは最低限の
コミュニケーションしかとらないため，幅広い内容の情報交換には至らず，
ナレッジが生じづらくなる（Davenport and Prusak 1998）。このことから，職
能横断的統合は，ナレッジマネジメント・アクティビティに影響を与えな
かったものと思われる。

　第四に，ナレッジマネジメント・アクティビティは，製品品質優位性と製
品新奇性にともにプラスの影響を及ぼしていた。このことから，ナレッジを
収集し，それらを組み合わせ，価値あるナレッジへと昇華させる活動という
のが，製品優位性の実現へとつながることが明らかにされた。

　本研究では，6-4のとおり有意義なインプリケーションが得られたが，
同時に限界や課題も存在している。

　第一に，本研究では，イノベーションが生じやすいハイテク企業を対象と
し，少なくても6カ月間，市場に存在している製品に焦点を当てて調査を実
施している。しかしながら，今後は結果の一般化をし，ビジネス上のインプ
リケーションを高めるために，ハイテク企業以外の業界によって本研究のモ
デルを追試する必要がある。

　第二に，本研究は，一時点でサーベイを実施しており，時系列を考慮した
調査設計にはなっていない。そのため，今後の研究では，同一の回答者に複
数時点での回答を求める調査設計を用いてもよいだろう。

　第三に，本研究のモデルでは，コントロール変数を取り入れてもよいだろ
う。今後の研究では，市場潜在性や技術不確実性，企業規模といったコント
ロール変数を取り入れることで，製品を取り巻く市場環境や経営資源がMO
やナレッジマネジメント・アクティビティに及ぼす影響をより包括的に理解

できると考えられる。

　以上のような課題はあるものの，本研究では製品開発に関する議論を発展させるうえで，MO とともにナレッジマネジメント・アクティビティの変数を取り入れることにより，従来の研究で欠けていた製品開発におけるメカニズムを解明している。

7. 議　論

　第3章では，製品開発において，MO が及ぼす影響について的を絞り，議論を進めた。製品開発はマーケティング研究において不可欠なテーマの1つであるため，研究数が莫大な数に及んでいる。そこで，まず，「市場志向と新製品パフォーマンスの因果関係に関する研究（**第1節**）」，「市場志向と新製品パフォーマンスのモデレーター要因に関する研究（**第2節**）」，「市場志向と新製品パフォーマンスの媒介要因に関する研究（**第3節**）」という3つの研究スタイルからレビューを試みた。

　第1節の「市場志向と新製品パフォーマンスの因果関係に関する研究」では，じつに様々な因果関係の影響が検討されていた。新製品のアイデア創出にはじまり（Lukas, 1998），製品イノベーション（Lukas and Ferrell 2000），企業戦略の分類軸（Matsuno and Mentzer 2000）などである。さらに，MO と成果変数を扱った研究が蓄積されるにつれて，両者を分析対象としたメタアナリシスもいくつか行われていた（e.g., Deshpandè and Farley 1996）。メタアナリシスを行った研究からは，MO と事業成果には通常プラスの因果関係があることに加えて，国や文化，産業によらず同一の関係性の存在が示されていた（Cano, Carrillat, and Jaramillo 2004）。近年では，ミクロな視点から，MO と成果変数の因果関係をみる研究も取り組まれている。例えば，製品開発において，セールス・フォースの MO が創造性に及ぼす影響を扱った研究があげられる（e.g., Wang and Miao 2015）。

　第2節の「市場志向と新製品パフォーマンスのモデレーター要因に関する研究」では，研究段階が進むにつれ，市場環境モデレーターの枠を超えた変数が検討されるようになっていた。初期では，市場の混乱度，技術の混乱

度，市場成長，競争の集中度，技術水準の安定性といった一般的な市場環境モデレーターが及ぼす影響について検討がなされていた。だが，時が経つにつれて，カントリー・オブ・オリジン，役員形態，部門の違いといった国や組織に関する変数が取り上げられている（e.g., Wren, Souder, and berkowitz 2000）。さらに，近年では，革新性といった競争優位性を表す変数も，モデレーター要因として検討されていた（Menguc and Auh 2006）。

　第3節の「市場志向と新製品パフォーマンスの媒介要因に関する研究」では，初期の研究と中期以降の研究で，向けられる視点に違いがみられた。初期の研究では，組織環境，創造性，新製品の開発戦略など，新製品開発に関する変数が媒介要因として検討されている。だが，中期以降では，媒介要因に，例えば，適応型学習と生成型学習という学習タイプを扱った研究もみられている。Baker and Sinkula（2007）では，MOがこれらの学習にプラスの効果を及ぼし，新製品成功を高めていたことから，製品開発の現場では，学習という概念がマーケティングと新製品の成功に深くかかわることが示されている。このことから，今後の研究では，直接的に製品開発にかかわる変数を取り上げるだけでなく，間接的に製品開発に影響を与えそうな変数についても研究を進めるべきであることが示された。

　第4節からは，前述のレビューの結果を踏まえ，間接的に製品開発に影響を与えうる変数として，製品開発におけるナレッジに着目して研究を進めた。エーザイの知創部の例で示したとおり，近年ナレッジをうまく活用することで新製品開発を成功させているケースが多くみられている。本書ではとくに，ナレッジマネジメントの活動面に目を向け，ナレッジマネジメント・アクティビティという媒介変数の検証を試みている。わが国の東証1部，2部に上場する企業の営業担当者と開発マネジャーを1セットとする76サンプルを対象に調査を試みた結果，いくつかの関係性を解明した。

　まず，MOがナレッジマネジメント・アクティビティに及ぼす影響は，顧客志向と競争志向にプラスに影響していたが，職能横断的統合は非有意であった。この理由として，本書では，集団凝集性をあげている（Festinger 1950）。職能横断的統合が高まると，集団凝集性が働き，メンバー同士の仲がよくなりすぎてしまう。すると，慣れ合いで議論が進むため，メンバーは

最低限のコミュニケーションしかとらず，幅広い内容の情報交換には至らず，ナレッジが生じづらくなるのである。そして，このナレッジマネジメント・アクティビティは製品品質優位性や製品新奇性といった製品優位性にプラスに働き，差別化を生み出し，経済成果にまでプラスに影響していた。

　本研究では，製品開発に関する MO 研究の議論を発展させるうえで，MO とともに，ナレッジマネジメント・アクティビティの変数を考慮することが，製品優位性や事業成果の向上には不可欠であることが示唆されている。

(1)　サンプルとして，1億ドル以上の売上を有する872社の企業の CEO を対象としている。そして384社から同意が得られている。最終的に94名からの回答を得た（回収率24.5%）。
(2)　「実践の奥義―経営の巨人の教えを生かす―社員の価値基準まで浸透」『日経ビジネス』2012年12月10日号を参考にしている。
(3)　本研究は，早稲田大学産業経営研究所の2011年度リサーチプロジェクト「新製品開発における市場志向が，新商品パフォーマンスに及ぼす影響に関する実証研究」（研究代表者：恩藏直人）における研究成果の一部である。
(4)　「日の丸エアコン，海外で好調」『日経ビジネス』2012年8月6日号を参考にしている。
(5)　ナレッジマネジメント・アクティビティの尺度開発の際には，韓国延世大学校の Subin Im 教授の協力を得ている。
(6)　因子負荷量が0.4未満だった3項目を削除した際には，変数間の相関係数を確認している。結果として，一部の変数間で相関係数が0.5を上回った。そこで，本研究の分析モデルで多重共線性が生じているかどうかを確認するため VIF（Variance Inflation Factor）を算出したところ，すべての独立変数と従属変数間で，VIF が10を下回ったため，多重共線性の問題は回避された（Neter, Wasserman, and Kutner 1989）。

第4章 組織における代替的志向性

　マーケティング志向に基づいて行動すること，すなわち市場志向（Market Orientation，以下 MO と略）に関する研究は，前述したとおり，Narver and Slater（1990）や Kohli and Jaworski（1990）によって取り上げられた1990年から今日にいたるまでの約25年間，数多くの研究が行われてきた。1990年代後半からは，市場の成熟化に伴う市場競争の激化，あるいは，米国を中心とした Information Technology（IT）の急速な進歩を反映して，MO と同じ次元に位置する多様な代替的志向性（alternative-orientation）に関する研究がしだいに強調されるようになっている（e.g., Noble, Sinha, and Kumar, 2002）。代替的志向性とは，MO と同次元に位置づけられる組織の志向性を総じて示している（Noble, Sinha, and Kumar, 2002, p.29）。市場がダイナミックに変化するなか，どのような事業環境においても，マーケティングを常に実行していくことが必然的に，ビジネスの成功をもたらすとはいえなくなったからである。この代替的志向性には，例えば，売上向上を目指す販売志向や，製品開発や研究に注力する製品志向があげられる。

　仮に MO を志していたトイレタリー・メーカーが，新興国から参入した安価なブランドを強みとする海外メーカーから，国内市場で価格競争を仕掛けられたらどうなるであろうか。マーケティングに目を向ける以前に，低価格戦略を重視しなければならなくなるだろう。Christensen（1997）では，優れた製品を売る巨大企業が，その特色を改良すること，つまりインクレメンタル・イノベーションのみに目を奪われてしまい，その製品より劣るが新

たな特色を持つ新製品にとって代わられる，イノベーションのジレンマを指摘している。MO を重視しすぎるがゆえに失敗してしまう一例である。

　マーケティング研究においては，MO の代替的志向性として，様々な志向性が取り上げられてきた。そしてどのような志向性をもつこと，あるいはどのように志向性を組み合わせることが最もパフォーマンスを高めるかが論じられており，これまでの研究において志向性の選択や組み合わせによって，ビジネス・パフォーマンスが変化することが明らかにされている（e.g., Gatington and Xuereb, 1997; Zhou, Yim, and Tse, 2005）。

　しかしながら，MO と識別される志向性に関する研究は，個別に議論されてきたため，MO の代替的志向性を総じて扱ったレビューは行われていない。ゆえに，MO と代替的関係にある志向性にはどのようなものがあるかについては把握されておらず，どの志向性が MO と相反する関係に位置づけられるのか，あるいは，補完的な関係にあるのかはこれまで解明されていない。

　したがって，第 4 章の目的は，第一に，MO の代替的志向性にはどのようなものがあるかを整理し，MO とどのような関係にあり，さらにそれらの研究がどの段階まで進んでいるかを明らかにすることにある。第二に，それらの志向性が様々な変数に及ぼすインパクトを解明することにある[1]。

　なお，代替的志向性に関しては，一方の志向性が存在すると，もう一方の志向性が存在しないという代替関係を示しているのではない。先行研究では，MO を起点として，MO と同次元に位置する組織の志向性を総じて代替的志向性と規定している（Noble, Sinha, and Kumar 2002）。実際，先行研究では，メタ分析から，MO と複数の代替的志向性との間にプラスの関係が確認されている（e.g., Grinstein 2008）。

　第 4 章では，代替的志向性にはどのようなものがあるかについて，整理するとともに研究段階を明らかにする。

1．代表的な代替的志向性

1-1．製品志向，販売志向

　まずは代表的な志向性として，製品志向が取り上げられる。メーカーにおいて常に自社の製品に気を配ることは最重要課題の1つである。マーケティング研究の世界において，製品志向はどのように研究がなされてきたのだろうか。製品志向という言葉が登場したのは，Keith（1960）からである。この研究では1つの企業において，時代の変遷とともに，製品志向を起点としてやがて販売志向になり，最終的にマーケティング志向になると示唆している。70年代には，Fayed（1973）が，コスト志向やマーケティング志向などと比較しながら，製品志向を，顧客がいつも自社製品を求めるように，企業が自社製品を売り込む態度としている。このようにMO概念が初声をあげる1990年以前では，製品志向では主にコンセプト研究が行われ，実証研究までには至らなかった。実際に，MOの代替的志向性として製品志向が実証研究で取り上げられたのは，Voss and Voss（2000）からである。

　製品志向の理論的背景については，Noble, Sinha, and Kumar（2002）に詳しい。彼らは理論的背景として，取引コスト理論（Coase 1937）を援用している。彼らによると製品志向の企業は低価格を好む顧客に目を向けていないため利益を一部失うことになるが，自社の製品を好む根強いファンを獲得できるため，継続的にそのマージンが獲得され供給を増やすことで超過利潤を得られ，最終的に優れた財務パフォーマンスをもたらすという。ちなみにこのような製品志向の企業例として，米国の美容室チェーンであるSupercutや経済合理性を追求した多国籍企業のマクドナルドをあげている。

　製品志向と同様に，古くからマーケティング志向と対比されてきた志向性として，販売志向があげられる。販売志向とは，長期的な関係性を無視して，短期的な売上を最大化する志向性をいう（Lamb, Hair, and McDaniel 2000）。販売志向という言葉が登場したのは，Keith（1960）からである。Keith（1960）によると，組織は，ときの流れとともに，製品志向，販売志

向，そしてマーケティング志向という変遷をたどるという。また Kolter (1977) では志向性を取り上げていないものの，マーケティングと販売の違いについて論じている。彼は農業を例にあげながら，販売というのが作物を収穫する行為である一方で，マーケティングが畑に種を蒔く行為であると述べている。そしてこの販売志向は顧客から必要とされない製品，すなわち保険や葬儀といった産業で求められ，パフォーマンスにプラスに影響することが確認されている（Noble, Sinha, and Kumar 2002）。だがリレーションシップ・マーケティングの観点からすると，短期的な売上を目標とする販売志向は，顧客ロイヤルティにはつながらず，リピートにつながりにくいともいわれる（Lamb, Hair, and McDaniel 2000）。このことから，販売志向に関しては，業種や市場環境によってはプラスに働くとは言い難い。

1-2．技術志向

マーケティングを志向するにあたり，技術開発にどの程度目を向けていくかということも必然である。マーケティング部門と R&D 部門が，お互いの距離感や予算配分を考えることは組織における重要な視点となるばかりでなく（川上 2005），場合によって技術は，マーケティング以上にラディカル・イノベーションを生み出せるからである（Zhou, Yim, and Tse 2005）。組織がどの程度技術に目を向けているかを表す志向性，すなわち技術志向（Technological Orientation）に関する研究も，近年になって進められている。

まず，Chahal and Kohli (2006) では，マネジャーの IT に対する志向性を技術志向として，成果要因に対してどのような影響があるか考察している。インド北部のチャンディガールの中小企業19社のマネジャーを対象に調査を行った結果，技術志向は，製品品質，受取人の満足にはプラスに，財務パフォーマンスにはマイナスに影響することを確認している。だが，因子分析を施しているのみで，妥当性および信頼性の確認を行っていないところに研究の限界がみられる。

同年 Hunter and Perreault (2006) も，技術志向に着目した研究を行っている。彼らは，社会的交換理論を援用しながら（Thibaut and Kelly 1959），セールス・パーソンを対象に技術志向を開発している。同理論に従えば，

セールス・パーソンの技術志向というのは販売の際，技術という文化水準を向上させながら浸透するという。米国「Fortune 500」の製造業者と流通業者79社を対象に調査し構造方程式モデルで分析した結果，IT に対する組織内部の支援と，顧客からの期待を表す顧客承認が技術志向にプラスに働く一方，セールス・パーソンの販売経験がネガティブに影響することを認めている。このことから，販売経験の豊富なセールス・パーソンにとっては経験がものをいうため，IT 技術が必要ないことが伺える。さらに技術志向は，社内と顧客への評価にプラスに働き，特に顧客への評価には，顧客から獲得される情報と，セールス・パーソンの計画性を媒介するとしている。

　電子カルテ・システム等，技術の高度化が急速に進む医療現場において，MO の先行要因として技術志向を扱った研究もある（Lee and Meuter 2010）。この際，技術志向とは，方針，実践，手順を開発し，技術志向の機会を感じそれに反応するため，組織全体が技術に関与することをいう（Lee and Meuter 2010, p.357）。Lee and Meuter（2010）では，2 年間の歳月をかけて米国オハイオ州の128の病院を対象に，オブザベーション，インタビュー，フォーカス・グループ調査といったフィールド調査を実施している[2]。結果として技術志向の周辺メカニズムに関する概念モデルを提示している。まず先行要因については外部勢力と内部勢力に分類したうえで，前者には競合他社の力と制度の力を，後者には戦略目標と法令順守の必要性をあげている。続いて，成果要因としては，患者中心，コスト効果，効率性，品質管理，安全性の 5 つをあげている。また技術志向と成果要因の媒介要因として，適応と実用性をあげている。組織がいくら技術の重要性に気づいても，その技術に適用し意味を見出せなければ成果につながらないのである。

　近年では，技術志向が新たなメディア利用にどのように影響するかに着目した研究もある。Chiagouris and Lala（2009）では，テレビやラジオなど伝統的メディアに浪費していると思うマネジャーの知覚が技術志向からの影響をうけ，インターネット等の新たなインタラクティブ・メディア使用にどのように影響するかをみている。米国のミドルあるいはトップ・マネジメントの肩書をもつマーケティング・マネジャー247名を対象に調査し回帰分析を施したところ，技術志向型マネジャーが，伝統的メディアに浪費を感じてい

るとインタラクティブ・メディアへの使用には影響を及ぼさず，インタラクティブ・メディアへの支出を増加させるとしている。このことから，技術志向が高いほど，使用するかどうかはさておいて，インタラクティブ・メディアへの支出に抵抗がなくなることがうかがえる。

先行研究を見渡してみると共通して，IT 化によって組織にもたらされた技術志向がどのような影響を与えるかに関心があることがみてとれる。

1-3. リレーションシップ志向

リレーションシップ・マーケティングが組織で実現されているかどうかを測定するために，リレーションシップ・マーケティングの志向性を表す尺度が，Sin, Tse, Yau, Chow, Lee, and Lau（2005）により開発されている。彼らによれば，リレーションシップ・マーケティング志向（以下，リレーションシップ志向と略）とは，短期間の取引志向の交換から長期的な買い手・売り手の関係性へと転換する態度であるという。尺度を開発するにあたり，「Beijing Yellow Pages Commercial Industrial Telephone Directory」のデータベースをもとに，香港の企業277社，中国の企業222社を対象にサンプルを収集し，信頼性と収束妥当性，判別妥当性，文化間安定性の分析を行い，信頼が 4 項目，絆が 4 項目，コミュニケーションが 3 項目，共有価値が 4 項目，感情移入が 4 項目，相互作用が 3 項目からなるリレーションシップ志向の尺度を開発している（表 4 - 1 ）。

1-4. サービス志向

MO を援用しながら，サービス・マーケティングに関する志向性を測定するサービス志向についても研究が取り組まれている。

例えば，Hogan and Hogan（1984）では，MO よりも以前に独自のサービス志向尺度を開発している。彼らによると，サービス志向とは，顧客との相互作用における品質に影響を与える態度と行動の集合であるという（Hogan and Hogan 1984, p.167）。尺度の開発に当たりまず，ボルチモアの病院で職場を取材し，8 つの職務カテゴリーに分類したところ，5 つが技術的な能力でありサービス志向に関係なく，残りの 3 つが技術的な能力によらないサービ

表4-1　リレーションシップ志向の測定項目

信頼
1　我々は，お互いを信頼している
2　彼らは，重要なことを信頼できる
3　我々の過去のビジネス関係から，わが社は相手が信頼できる人々だと考える
4　わが社は，相手を信頼する

絆
1　我々は，お互いを信頼し合っている
2　我々は，長期間のリレーションシップを構築することがとても難しい（R）
3　我々は，親密な協力のもとで働いている
4　我々は通常，接触し続けている

コミュニケーション
1　我々は，頻繁にお互いの意見を交換する
2　我々は，お互いに向けて不満を言い合える
3　我々は，正直にコミュニケーションを取れる

共有価値
1　我々は，同じ世界観を共有する
2　我々は，すべてのことについて同じ意見を共有する
3　我々は，物事に対して同じ感情を共有する
4　我々は，同じ価値を共有する

感情移入
1　我々は，お互いの観点で物事を観る
2　我々は，いかにお互いが感じるかを理解している
3　我々は，お互いの価値や目標を理解している
4　我々は，お互いの感情について気にかけている

相互作用
1　我々の企業は，よい関係を忘れないことをモットーとしている
2　我々は，お互いの約束を守るようにしている
3　たとえ困難なときでも，顧客が助けを求めたら親切に対処する

注：（R）は逆転項目。
出典：Sin, Tse, Yau, Chow, Lee, and Lau (2005), p.193.

ス志向に関する要素であるとしている。続いてこの3つの職務カテゴリーに
対して，Hogan（1982）が唱えた人的有効性における6つの下位概念を構成

する45項目を用いて相関分析を行い，最終的に92項目から成る「サービス志向 Index」と呼ばれる尺度を開発している。

　MO を援用した尺度としては，Lytly, Hom, and Mokwa（1998）の組織的なサービス志向があげられる。Lytly, Hom, and Mokwa（1998）によると，組織的なサービス志向とは，サービスにおけるエクセレンスの創造，サポート，奉仕，といったことを目的とし，永続的に組織のポリシー，習慣，行為，などの基本的な集合の組織的な拡がりへの信奉であるという（Lytle, Hom, and Mokwa 1998, p.457）。基となる項目を作成するため，2回にわたるデプス・インタビューが行われている。まず，製造業とサービス業の企業の15名のトップレベルのエグゼクティブを対象にしている。続いて，12名の専門家を対象としている。この際には，サービス志向に関する質問が設定されている。200もの項目が作成されているが，それらの項目の精緻化を行い，86項目へと絞られている。その後，2段階のプレ・テストにより，7次元に分けられ，構成概念妥当性が分析されている。さらに，変数から因子を抽出する方法として，1,342の SBU（Strategic Business Unit）を対象に，LISER-EL を用いた因子分析が行われている。最終的には，37名のシニアレベルの看護師，30名の看護師，100名の保険会社の事務員，50名の「East Tracking Firm」に属するトラック・ドライバーを対象に調査を行い，一般化された尺度を開発している。

　結果として，**表4−2**のように，顧客の扱いが4項目，従業員の権限が2項目，サービス技術が3項目，サービス失敗の防止が3項目，サービス失敗の回復が4項目，サービスの標準的なコミュニケーションが5項目，サービス・ビジョンが3項目，サービス・リーダーシップが6項目，サービス報酬が2項目，サービス・トレーニングが3項目からなる，組織的なサービス志向の尺度を開発している。

　ちなみにサービス志向に関しては同一名の尺度がいくつも開発されており，統一化が図られていない。Homburg, Hoyer, and Fassnacht（2002）はサービス志向について分類しているが，この分類に従うと，Hogan and Hogan（1984）が個人レベル，Lytle, Hom, and Mokwa（1998）が組織レベルの尺度になるという。このことからも，組織レベルの尺度である MO を

表4-2　組織的なサービス志向の測定項目

顧客の扱い

1	従業員は，顧客に求められるときに行動することができる
2	従業員は，顧客の為に進んで骨を折る
3	我々は，競合よりもフレンドリーかつ親切である
4	従業員は，顧客の不便を取り除くために全力を尽くす

従業員の権限

1	顧客に対する意思決定が行われる。これは，従業員がマネジャーの許可なしに重要な顧客決定を実行できることを意味する
2	従業員は，優れたサービスを提供する為に自立して行動する自由と権限をもつ

サービス技術

1	我々は，最先端の技術を通してサービス・ケイパビリティを高める
2	技術は通常，高水準のサービス品質を構築したり発達するために用いられる
3	我々は，最前線の従業員をサポートするために高い技術を用いる

サービス失敗の防止

1	我々は，顧客とのトラブルを避ける為に全力を尽くす
2	我々は，一旦問題が発生したら，それに対応するよりも，顧客との問題を回避する事に全力を尽くす
3	我々は，能動的に顧客の声に耳を傾ける

サービス失敗の回復

1	我々は，顧客の不満を追跡するシステムを持っている
2	我々は，サービスの衰退を解決する為，問題解決の部門を持っている
3	我々は，サービスが適切に行われたかどうかを確認する為の目標を有している
4	我々は，あらゆる顧客に明白なサービス保証を提供している

サービスの標準的なコミュニケーション

1	我々は，顧客に不満を言わせない。顧客からの不満を受け取る前に失敗を正確に把握する内部基準を持っている
2	あらゆる評価基準が，顧客調査の結果を反映するものとして作られている
3	あらゆる従業員はすべての部署で設けられているサービス基準を理解している
4	我々は，企業ビジョンを掲げる全部門につながる目標連鎖を有している
5	サービス評価基準が，地位やポジションに関らず，あらゆる従業員に行き届いている

サービス・ビジョン

1	リップサービスではなく，真に委ねられたサービスがある
2	顧客は，収入の源泉というよりも応対されるものとして捉えられる

3	根本的に組織は，顧客ニーズを扱うものとして存在している

サービス・リーダーシップ	
1	マネジメントは，常にサービスの重要性に接している
2	マネジメントは，規則的に現場の顧客とフロントに時間を割く
3	マネジメントは，常にサービスの質を測定している
4	マネジメントは，自身が払うサービスについて常に注意を払う
5	マネジメントはただのリップサービスではなく，優れたサービスを提供する従業員能力を高めるように，経営資源を活用する
6	マネジャーは，サービス価値の創造を，個人の考えやリーダーシップに取り込んでいる

サービス報酬	
1	マネジメントは，生産性でなくサービス品質に対して，優れたインセンティブと報酬を提供する
2	この組織は，優れたサービスを特に賞賛する

サービス・トレーニング	
1	あらゆる従業員は，高いサービス価値を提供する能力を促進するトレーニングを行う
2	我々は，実際に出会った顧客に高いサービスを提供できるように，トレーニングに時間と労力を割く
3	トレーニングの期間中，顧客に対する態度を自覚させ，改善させるエクササイズを体験させる

出典：Lytly, Hom, and Mokwa (1998)，pp.484-486.

起点とした尺度が後者であることがわかる。

　このようにして開発された尺度に基づいて，サービス志向を扱った研究が進められている。例えば Homburg, Hoyer, and Fassnacht（2002）では，サービス志向の先行要因として競合他社の密集度や従業員数を，成果変数として事業成果を取り入れた仮説モデルを提示している。米国とドイツの小売店のマネジャー351名を対象に調査を行い，回帰分析を施した結果，競合の密集度よりも革新性，あるいは，パートタイムよりもフルタイムの従業員で，よりサービス志向が強くなり，財務パフォーマンスに結びつくことを確認している。

　第6章で詳しくレビューをするが，このほかにも志向性とサービス・ギャップの関係性の解明を扱った Guo（2002）や，志向性の成果変数に顧客価値を取り入れた McNaughton, Osborne, and Imrie（2002）といった研究も

行われており，両者の関係性が明らかにされている。

1-5. ブランド志向

　ブランドづくりの重要性やブランディングに注力することを組織が志すブランド志向（Brand Orientation）については，2000年前後から研究が始められている。Urde（1998）によると，ブランド志向とは，ブランドにより構築される競争優位を確立するため，標的となる顧客と結びつくブランド・アイデンティの創造，開発，防衛に向けて，組織が発展するための取り組みであるという（Urde 1998, p.17）。

　2005年以降でとくにさかんにブランド志向に関する研究が取り組まれるようになっている。Ewing and Napoli（2004）では，非営利組織を対象に，信頼性と妥当性を検証し，ブランド志向を開発している。あるいは，同時期，Wong and Merrilees（2005）もブランド志向尺度を開発したうえで，ブランド志向がブランド識別性やブランド障壁，ひいてはパフォーマンスにどのように左右するかという命題を提示している（表4-3）。

表4-3　ブランド志向の測定項目

1	すべてのマーケティング活動において，ブランディングが行きわたっている
2	ブランディングは，我々の戦略において不可欠である
3	ブランディングは，我々の企業を経営していくのに不可欠である
4	長期的なブランド・プランニングは，将来のビジネスの成功に不可欠である
5	担当しているブランドは，我々にとって重要な資産である
6	我々の製品（あるいはサービス）のブランディングが我々のビジネスにとって，最優先事項であることを，あらゆる従業員が理解している

出典：Wong and Merrilees（2007），p.391.

　近年では，Hankinson（2012）が，目標型ブランド志向（Destination Brand Orientation）という尺度を開発している。この目標型ブランド志向は，主に旅行業界を対象としたブランド志向尺度である。下位概念には，ブランドに対する文化，部門での協調性，ブランドとのコミュニケーション，ブランドの真実性，ステークホルダーとの協力性の5つがあげられている。

Ewing and Napoli（2005）や Wong and Merrilees（2005）の他にも，Napoli（2006）はブランド志向が及ぼす影響に関する命題を，Reid, Luxton, and Mavondo（2005）もブランド志向が及ぼす影響に関する仮説を提示している。

以上からわかるとおり，ブランド志向に関しては，他の代替的志向性と比較すると，最近になりさかんに研究が取り組まれるようになっている。そのため，尺度開発あるいは仮説や命題の提示までに研究の段階が留まっており，実証研究が行われていないのである。

1-6. イノベーション志向

測定尺度自体は開発されていないが，コンセプトに関して議論がなされている志向性もある。その志向性とは，イノベーション志向である。

Siguaw, Simpson, and Enz（2006）によって，イノベーション志向の概念化がなされている。まず，Siguaw, Simpson, and Enz（2006）は，過去のイノベーション研究を振り返ったうえで，イノベーション志向を，イノベーティブな思考を促進したり，イノベーションの開発，進展，実行を促したりするため，システム，行動，コンピテンシー，プロセスを含む，戦略や行動へと導く学習哲学，戦略的な方向づけ，信念から成り立つ，複合的な知識構造であると定義づけている（Siguaw, Simpson, and Enz 2006, p.560）。

そのうえで，過去のイノベーション研究を振り返りながら，イノベーション志向の多次元モデルを提示している。

イノベーション志向ではまず，学習への探求がなされるという。この探求では，組織がイノベーションに対して，知識を学んだり，考えたり，獲得したり，移転したり，用いたりする段階であるとしている。続く，戦略の方向づけでは，イノベーションに向けて，組織で戦略的に理解したり，確認をとったりする段階であるという。最後の移転への順応では，イノベーションにむけて，あらゆる組織内で獲得したユニークな知識を受け入れていく段階であるという。Siguaw, Simpson, and Enz（2006）の研究では，イノベーション志向が組織にどのように移行していくかについて，過去のイノベーション研究を参考にしながら，考察している。

Siguaw, Simpson, and Enz（2006）の影響を受けて，Stock and Zacharias

(2011) では，イノベーション志向のパターンとその成果について考察している。Siguaw, Simpson, and Enz (2006) では，まず，コンフィグレーション理論や（Ketchen, Thomas, and Snow 1993），バウンダリ理論を用いて（Aldrich and Herker 1977），イノベーション志向の要素を導出している。その要素とは，戦略，構造とプロセス，人的資源システム，文化，リーダーシップの5つである。彼らの主張では，イノベーションを育むためには，これらの5つの要素が不可欠であるという。

　続いて，米国企業のマーケティング・マネジャーと研究開発マネジャーを1セットとする103サンプル，ならびに，彼らの107名の顧客から成るサンプルを収集している。それらのサンプルを基に，クラスター分析を行い，それらのサンプルをイノベーションの程度で，4クラスターに分類している。そのうえで，イノベーション志向の5つの要素とこれらの4クラスターとの関係をみている。また，5つの要素については，いずれも過去の研究において類似した尺度を援用している。

　結果として，イノベーションの程度が高いクラスターほど，これらの5つの要素の水準がすべてより高くなっていたことから，今回提示されたイノベーション志向の5つの要素が，組織におけるイノベーション志向を表す要素であるとしている。

　このようにイノベーション志向については，頑健な測定尺度は開発されていないものの，イノベーション研究から流れを受けて，概念に関する議論がいくつかなされている。

1-7. CSR 志向

　このほかにも，直接その志向性に関して扱うのではなく，特定の研究を遂行するために不可欠であったために開発された志向性もある。社会的責任を組織が取り入れる CSR 志向である。

　Homburg, Stierl, and Bornemann (2013) では，Donaldson and Preston (1995) が提唱したインストルメンタル・ステークホルダー理論を理論的基盤として，供給企業の CSR エンゲージメントが，顧客企業の CSR の評判，信頼，そして供給企業との同一化に作用し，最終的にその供給業者への

ロイヤルティにどのように結びつくかについて考察している。

　この際には，供給企業のCSRエンゲージメントを，ビジネスに関するCSRエンゲージメントと，フィランソロフィックなCSRエンゲージメントの2つから捉えている。前者とは，当該企業が従業員や顧客に対して高い倫理観を有して組織活動に取り組むことを示す。後者とは，当該企業がコミュニティや非営利団体にかかわることを示す。**図4-1**で示されるとおり，CSR志向に関しては，企業のビジネスに関するCSRエンゲージメントと供給企業との同一化とのモデレーター変数として用いられている。

　データ収集に関しては，B2B産業において，供給企業とその顧客を1セットとする200サンプルを収集している。また，CSR志向の尺度に関しては，Banerjee, Lyer, Kashyap（2003）で開発された内的環境志向と外的環境志向の尺度を基に，3項目から成る尺度を新たに作成している（**表4-4**）。

　構造方程式モデルによる分析の結果，供給企業によるビジネスに関するCSRエンゲージメントは，顧客企業へのビジネスのCSRの評価にプラスに影響し，さらに信頼へとつながり，最終的に，供給企業へのロイヤルティにまで影響を及ぼしていた。また，フィランソロフィックなCSRエンゲージメントは，顧客企業へのフィランソロフィックなCSRの評価にプラスに影響し，供給企業との同一化へとつながり，最終的に，供給企業へのロイヤルティにまで影響を及ぼしていた。また，CSR志向は，ビジネスに関するCSRエンゲージメントと信頼との間のモデレーター効果がなかった一方，フィランソロフィックなCSRエンゲージメントと供給企業との間のモデレーター効果が確認されている。

　このように，Homburg, Stierl, and Bornemann（2013）の研究では，供給企業における顧客企業へのCSRの影響力をみる際に，供給企業と顧客との関係性に影響を与える1要因として，CSR志向を取り入れているのである。

2．他の研究領域を起点に誕生した代替的志向性

　第1節で取り上げた製品志向，販売志向，技術志向，リレーションシップ志向，サービス志向，ブランド志向，イノベーション志向，CSR志向

図 4 - 1　CSR エンゲージメントが与える影響に関する概念フレームワーク

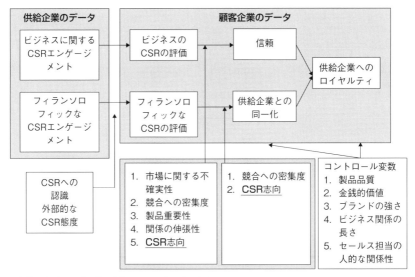

出典：Homburg, Stierl, and Bornemann（2013）, p.57.

表 4 - 4　CSR 志向の測定項目

1	自社には，あらゆる業務において CSR（企業の社会的責任）を社員に意識させる明確なポリシーが存在する
2	企業の社会的な責任は，自社にとって優先順位の高い活動である
3	自社では，すべての社員が企業の社会的な責任の重要性を理解するために努力している

出典：Homburg, Stierl, and Bornemann（2013）, p.69.

は，マーケティング研究に欠かせない志向性である。製品志向にせよ，技術志向にせよ，マーケティング研究を進めるうえで，身近な言葉であり想像しやすい。だがマーケティング以外の研究領域から誕生し，のちに MO とのメカニズムが考察された代替的志向性もある。そこで**第 2 節**では，他領域の概念から誕生した志向性として，アントレプレナー志向と学習志向を取り上げる。

2-1. 市場志向から誕生しない志向性としての
   アントレプレナー志向

◆アントレプレナー志向の原点

　アントレプレナー精神を，組織が志すアントレプレナー志向に関して一定の研究が行われている。アントレプレナーシップとアントレプレナー志向は類似しているため相違点を確かめる必要がある。その違いは Lumpkin and Dess（1996）で示されている。アントレプレナーシップは「どんなビジネスをするのか」,「どうすれば新たなビジネスで成功するのか」という新たな事業参入を思考することをいう。一方，アントレプレナー志向は市場機会に直面したとき自主裁量でリスクをとって行動する性質を表す（Lumpkin and Dess 1996, p.136）。

　この志向性が他の代替的志向性と大きく異なる点は，尺度開発の時点では MO が取り上げられておらず，アントレプレナー志向に関する研究が単独で進められ，ある時点を超えると，アントレプレナー志向と MO を扱った研究が始められている点にある。

　それでは，アントレプレナー志向の概念はどのように開発されたのだろうか。Lumpkin and Dess（1996）の研究が起点となっている。同研究では，アントレプレナーの効果に関する統計的な研究が不足しているという問題意識から，『*Academy of Management Review*』誌で，アントレプレナー志向の概念提示を行っている。アントレプレナー志向の構成概念として，以下の5つを取り上げている。1つ目は，アイデアやビジョンをもって個人，あるいはチームが独立した行動を示す自主性。2つ目は，新しいアイデアが創造できるように働きかけ，創造的プロセスを行う革新性。3つ目は，未知への危険に立ち向かう，リスク・テーキング。4つ目は，新たな機会予測や追求を行っていく，先見性。5つ目は，市場参入に際して競合他社に挑戦していく，競争攻撃性である。

◆アントレプレナー志向を扱った研究の流れ

　続いて，MO とアントレプレナー志向のメカニズム解明に当たり，アント

レプレナー志向を扱った研究について触れておこう。主に経営学や組織論の領域で研究が進められている。まず、Wiklund and Shepherd（2003）では、知識資源がアントレプレナー志向、そして企業業績にどのような影響があるか考察している。彼らは知識資源を備えた企業ではアントレプレナー志向を有することで、その資源を使用する手法や実践をより実行できるかどうか確認している。スウェーデンの中小企業のCEO 384名を対象に調査し階層回帰分析を施した結果、アントレプレナー志向は企業のパフォーマンスにプラスの影響があるとともにアントレプレナー志向が知識資源と企業業績間のモデレーター要因になることを認めている。

　初期段階では他にも、アントレプレナー志向をモデレーター要因として扱った研究がみられる。Richard, Dwyer, and Chadwick（2004）では、人種や性別を表す文化の多様性を先行要因、財務パフォーマンスを成果要因、両者のモデレーター要因としてアントレプレナー志向を取り入れた研究を行っている。米国の銀行153行を対象に調査を行い、回帰分析を施すとともに交互作用効果をみたところ、興味深い結果を得ている。アントレプレナー志向の高い場合には人種の多様性と財務パフォーマンスは逆U字に、性別の多様性と財務パフォーマンスはU字になるという。このことから、人種の多様性を程よく取り入れるとともに、性別を統一、または明確に分けることで、アントレプレナー志向を志す組織を実現できることが分かる。

　近年では、Li, Liu, and Liu（2011）が、製造業者が知識を獲得するに当り、パートナーからの協力やコンフリクトが、流通業者のもつアントレプレナー志向からどのような影響を受けるか考察している。

　この際にはコンフリクトをさらに、好意的な関係を強める建設的なコンフリクトと、疑いが生じたときには関係を壊す破壊的なコンフリクトに分類している。中国の「Household Appliance Industry」に所属する225の企業を対象に調査し回帰分析を施した結果、パートナー流通業者がアントレプレナー志向に長けている組織である方がより知識を獲得出来ることを示している。

　続いてみられる傾向は、アントレプレナー志向と企業成果を成果要因とする二者間を考察するうえで、組織外部に目を向けた研究である。Zannie,

Voss, and Moorman（2005）では，組織外部のステークホルダーに目を向けている。劇場を取り上げ，ステークホルダーから得られる収入として，ファンクラブからのロイヤルティ収入，寄付から得られる寄付収入，通常のチケット収入の３つをあげている。米国の「Theatre Communications Group」のマネージング・ディレクター136名を対象に調査を行い二段階の回帰分析を施している。

　興味深い結果の１つ目として，ロイヤルティ収入と寄付収入がアントレプレナー志向の要素である革新性にプラス，チケット収入がアントレプレナー志向の要素であるリスク・テーキングにマイナスであったことである。すなわち，ひいき客がいるとその劇団はアントレプレナー志向を高めるが，単なるチケット購入ではアントレプレナー志向を弱めてしまうのである。

　２つ目としてアントレプレナー志向の要素のうち市場の先見性が寄付収入とチケット収入には関係ないが，ロイヤルティ収入にはマイナスに働き，アントレプレナー志向の要素である従業員の自主性に至ってはすべての収入にマイナスに働いていたことである。

　ほかに組織外部に目を向けた研究としては，Stam and Elfring（2008）も見逃せない。彼らはインターネット・ベンチャーにおけるアントレプレナー志向とパフォーマンス間のモデレーター要因として，他の企業との繋がりの深さを表すネットワークの中心性と，業界外の企業との接触数を示す外部業界との繋がりをあげている。オランダの「Verenging Open Source Netherland」や，政府の統括するウェブサイトである「Open Standards and Open Source Software」をベースとして「Open Source Solution」，「Linux」というキーワードで検索し，125社の企業を抽出している。

　階層モデレーター回帰分析を施した結果，アントレプレナー志向とパフォーマンスの関係性は低いネットワーク中心性より高い中心性のとき，また外部業界との繋がりが弱いときより強いとき，より強くなることを確認している。さらにこの外部業界との繋がりが強いときには，アントレプレナー志向とパフォーマンスの関係は低いネットワーク中心性でより強くなるが，外部業界との繋がりが弱いときには，低いネットワーク中心性の企業でより弱くなっていた。このことから，アントレプレナー志向を企業成果に結びつ

けるためには，外部企業との接触数に応じて，他の企業との親密性を変化させねばならないことがわかる。

　組織外部に目を向けた研究は他にも，モデレーター要因として，構造的な力，地位の力，専門性の力という3つの力を取り入れ米国のMBA学生を対象に調査をしたDavis, Bell, Payne, and Kreiser（2010）や，社会資本を取り入れ台湾の企業を対象にしたLes and Sukoco（2007），ダイナミズムや敵対心を取り入れスペインの企業を対象にしたBojica, Mar, and Gòmez-Gras（2011）がある。

　研究対象は大企業だけとは限らない。中小企業のアントレプレナー志向と製品イノベーションの繋がりに焦点を当てたAvlonitis and Salavou（2007）も興味深い。彼らはギリシャ企業のマネージング・ディレクターやセールス・マネジャー等，149名を対象に調査を行っている。これらにクラスター分析を行い，積極的なアントレプレナー71社と，消極的なアントレプレナー78社に分類したうえで，プロファイル分析を行った結果，製品のユニークネスでは前者のほうがより強く影響を及ぼすことを確認している。さらにアントレプレナー志向の要素である先見性とリスク・テーキングを追加しないモデルと，追加したモデルで事業成果に及ぼす影響を，重回帰分析を施して比較したところ，後者においては先見性が特に強い影響を及ぼすことを認めている。このことから中小企業ではアントレプレナー志向のなかでも先見性といった特性を重視すべきことが分かる。

　近年では，アントレプレナー志向と成果およびそのモデレーター要因を個別にみるだけではなくアントレプレナー志向の先行要因と成果要因を同時に扱ったより複雑なモデルが登場している。Li, Guo, Liu, and Li（2008）では，経済発展期にある中国に目を向けアントレプレナー志向の先行要因と成果要因の解明を同時に扱った研究を行っている。アントレプレナー志向の先行要因として，エージェンシー理論（Jensen and Meckling 1976）とスチュワードシップ理論（Davis, Schoorman, and Donaldson 1997）を援用しながら，CEOのオーナーシップと離職程度をあげている。中国企業607社のCEOに対し回帰分析を施している。

　結果で留意すべき点は，CEOのオーナーシップとアントレプレナー志向

にはプラスの関係があったが，CEO の離職程度とアントレプレナー志向は逆 U 字の関係となっていたことである。すなわち，CEO の程よい配置転換は組織の不活発性を減少させ，経営陣に新たなスキルや情報を提供しアントレプレナー志向を高める。だが，転換が多すぎると彼らのリスク回避行動が高まり，組織を不安定にし，アントレプレナー志向を低下させるのである。中国といった技術混乱度の高い国ではアントレプレナー志向がパフォーマンスを高めやすいことから，管理職の流動性をほどよい程度にする組織がビジネス成功の鍵となる。

　近年にみられる傾向としては人といったミクロレベルの要因とアントレプレナー志向の関係にも目が向けられた研究が取り組まれている。Simsek, Heavey, and Veiga（2010）では，CEO の自己評価とアントレプレナー志向の関係に着目している。自己評価の低い CEO は不確実性に対する自信がないため，リスクを避ける結果，アントレプレナー志向が低くなる。また動態的環境では情報が不安定になるため，自己評価の高い CEO は自らに頼り，動態的環境が自己評価とアントレプレナー志向のモデレーター要因になる，という 2 つの仮説を設けている。アイルランド共和国の企業158社を対象に調査し階層回帰分析を施した結果，これらの仮説は支持されている。似た研究には中国企業を対象とした Chow（2006）もあげられる。

◆アントレプレナー志向と市場志向の関係

　アントレプレナー志向と MO を扱った研究は，直近の 5 〜10年で行われはじめており，ほぼ未開拓の状態にある。1 つ目としては，Merlo and Auh（2009）があげられる。彼らは，MO とビジネス・パフォーマンスのモデレーター要因であるマーケティング部門の影響力[3]がアントレプレナー志向から影響されるというモデルを提示している。豪州の従業員50名以上の企業112社を対象に調査し回帰分析を施した結果，マーケティング部門が MO とパフォーマンスに与える影響力はアントレプレナー志向の水準が高いときにより弱くなることを示している。この結果は，アントレプレナー志向が強すぎると，従業員が自律的に行動しすぎるために，顧客に目を向けなくなることを裏づけている。

MO とアントレプレナー志向がもたらすパフォーマンスの違いに着目した研究も行われている。Maatoofi and Tajeddini（2011）では，パフォーマンス尺度に製品の品質，マーケティング・シナジー，新製品を作るための技術，イノベーションに対する経営層の支援という４つをあげている。イランのテヘランにある企業71社の自動車部品企業を対象に，ノンパラメトリックのマン・ホイットニイ検定を行い，すべてにおいて MO よりアントレプレナー志向の方が高くなると報告している。この結果は，イランという経済発展途上国かつ自動車部品という生産財では，マーケティングがあまり馴染まれていないことを反映している。

　以上から，MO とアントレプレナー志向の関係は，Maatoofi and Tajeddini（2011）で示されるように，代替的関係にあるといえる。だが，両者を扱った研究が，Merlo and Auh（2009）や Maatoofi and Tajeddini（2011）を除いて行われていないことから，今後さらなる解明が求められる。

◆市場志向と補完関係にある学習志向

（1）組織学習から生まれた学習志向

　学習志向という志向性もある。この概念は組織論の重要概念の１つである組織学習をベースとしている。組織学習のレビューに関しては，組織論の研究分野で莫大な研究蓄積があるため割愛する。しかしながら広範囲に取り組まれる組織学習の概念のなかで，学習志向がどのような位置づけにあるかは確認すべきである。そこで，大月，中條，犬塚，玉井（1999）の組織学習の分類に従い，考察してみよう。彼らは組織学習を，組織ルーティンを基軸としたもの，学習プロセスを中心としたもの，解決システムに関連させたものに分類している。後に詳細を述べるが，Slater and Narver（1995）に基づくと本潮流の研究は，MO と学習志向，双方の概念を扱うことで学習志向を解明するプロセスが議論の中心となる。よって２つ目の学習プロセスを中心にしたコンセプトと考えられる。また学習志向の概念自体は Sinkula, Baker, and Noordewier（1997）で開発されている。彼らによると，学習志向とは，知識を創造しそれを利用する企業の性質に影響を与える一連の組織の価値を表している（Sinkula, Baker, and Noordewier 1997, p.309）。彼らはこの学習志

向を，学習におけるコミットメント，共有されたビジョン，開放的マインド
という3つの下位要素から構成されるとしている。

◆組織学習から学習志向への発展過程

　組織学習は，どのように学習志向へと展開されていったのだろうか。組織
学習の概念がマーケティング研究で取り入れられたのは，Daryl (1992) か
らである。Daryl (1992) では，組織学習が製品イノベーションと関連して
いることを明示するために，**図4-2**のような「学習曲線」の理論を用いて
いる。Aで示される学習曲線の理論から明らかなように，多くの製品を生
産することにより，学習効果が働くため，生産コストが下がり，組織にコス
ト優位性がもたらされる。そのため，学習の視点は製品戦略に欠かせないも
のである。そして，Bのように，シングル・ループ学習やダブル・ループ学
習が，製品技術Aや製品技術Bのように，製品に様々なイノベーションを
もたらすと述べている。

　そのうえで，学習タイプから，製品イノベーションを類型化している。シ
ングル・ループ学習は，増幅的な製品イノベーション，ダブル・ループ学習
は，断続的な製品イノベーションにそれぞれ関係するという。これらの学習
タイプに対応させるべく，Normann (1985) が示した4つの「学習能力」を
引用しながら，学習タイプごとに，製品イノベーションと学習スキルの特徴

図4-2　製品イノベーションと学習の関係性

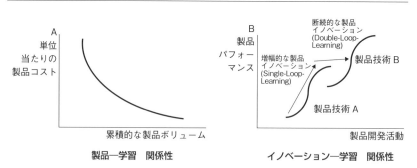

出典：Daryl (1992), p.234.

を整理している。

　Daryl（1992）の研究では，学習曲線の理論から，製品イノベーション発生の際，学習の視点を考慮することが重要であり，製品イノベーションと学習タイプに対応した学習スキルが不可欠であると結論づけている。

　続いて Day（1994）では，市場先導企業の実現には，学習が重要であると指摘している。変化する顧客ニーズを捉え継続的に市場トレンドを把握するためには，学習プロセスが不可欠なのである。図4-3の枠組みに従い，組織は市場に関する学習プロセスを理解し，学習能力を評価し，学習障害を選択することで市場についてより学習できるという（Day 1994, p.14）。

図4-3　市場センシング：市場に関する学習プロセス

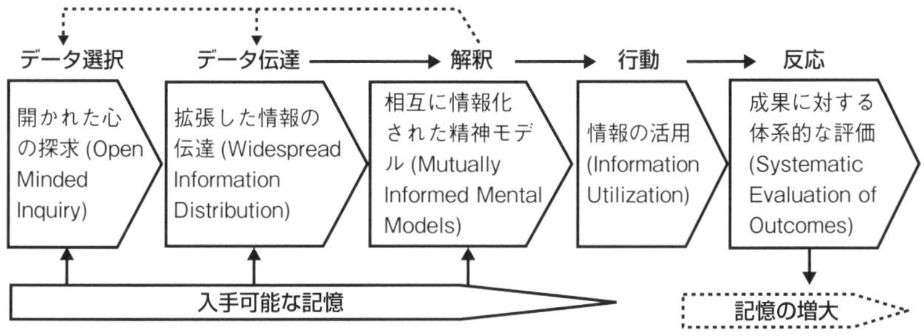

出典：Day（1994），p.43.

　開かれた心の探求とは，市場の機会を発見する為に必要な開かれた心を，拡張した情報の伝達とは情報を素早く浸透させるために情報を伝達し受け取るネットワーク機能を，相互に情報化された精神モデルとは，組織が受け取った情報を使用する前段階として組織内で行われる一般化と単純化をそれぞれ示す。さらに情報の活用とは情報の使用状況を，成果に対する体系的な評価とは成果をそれぞれ表している。また，記憶は以上のプロセスの際，市場情報を留めるために不可欠な要素と述べている。Day（1994）ではこのように，市場先導企業では組織学習が不可欠であり具体的にどのような要素が必要かを明らかにしている。Day（1994）の学習プロセスは MO と学習志向

のメカニズムを探索するうえで起点となっている。

◆市場志向と学習志向のメカニズム

　MO と学習志向に関しての研究はどのように展開されていったのだろう
か。両者の接点を扱った研究は，Sinkula（1994）である。この研究では，
学習志向の理論的基盤である組織学習と，MO の要素である市場情報の関係
に着目している。同研究は MO 概念自体を扱っていないものの，関連のあ
る概念を 2 つ同時に取り上げた最初の研究である。

　MO と学習志向のメカニズムについて考察した研究は，Slater and Narv-
er（1995）から始められている。Slater and Narver（1995）の研究では，組
織学習の先行要因として，組織構造やリーダーシップから構成される風土
と，アントレプレナーシップと MO からなる文化を挙げている。モデル提
示に留まっているが，Sinkula（1994）のように MO の一部要素を取り込む
だけでなく学習志向に直接影響を及ぼす要素として MO を取り組んでいる
点に研究の一歩進展が伺える。

　続く，Sinkula, Baker, and Noordewier（1997）では，学習志向と，市場情
報プロセスとして，MO の構成要素である市場インテリジェンスの生成と普
及に関して考察した研究を行っている。この際，学習志向の測定尺度を開発
している。**表 4 - 5** のとおり，構成要素としては，学習へのコミットメン
ト，共有されたビジョン，開放的なマインドという 3 つをあげている。成果
尺度にはマーケティング・プログラム・ダイナミズムを用いている。Amer-
ican Marketing Association のメンバー企業125社を対象に調査を行い，構造
方程式モデルで分析を施した結果，学習志向が市場インテリジェンスの生成
と普及にポジティブな関係があり，さらにマーケティング・プログラム・ダ
イナミズムにまで影響が及ぶと報告している。

　この研究潮流はさらに，MO と学習志向の関係を探索する研究から，MO
および学習志向が及ぼす影響の解明へと進展している（**図 4 - 4**）。

　Baker and Sinkula（1999a）では，MO と学習志向の効果について，初め
て実証研究を行っている。この際に MO と学習志向の本質的な違いについ
て考察している。Baker and Sinkula（1999a）によると，MO は市場情報プ

表 4-5　学習志向の測定項目

学習へのコミットメント
1　我々のビジネス・ユニットでは，学習する力が競争優位性の鍵となることを，我々のマネジャーは理解している
2　我々のビジネス・ユニットにおいて価値の鍵となるのは，進歩を目指そうとする学習にある
3　我々のビジネス・ユニットでは，従業員による学習がコストではなく，投資として認識されている
4　我々の組織での学習というのは，組織が生き残ることを保証するために不可欠な鍵として考えられている
5　我々の文化では，従業員による学習が最優先課題とは考えられていない（R）
6　我々の企業では，学習することをやめたら，未来がなくなるということが共通認識されている

共有されたビジョン
1　我々が何者で，どこにむかっているかを示す明確化されたコンセプトがある
2　あらゆる職階，部門，事業部門で，我々のビジョンに賛同が得られている
3　すべての従業員が，このビジネス・ユニットの目標にコミットしている
4　従業員は自らを，ビジネス・ユニットの方向性を決定づけるパートナーであると考えている
5　最上位のリーダーは，低い職階のビジネス・ユニットにおいても，ビジョンを共有していると信じている
6　我々は，ビジネスユニット全体で，しっかりと定義づけされたビジョンを共有していない（R）

開放的なマインド
1　ビジネスを行ううえで，これまで前提として共有していたことに対して，我々は批判することを恐れない
2　我々のビジネスユニットのマネジャーは，自らの「世界観」について問われたくない（R）
3　我々のビジネスユニットは，偏見のないマインドに高い価値をおいている
4　マネジャーは，既存の考えに捉われずに考えることを推奨している
5　コンスタントにイノベーションを求めることだけが，我々の文化ではない
6　オリジナリティのあるアイデアは，この組織で高い価値を有している

注：（R）は逆転項目。
出典：Sinkula, Baker, and Noordewier（1997），p.316.

ロセス活動を優先させる組織的特徴がある一方，学習志向は生成型学習（generative learning）を行う組織的特徴があるという。また，MO は急速に変化し，収益性に対して効果があるプロセスであるである一方，学習志向はときを経てゆっくりと着実に増加される累積的な態度，コミットメント，マ

図4-4 市場をベースとした学習志向のフレームワーク

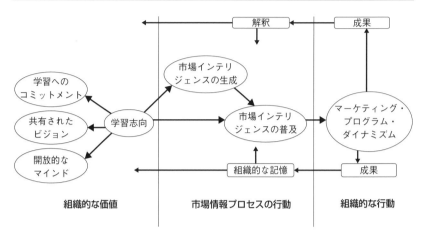

出典：Sinkula, Baker, and Noordewier（1997），p.307.

ネジメント・プロセスという。

　以上を踏まえてMOとパフォーマンス効果，学習志向とパフォーマンス効果，MOと学習志向のシナジー効果について分析を行っている[4]。

　分析結果から，相対的市場シェアには，学習志向がMOにプラスに影響していたが，新製品の成功には，学習志向とMOは個別にプラスに影響していた。すなわち，高い学習志向を有する組織の場合，MOを高めることで，市場シェアを獲得するとともに，新製品の成功を実現できる。一方，学習志向の存在しない組織では，MOによって新製品の成功を目指すべきであるという。このことから，MOを有している企業は新製品の成功により，安定的な地位を維持できるが，それだけでは市場シェアの獲得には十分ではなく，市場独占が不可能であるという。つまり，MOと学習志向，双方を有する企業が新製品の成功だけでなく，市場シェアも獲得できると結論づけている。

　Baker and Sinkula（1999a）では，初めてMOと学習志向のメカニズムを統計的に明らかにした点，2者間がパフォーマンスに対してどのような主効果，交互効果があるかどうかを解明した点で，理論的な進展をもたらしている（図4-5）。

図 4 - 5　市場志向，学習志向，パフォーマンスに関する概念モデル

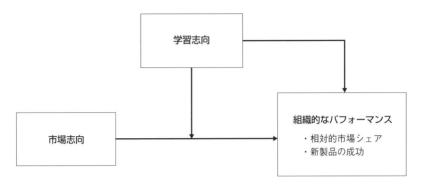

出典：Baker and Sinkula (1999a), p.415.

　Baker and Sinkula（1999b）では，MO，学習志向と，組織的なパフォーマンスの媒介要素として，製品イノベーションを加えた研究を行っている。「Dunn and Bradstreet database」の登録企業411社を対象として，構造方程式モデルで分析している。注目すべきインプリケーションとして，MOと学習志向，双方が製品イノベーションを媒介要因として組織的なパフォーマンスに影響を与えていた点である。その際の効果は，学習志向の方がMOよりも強くなった。すなわち，企業が差別的な製品イノベーションを創造する場合には，学習を促進するような組織づくりが不可欠であるわけである。相互作用を扱った研究にはFarrell and Oczkowski（2002）もある。「Dunn and Bradstreet Database」を基に，486社の製造業の企業を抽出し調査を行い，二段階最小二乗法を施した結果，顧客維持，投資収益率，事業成果を従属変数とするときのみMOが学習志向を内包するという。

　Baker and Sinkula（2002）の研究ではブラック・ボックス解明の切り口として，組織学習の理論を用いて企業を3段階に分類している。第一段階は，モデリングや条件づけが起こる学習段階で，マネジャーからの強化学習（Bandura 1977）が引き起こされるため，MOと学習志向が弱いマーケティング組織になる。第二段階は，適応性の学習段階で，組織は外部環境に対して適切に調整していくため，市場駆動の増幅的なイノベーションが起こるとい

う。この状況では市場に適応するように学習が展開されるため，MOのみが強い組織になる。第三段階は，発生的な学習とメタ学習の学習段階で，組織は外部環境を修正するために先を見越した行動を起こすという。よってMOと学習志向，双方が強い組織になるという。

　以上のように，Baker and Sinkula の一連の研究では，MOと学習志向のメカニズム解明に力が注がれていることがわかる。近年ではさらに他の概念を加えた形で，より複雑な事象を解明しようとした動きがみられる。McGuinness and Morgan（2005）では，MOと学習志向の他に，改善や模倣といった3つの組織変化ケイパビリティを取り上げた研究を行っている。命題導出までに留まっているが，この組織変化ケイパビリティは，改善や模倣の他にもイノベーションや組織強化にもプラスの効果があると論じている。

　成果変数にバリエーションをもたせた研究もある。Mavondo, Chimhanzi, and Stewart（2005）では，MOと学習志向の成果変数として，人的資源管理，プロセス管理および製品管理という3つの要素を取り上げ，さらにこれらが影響を及ぼす変数として，マーケティング効果やオペレーション効率性などを取り上げた研究を行っている。豪州のサービス業と医療産業のCEO227名を対象に調査を行い，最小二乗法を施した結果，MOが学習志向と人的資源管理間の媒介要因になるだけでなく，学習志向と2つの管理（プロセスと製品）に対しても媒介要因となることを確認している。

　あるいは，Baker and Sinkura（2007）では，先行要因としてMOを，その媒介要因としてインクレメンタル・イノベーションを誘発する適応型学習，ラディカル・イノベーションを誘発する生成型学習，単なる収集（gleaning）を，さらにそれぞれに対応する成果要因として，インクレメンタル・イノベーション，ラディカル・イノベーション，模倣を取り上げたモデルを検証している。

　米国のマーケティング・エグゼクティブ243名を対象とし，構造方程式モデルを施した結果，MOは生成型学習を媒介しラディカル・イノベーションにプラスに働く一方，適応型学習を媒介するときにはインクレメンタル・イノベーションには影響を与えていなかった。さらにMOは収集を媒介するときには模倣がマイナスに働いていた。Baker and Sinkura（2007）からは，

MOが特定の学習にはプラスに働く一方で，他者を模倣するだけの学習ではマイナスの効果があることを確認できる。

　先行研究を振り返ると，MOと学習志向を扱った研究に関しては，MOとアントレプレナー志向を扱った研究とは異なり，どちらの志向性がより成果変数に影響を与えているかをみているだけではなく，第一段階でMOと学習志向が補完関係であることを把握したうえで，第二段階でMOと学習志向，双方が成果変数にプラスに影響することを示している。このことから，MOと学習志向との関係は，成果要因にシナジー効果をもたらす補完関係にあるといえる。

3．新たな志向性としてのデザイン志向

　近年では，デザイン志向という概念について研究が取り組まれている[5]。デザイン志向の発端となる製品デザインが注目されはじめている背景にはどのような研究やビジネスの動向があるのだろうか。そこでまず，マーケティングにおいて製品デザインに関する研究がこれまでどの程度取り組まれてきたのかについて調べてみた。学術検索サイト「ProQuest」でタイトルに，「Product Design」を含む文献を検索すると，約9,000もの学術研究がヒットする。あるいは，製品研究の学術誌である『*Journal of Product Innovation Management*』誌の「abstract」において，「Design」と入力すると，197本もの論文が抽出される[6]。いかに製品デザインに関する研究が取り組まれているかがわかる。図4-6のとおり，2005年，2011年には同誌にてデザイン特集が組まれることに加え，論文数は増加傾向にある。

　どうやら研究の世界において，製品デザインは不可欠な視点になりつつあるようである。先行研究では，この製品デザインを取り入れた組織は，様々な点で競争優位性を有することが明らかにされている。Moon, Park, and Kim（2015）の研究は，消費者にとってイノベーティブなデザインが購買意向を高めることを，大学職員に対して実施した調査により明らかにした。また，Mugge and Dahl（2013）やTalke, Salomo, and Wieringa, and Lutz（2009）では，消費者にとってのデザインの目新しさ，すなわち，デザイン

図4-6　製品デザインに関する先行研究数の推移

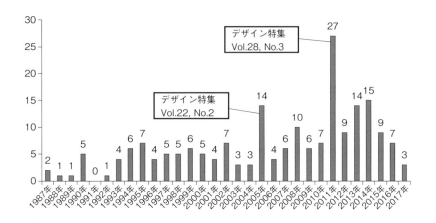

新奇性がイノベーションや売上にプラスに影響することを，消費者調査やドイツの新車データを基に解明している。そして，Moon, Miller, and Kim (2013) では，デザイン・イノベーションはデザイン価値を生み出し，顧客価値を高めることを，米国と韓国の学生に行った調査より確かめている。

　製品デザインに関する研究は，大企業だけではなく，中小企業を対象としたものも取り組まれている。Marion and Meyer (2011) によると，ベンチャー企業においては，開発コストやEMSだけを追求するのではなく，製品デザインとのバランスをとることが経営戦略では大切であることを，創業10年未満で従業員数が100名未満の企業を対象にした調査から確認している。

　以上の先行研究を踏まえると，製品デザインを有する組織の志向性であるデザイン志向の概念を明確にすることは，マーケティング研究に貴重な理論的貢献や実務的貢献をもたらすといえる。

3-1. マーケティングにおける製品デザインに関する先行研究

　マーケティング研究の文脈では，製品デザインに関する研究はどのように取り組まれてきたのだろうか。マーケティング研究のトップジャーナルである『*Journal of Marketing*』，『*Journal of Marketing Research*』，『*Journal* of Consumer Research』で「Product Design」と検索したところ，3 本，4 本，1 本の論文が検索された。最古のものは，『Journal of Marketing Research』に掲載された Rao and Winter（1978）であり，市場セグメンテーションと製品デザインの関係について，プロビット・モデルを用いながら考察している。続く，Green, Carroll, and Goldberg（1981）では，コンジョイント分析を用いながら最適な製品デザインについて分析している。

　1990年に入ると Bloch（1995）が，製品デザインが消費者にどのような反応を引き起こすかという一連のメカニズムを表したモデルを提示している。デザイン開発の際には目標として，「性能」，「人間工学」，「生産性およびコスト」を，デザイン開発を妨げる要因として「法規制」や「マーケティング・プログラム」等をあげている。この時期には，マーケティング，デザイン，製品開発の部門がどのようなデザインワークにかかわるべきかといった Srinivasan, Lovejoy, and Beach（1997）の研究も取り組まれている。

　以降の研究では，消費者にとって望ましい製品デザインは何かといった視点での研究が多くみられる。製品デザイン研究に消費者の視点が取り入れられるようになっている。デザインの典型性と統一性の 2 要因について消費者調査をもとに考察した Veryzer and Hutchinson（1998）の研究，記憶を想起させた場合，どちらの画像の方が製品の有効性を高く見積もるかを扱った Dahl, Chattopadhyay, and Gorn（1999）の研究，消費者における製品デザインの評価をこれまでの客観的評価だけでなく主観的評価も取り入れてベイズ推定を用いた構造方程式モデルで確かめた Luo, Kannan, and Ratchford（2008）の研究，そして消費者が製品をみた頻度と製品の典型性の程度間のメカニズムを考察した Landwehr, Wentzel, and Herrmann（2013）の研究があげられる。

　わが国に目を転じてみると，製品に関するデザイン研究を扱った研究は 2000年をこえたあたりから始まる。木全賢（2006）では，工業デザインに基づいて製品デザインの美しさがどのようなきっかけから生じるかを考察している。当該研究では，大きく 3 つの要素が重要とされている。1 つ目として縦と横の比率でいわゆる黄金比や白銀比といった比率を，2 つ目としてシンプルさであり誰にでもすぐに理解されるデザインを，3 つ目として人間工学

を駆使し，使いやすさを追求したデザインをあげている。同じような研究には，杉野（2013）があり，製品におけるデザインの美しさが生まれる要素として比率の他に，デザイン責任者の権限について考察している。

　日本人デザイナー534名にアンケートを実施することで，わが国の国際競争力を強化するために，デザインをどのように経営戦略に取り入れるべきかどうかを考察した研究もある。鷲田（2014）では，国内家電メーカーと海外家電メーカー，すなわちアップル社と韓国サムソン電子を取り上げながら，デザイン戦略を入念に実行したことがこれら後者2社の成功につながったと論じている。

3-2. デザイン志向に関する先行研究

　マーケティングの文脈において製品デザインに関する研究は様々な視点から取り組まれているようであるが，デザイン志向はマーケティングや製品開発の研究領域では，どのように研究が進められてきたのだろうか。大きく，デザイン志向自体のコンセプトを議論した研究と類似したコンセプトを取り上げた研究という2つの研究潮流がある。

　1つ目のデザイン志向自体のコンセプトについて議論した研究からみていこう。嚆矢となっている研究は，Moll, Montaña, Guzman, and Parellada（2007）である。彼らの研究では，デザイン志向の重要性を説きつつ，MOのなかにデザインの視点を取り入れるべきであると論じている。図4-7に示されるデザイン・マネジメント・プロセスを参考にしながら，定性調査を実施している。

　スペインで優れたビジネスとデザイン志向を有するといわれる「Spanish Federation of Design Promotion Entities」という業界団体の協力を得て，28の企業のトップ・マネジャーに対して取材を行っている。インタビュー内容は，triangulation という手法によって一般化されている。その結果，デザイン・マネジメントの視点を考慮した MO の要素として，クライアントの強調，情報の重要性，マーケティングと他の部門間における職能横断的統合，市場変化への受容性とその変化への適切な反応という4要素をあげている。

　Venkatesh, Digerfeldt-Månsson, Brunel, and Chen（2012）では，グラン

図4-7　デザイン・マネジメント・プロセス

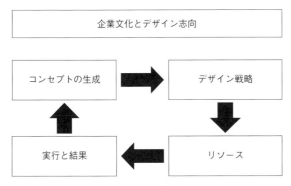

出典：Moll, Montaña, Guzman, and Parellada（2007），p.864.

ディット・セオリを用いて（Strauss and Corbin 1990），デザイン志向概念の究明を試みている。その際，彼らは，デザイン志向を次のように定義づけている。

> *デザイン志向とは，組織のビジョンを表しており，製品やサービスを考慮したり，企画したり，創り出す意識，思索，創造に関する手段の集合である。そして，デザイン志向は，その試みが実用的，機能的，具体的，伝達的，象徴的，経験的であろうとなかろうと，顧客に価値を創り出し，顧客たちをそれらの試みへと導く。*
>
> *Venkatesh, Digerfeldt-Månsson, Brunel, and Chen（2012）, p.3.*

　スウェーデンには，IKEA，Ericsson，Volvo，Saab，Electrolux，Bahco Tools といった優れたデザインを有する製品を生み出している企業が多数ある。そこで，「Swedish Industrial Design Foundation」に属する12に及ぶ企業を選出している。職位はほとんどが，創設者，デザイン・ディレクターであった。グラウンディッド・セオリ（Strauss and Corbin 2008）に基づく分析から，6つの命題を導出している。

　命題1が，デザイン志向は，合理的あるいは技術的なナレッジよりも，イマジネーションを重視する，である。命題2が，顧客先導の戦略よりも，顧

客志向のデザイン戦略は，市場でより成功を収める，である。命題3は，成功するデザイン志向イノベーションの基本は，型にはまらない考え方をするだけでなく，矛盾したイディオムを結合する，である。命題4は，デザインの耐久性は，非常にトレンディなことでなく，現代の表現を用いて，長期的なデザイン目標とバランスをとることである。命題5は，デザイン志向は，個別あるいはバック・オフィス部門だけのものではなく，デザイン・フィロソフィーをトップ・ダウンで表すことである。命題6は，デザイン志向型企業の究極の目標は，顧客マインドではなく，ハートをつかむことである。Venkatesh らの研究は，デザイン志向を定義づけるとともに，グラウンディッド・セオリを用いて，デザイン概念をより鮮明にする命題を導き出している。

Rocco and Pisnik（2016）では，Moll, Montaña, Guzman, and Parellada（2007）で提示されたマネジリアル・モデルを参考にしながら，マネジャーとデザイナーという2グループに対して，デザイン志向に対するインタビューを行い，この2グループ間で生じる差異を明らかにしている。インタビューを実施するため，5名ずつのマネジャーとデザイナーを選んでいる。前者は，CEO，トップ・マネジャー，マーケティング・マネジャーであった。後者は，フリーランス，デザイン・スタジオのデザイナー，マーケティング会社のクリエイティブ・ディレクターであった。

インタビューの結果，「デザイン」と「デザインの利用」について，両グループに違いがみられた。「デザイン」に関して，マネジャーは競争優位性を有し，顧客に付加価値を創り出すと考えていた。一方，デザイナーは，デザインを，内外のコミュニケーション，製品の違い，競争的なビジネス戦略を創り出すと考えていた。

「デザインの利用」に関しては，マネジャーは，コーポレート・コミュニケーション，ブランディング，製品，サービス開発と考えていた。デザイナーは，クライアントがコーポレート・コミュニケーション，広告，ブランディング，製品開発という限定された分野でデザインを用いると考えていた。

Rocco and Pisnik（2016）の研究では，デザイン志向をマネジャー，なら

びに，デザイナーという2視点から考察し，その違いを明確にしている。

　続いて，2つ目の潮流であるデザイン志向に類似したコンセプトを掲げ，それを構成する要素を提示した研究についてみていこう。

　初期の研究としては，Bloch（1995）がデザイン開発の目標として「性能」，「人間工学」，「生産性およびコスト」を，デザイン開発の阻害要因として「法規制」，「マーケティング・プログラム」，「デザイナー」をあげている。

　2005年以降には，製品開発研究の代表的な学術誌である『*The Journal of Product Innovation Management*』において，製品デザイン要素に近いコンセプトを提唱した3つの研究が報告されている。Swan, Kotabe, and Allred（2005）では，環境変化のなかで成功する製品デザイン要素として，デザイン・ケイパビリティという言葉を提唱し，構成要素として，「機能性」，「審美性」，「操作性」，「品質」をあげている。あるいは，Veryzer（2005）では，製品とユーザー間のインターフェイスに存在する要素として，「審美性」，「機能優美」，「人間工学設計」の3つをあげている。

　Noble and Kumar（2010）では，デザイン価値にプラスの影響を及ぼす要因としてデザイン・レバーを取り上げた研究を行っている（図4-8）。Noble and Kumar（2010）の研究は，一流の工業デザイン賞を受賞した100以上の製品を取り上げ，時代の先端を走る製品デザイナーにデプス・インタビューを実施するとともに，米国の大学生を対象とした実験を行い，「視覚的美意識」，「特徴」，「グラフィックス」，「デザイン原則」，「デザイン・メタファー」，「多機能性」，「製品プラットフォーム」，「トレード・ドレス」，「トレード特徴」という9つのデザイン・レバーを導出している。

　Moon, Park, and Kim（2015）では，消費者からみたイノベーティブな製品デザインを測定するイノベーティブ製品デザインの尺度開発を試みている。消費者を対象とした調査を行い，構成要素として，美しさに対する見方，ないしは理解を示す審美的属性，機能や特性，技術の長所，技術的属性，優れたパフォーマンス，有用性を表す機能的属性，製品の安全性や快適性，使い勝手の良さを示す人間工学的属性の3つをあげている。

　あるいは，Homburg, Schwemmle, and Kuehnl（2015）においても，消費

者からみた新製品デザインの尺度開発が行われている。米国の消費者を対象
とした調査から，消費者が知覚する新製品デザインというのが，先行研究で
取り上げられてきた審美性や機能性に加え，製品が消費者のセルフ・イメー
ジと対話していく際のメッセージを示すシンボリズムという3つから構成さ
れるとしている。

　デザイン志向を扱った先行研究を2つの研究潮流からレビューしてきた。
すると，デザイン志向に関する研究課題が，概念提示はなされているが，測
定尺度は開発されていない。あるいは，デザイン・ケイパビリティ，デザイ
ン・レバー，イノベーティブ製品デザインなど，デザイン志向に類似した用
語については提示されているが，それぞれで異なる製品デザインが取り上げ
られており統一感がみられないことがわかる。

　以上の議論を踏まえると，MOの代替的志向性は，**表4-6**のようにまと
められる。

4．複数の代替的志向性のメカニズムを 解明した研究

　代替的志向性を扱った先行研究では，議論が進むにつれて，複数の志向性
を同時に取り上げ，特定のコンテクストにおいて，様々なマーケティング変
数にどのような影響を及ぼすかを考察している。そこで，**第4節**では，MO
と複数の代替的志向性を扱った先行研究についてレビューを試みる。

　Gatignon and Xuereb（1997）では，顧客志向，競争志向，職能的機能統
合という3つの志向性が，製品イノベーションに有効かどうかについて考察
している。Gatignon and Xuereb（1997）の問題意識は，従来の研究が
MO，技術志向，イノベーションまでを扱っていた点に着目し，新たに顧客
志向，競争志向，技術志向，モデレーター変数を同時に取り入れて，周辺の
メカニズムを解明しようとした点にある。顧客志向，競争志向，技術志向と
いう3つの代替的志向性に加え，製品アドバンテージ，製品ラディカルネ
ス，製品類似性などのイノベーション特性，職能横断的統合，市場特性，企
業リソースを取り入れた**図4-9**のようなモデルを分析している[7]。

図 4 - 8 消費財におけるデザイン価値を創出するフレームワーク

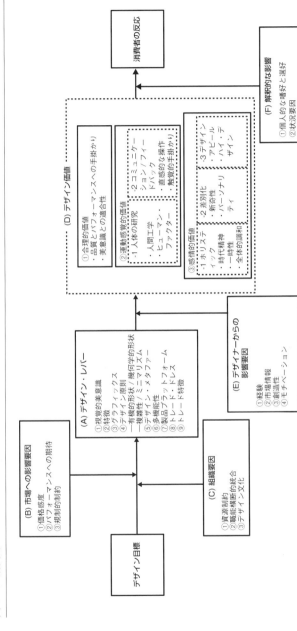

出典：Noble and Kumar (2010), p.644.

表4-6　MOの代替的な志向性の整理表

志向性	「市場志向」との比較研究の有無	代表的な先行研究	測定尺度の有無	構成要素
顧客主導	○	Slater and Narver（1998）	無	―
製品志向	○	Voss and Voss（2000） Noble, Sinha, and Kumar（2002）	有	単一次元
販売志向	○	Noble, Sinha,and Kumar（2002）	有	単一次元
技術志向	○	Gatignon and Xuereb（1997）	有	単一次元
リレーションシップ志向	○	Yau et al.（1999）, Tse et al.（2004）	有	6要素
サービス志向	×	Hogan and Hogan（1984） Lytle, Hom and Mokwa（1998）	有	10要素
ブランド志向	×	Reid, Luxton, and Mavondo（2005） Wong and Merrilees（2007）	有	単一次元
イノベーション志向	○	Siguaw, Simpson, and Enz（2006）	無	―
CSR志向	×	Homburg, Stierl, and Bornemann（2013）	有	単一次元
アントレプレナー志向	○	Lumpkin,and Dess（1996） Atuahene-Gima and Ko（2001） Zhou, Yim, and Tse（2005）	有	単一次元
学習志向	○	Baker and Sinkula（1999a） Baker and Sinkula（1999b） Farrell and Oczkowski（2002） Baker and Sinkula（2002）	有	3要素
ネットワーク志向	○	Hills and Shikhar（2001）	無	―
デザイン志向	×	Moll, Montaña, Guzman, and Parellada（2007）	無	―

　結果として，次のインプリケーションを導出している。第一に，競合よりも優れたイノベーションを起こしたい企業は，技術志向を最も重視するべきである。第二に，需要が不確実な場合，顧客志向と技術志向がともに重要である。第三に，競争志向は，高い成長率の市場では，イノベーション・パフォーマンスに最もプラスに働くという。競合他社への対応とコスト競争を同時に行うことで，より低コストでのイノベーションを可能にするからであ

る。

　以上から，Gatignon and Xuereb（1997）の研究では，志向性がイノベーションに影響を与えるには，MOだけではなく，技術志向にも目を向ける必要があること，そして，その際には，MOと技術志向に影響を与える競合の状況や需要の不確実性といった市場特性を考慮すべきことを指摘している。

　続いて，Berthon, Hulbert, and Pitt（1999）では，顧客志向とイノベーション志向という二軸で，企業が取るべき戦略を分類した研究を発表している。Berthon, Hulbert, and Pitt（1999）によると，顧客志向が顧客に集中しすぎるため，顧客の潜在的なイノベーションを見逃す傾向がある。一方，イノベーション志向が，組織外部から発生したアイデアを起点に，ニーズよりも先行し，需要を創造するという。このことから，顧客志向，イノベーション志向の二者は本質的に異なるという。そこで，顧客志向とイノベーション志向の程度で，4つのマトリックスを用いて，4つの戦略モードを提示している。

　1つ目のアイソレートとは，顧客志向とイノベーション志向が共に低く，組織間で新製品創造やマーケティング・リサーチが生じない状態をいう。2つ目のフォローとは，組織がマーケティング・リサーチを重点的に行う状態をいう。3つ目のシェイプとは，顧客ではなく，イノベーションによる技術革新を目指す状態を表す。4つ目のインテラクトとは，顧客に目を向けながら，技術革新にも同時に，注力する状態を示す。

　Berthon, Hulbert, and Pitt（1999）によれば，これらの戦略モードは，企業がその状態に合わせて変化させることが可能であるという。同研究では，これらの戦略モードの事例として，次の3社を取り上げている。

　第一の事例としては，米国ボーイング社である。同社は当初，競合他社であるUSAエアラインと同様，技術開発ばかりに目を向け，マーケティング・リサーチの実施など，マーケティングを実施しておらず，まさにシェイプ状態の企業であった。しかしながら，ボーイング777の開発にあたり，マーケティングに目を向けるために，8名のデザイナーを雇い革新的なデザイン開発を行ったことで，インテラクト状態の企業へと移行した。

　第二の事例として，米国通信業者AOLを取り上げている。AOLは当

図4-9 市場志向が製品イノベーションに与える影響に関する概念モデル

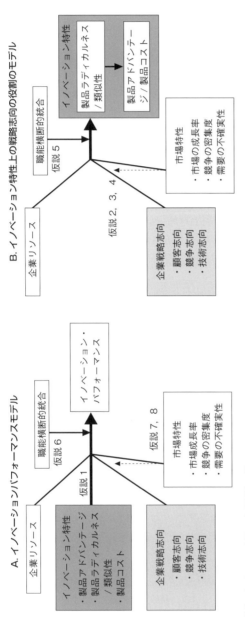

A. イノベーションパフォーマンスモデル

B. イノベーション特性上の戦略志向の役割のモデル

出典：Gatignon and Xuereb (1997), p.79.

初，優れた IT 技術力を有し，インターネット・オンライン市場を支配しており，まさにシェイプ状態の企業であった。しかしながら，より優れた技術を有する Google などの台頭で，やがて技術優位性を失い，アイソレート状態の企業に陥った。結果として，業績が悪化した。そこで，マーケティング・リサーチを徹底して行い，利便性の高いインターネット・サービス・プロバイダーを目指した。そして最終的に，フォロー状態の企業に移行している。

　第三の事例として，米国マイクロソフトをあげている。同社は当初，インターネットを軽んじており，典型的なアイソレート状態の企業であったが，インターネットエクスプローラーの開発を通して，見事に「シェイプ」状態の企業へと移行し，成功を収めている。

　以上から，Berthon, Hulbert, and Pitt（1999）の研究では，MO の 1 要素である顧客志向，ならびに，代替的志向性の 1 つであるイノベーション志向をそれぞれ取り上げ，それらを軸にマトリックスを導出することで，将来の企業の目標や目的を考察するうえで大切な経営戦略の指針を示している。

　Voss and Voss（2000）では，芸術環境において，顧客志向，競争志向，製品志向とパフォーマンスの関係性の解明を行っている。この研究の新たな点は，芸術環境であるシアターをサンプル対象としている点，過去にないコントロール変数やモデレーター変数を取り入れている点があげられる。新たなコントロール変数としては，企業のキャパシティ（客席収容力）や製品の品質を取り入れ，志向性とパフォーマンスのモデレーター変数としては，産業特性，戦略ポジション，製品特性，組織特性という 4 つの特性を取り入れている。サンプル・データとして芸術環境を対象とするため，「シアトレ・コミュニケーション・グループ（Theatre Communication Group）」から母集団を作っている[8]。取り入れられた従属変数には，総収入，純利益，純損失といった客観的パフォーマンス尺度，ならびに，7 ポイントの主観的パフォーマンス尺度をそれぞれ用いている。

　米国のシアターを対象に調査を行い，階層的回帰分析を行った結果として，MO とパフォーマンス間では，両者間でほとんど影響がなかったが，製品の品質や客席収容力というコントロール変数で統制した場合，プラスの影

響が確認された。顧客志向だけでは，パフォーマンス尺度にネガティブな影響が確認された。このことから，顧客志向が通常のマーケティング・コンテクストとは異なりネガティブな影響となっていた。一方，芸術環境においては競争志向が観客の獲得につながることが明らかにされている。

　従属変数として「純損失」を用いた場合，モデレーター変数である職能横断的統合と製品志向には関係がなく，職能横断的統合と顧客志向，職能横断的統合と競争志向，それぞれでネガティブな関係となった。このことから，顧客志向や競争志向を有する組織では，職能横断的統合が純損失を回避し，収益にプラスに働くことを確認している。

　Voss and Voss（2000）におけるインプリケーションは，製品の品質や客席収容力で他社と違いがほとんど無い芸術環境では，顧客志向より競争志向を適用させるべきであるとした点にある。だが，組織内で職能横断的統合が機能している場合には，競争志向だけでなく，顧客志向も収益を改善させるのである。芸術環境で，志向性とパフォーマンスの関係性に着目することで，従来の定説である顧客志向がパフォーマンスにプラスに働くという結果が，組織特性や製品特性に影響されて，異なる結果になることを示している（図4-10）。

　Hills and Shikhar（2001）では，企業が問題に取り組む方向性と，問題探索の調査範囲という二軸を設定し，事象ごとに4つの志向性を示している。

　企業が問題に取り組む方向性については，組織内部にフォーカスと組織外部にフォーカスに分類している。また，問題探索の調査範囲については，製品フォーカスと市場フォーカスに分類している。組織内部にフォーカスで，製品フォーカスの志向性としては，内向きを表す技術志向をあげている。組織内部にフォーカスで，市場フォーカスの志向性としては，ターゲット市場に集中することになる顧客志向を示している。一方，組織外部にフォーカスで，製品フォーカスの志向性としては，外部から様々なアイデアを開発に活用するネットワーク志向をあげている。組織外部にフォーカスで，市場にフォーカスする志向性としては，競争志向をあげている。

　これらの4つの志向性を有する組織に対して，6つの命題を導出している。命題1は，「技術志向」の企業は，製品の再概念戦略により，市場を駆

図4-10　芸術環境における顧客志向，競争志向，製品志向とパフォーマンスの関係性

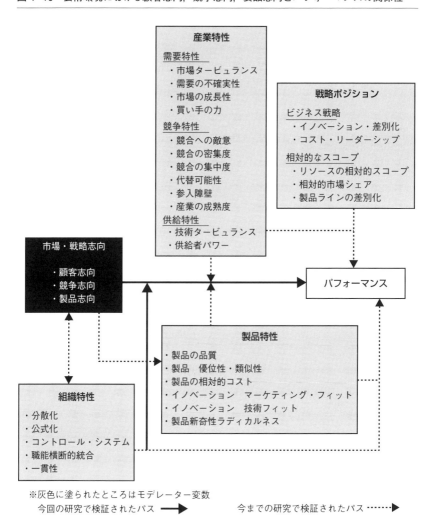

※灰色に塗られたところはモデレーター変数
今回の研究で検証されたパス　　━━━▶　　　今までの研究で検証されたパス ┄┄┄┄▶

出典：Voss and Voss (2000), p.69.

動する，である。製品の再概念戦略とは，バリューチェーンの向上や顧客感
動への達成を目指す戦略である。命題2は，「顧客志向」の企業は，市場の
再定義戦略により，市場を駆動する，である。市場の再定義戦略とは，顧客

理解の深耕，マス・カスタマイゼーションの導入を示す。命題3は，「競争志向」の企業は，業界の再構築戦略により，市場を駆動する，である。業界の再構築戦略とは，業界プレイヤー数や業界集中の変更を示す。命題4は，「ネットワーク志向」の企業は，製品の再概念戦略や市場の再定義戦略を組み合わせることにより市場を駆動する，である。命題5は，市場駆動の成功は，企業の志向性により決定される，である。命題6は，2つの志向性のバランスを保てる企業は，市場駆動を実現する，である。

　Hills and Shikhar（2001）では，いかに市場を駆動させるかの理解のため，4つの志向性を起点として，命題を提示するとともに，とくにハイテク業界では，ネットワーク志向が市場駆動の成功確率を上げるという結論に至っている。

　Noble, Sinha, and Kumar（2002）では，顧客志向，競争志向，職能横断的統合というMOに加え，製品志向，販売志向，ブランド・フォーカスをまとめて志向性として捉え，パフォーマンスにどのような影響があるかを考察した研究を行っている。

　製品志向の組織では，製造やオペレーション効率を追求することで，消費者に魅力的な製品やサービスを提供する。代表的な企業例として，イー・マシーン，マクドナルド，サウスウエスト航空，ユーゴ・オートモービルをあげている。

　販売志向の組織では，長期的なリレーションシップを構築するために可能な限り短期間の売上を最大化する。しかしながら，顧客ロイヤルティやリピートは向上しないという。代表例として，米国のフィットネス設備メーカーであるダイレクト・フォーカス・インクをあげている。

　これら2つの志向性とパフォーマンスを媒介させる要素として，組織学習とイノベーションを取り入れている。Noble, Sinha, and Kumar（2002）は，時系列分析とクロス・セクショナルによる分析を組み合わせ，線形経済モデルを4つ提示している。選出された企業は，米国の小売業36社であった[9]。

$$Y_{it} = \beta_0 + \sum_k x_{kit} + \varepsilon_{it}, \quad i = 1, \ \cdots I$$

$$i = 1, \ \cdots I \ （i は企業）$$

$$t = 1, \ \cdots T \ （t は時間）$$

この際，Y となる従属変数は ROA，
ROSk は MO，ならびにその他の志向性

　分析結果として，競争志向は，ROA や ROS というパフォーマンスにプラスに有意であった。だが，顧客志向や製品志向はパフォーマンスに関係していなかった。顧客志向については，成熟した米国の小売業では，顧客に目を向けても差別化が困難であることを示している。また，製品志向については，オペレーションの効率性を求めるため，小売業の企業の成功にはよい環境を作らないからである。他方，販売志向は，パフォーマンスにポジティブな関係があった。理由として，セールス・パフォーマンスの最大化が財務パフォーマンスを高いレベルに向上するからだと論じている。

　組織学習とイノベーションという 2 つの媒介要因に関しては，従属変数がROA の場合，イノベーションが媒介要因とならないが，組織学習は競争志向，プライベート・ブランド，ナショナル・ブランドの媒介要因になるという。また，従属変数が ROS の場合，組織学習は媒介要因とならないが，イノベーションは競争志向，プライベート・ブランド，ナショナル・ブランドでネガティブな媒介要因となっていた。

　Noble, Sinha, and Kumar（2002）の研究は，顧客志向，競争志向，製品志向，販売志向，さらにブランド・フォーカスを同次元で捉え，パフォーマンスとの関係について着目した端緒となる研究であるといえる。

　Atuahene-Gima and Ko（2001）では，組織論の代表的ジャーナルである『*Organization Science*』誌において，MO とアントレプレナー志向について扱った研究を行っている。研究を進めるに当たっては，アントレプレナー志向の尺度は，『*Journal of Management Study*』誌において発表された Covin and Slevin（1989）を援用しており，先に述べた Lumpkin and Dess（1996）の測定尺度を用いていない。

Atuahene-Gima and Ko（2001）によれば，MO とアントレプレナー志向
は，異なる志向性であるという[10]。この２つの志向性を同時に取り上げた
成功例として，日本の京セラとシャープを取り上げている。この２つの志向
性を分析するため，**図４-11**のようなフレームワークを提示している。

　Atuahene-Gima and Ko（2001）では，分析対象となった豪州の企業500社
を[11]，２つの志向性の高低で４象限に分け，新製品パフォーマンスや製品
イノベーションを従属変数として，多変量分散分析，分散分析などを施して
いる。分析結果として，「ME」企業は，「EO」企業，「CO」企業，「MO」
企業よりも高い新製品パフォーマンスがあり，「MO」と「EO」の統合に
よって，優れた優位性を作り出すことが確認された。製品イノベーションに
ついては，「MO」企業が「EO」企業より，複数の「イノベーション」で優
れており，「EO」企業は「MO」企業より，人的資源パフォーマンスの「イ
ノベーション」においてのみ優れていた。

　市場環境に関しては，「MO」企業が安定的な環境で成功，「EO」企業が
急速に変化する環境で成功，「ME」がどちらの市場環境でも成功してい
た。また，「MO」企業では，売上に対する R&D 比率が低かった。そして，
「MO」企業では，R&D への投資が減少する一方，「EO」企業では R&D へ
の投資が大きくなることを確認している。

　Atuahene-Gima and Ko（2001）では，結論として，組織において，新製
品パフォーマンス，製品イノベーション，市場参入のタイミング，R&D 投
資を考察するときには，MO と EO のバランスが重要であるとしている。し
たがって，組織のマネジャーにとって，MO と EO の適切なコンビネーショ
ンの実現がビジネスの成功には不可欠であると論じている。

　Zhou, Yim, and Tse（2005）では，『*Journal of Marketing*』誌において，
複数の代替的志向性と製品イノベーションに焦点を当てた研究を発表してい
る。Zhou, Yim, and Tse（2005）の研究のユニークさは，志向性に MO，技
術志向，アントレプレナー志向を取り入れている点にみられる。これらの３
つの志向性は，技術ベースのイノベーションと市場ベースのイノベーション
という２つの製品イノベーション各々に，異なる影響を与えると論じてい
る。

図4-11　市場志向とアントレプレナー志向の高低による企業の分類

	高 アントレプレナー志向 低	
高 市場志向 低	市場／アントレプレナー (ME)	市場志向企業 (MO)
	アントレプレナー 志向企業 (EO)	コンサバティブ企業 (CO)

高　　アントレプレナー志向　　低

出典：Atuahene-Gima and Ko (2001), p.57.

　Zhou らの研究対象国となった中国において，技術ベースのイノベーショ
ンは，パナソニックの高解像度ディスプレイ，あるいはシンコのエアコン
ディショナーなどにみられる。最先端の技術進歩を基として，顧客ベネ
フィットを改善させる革新的なイノベーションを指している。市場ベースの
イノベーションは，ロイヤル・ジェリー・チョコレートやラングチャオ・
ラップトップ・パソコンのように，新しいセグメントに価値を提供すること
で新たな利益次元を創造し，従来の顧客選好を壊す破壊的なイノベーション
を示している。

　これらの3つの志向性と2つの製品イノベーションの構成概念の媒介要因
として，組織学習を加え，需要の不確実性，技術タービュランス，競争の密
集度といった先行要因，成果変数として，企業パフォーマンスと製品パ
フォーマンスの2変数を加えた，**図4-12**のような概念モデルを提示してい
る。

図4-12　3つの志向性が，製品イノベーション，パフォーマンスに及ぼす影響

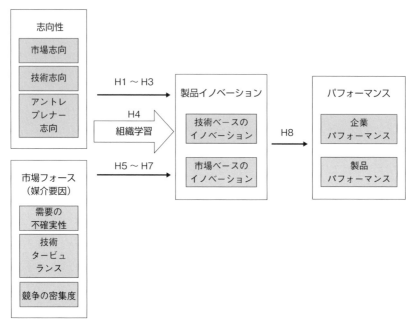

出典：Zhou, Yim, and Tse（2005），p.44.，一部改編。

　中国を対象とした分析結果[12]としてとくに着目すべき点は，次のとおりである。MOは，技術ベースのイノベーションにポジティブな影響があり，市場ベースのイノベーションにネガティブな影響があるという。このことから，競争優位を達成するためには，MOによって，技術ベースのイノベーションを促進することが重要であることがわかる。

　他方，技術志向は技術ベースのイノベーションにポジティブなインパクトがある一方，市場ベースのイノベーションにインパクトはみられなかった。これは，技術ベースのイノベーションが最先端の技術を反映しており，顧客の選好を考慮していないからである。また，アントレプレナー志向が双方のイノベーションを促進させていた。

　媒介要因として用いられた組織学習は，MOと製品パフォーマンス間で作用していた。また，需要の不確実性と技術タービュランスは，技術ベース・

イノベーションと市場ベース・イノベーションにポジティブな効果が示されている。競争の密集度は，市場ベースのイノベーションのみを促進させるという。最終的には，技術ベースのイノベーションが市場ベースのイノベーションよりも製品パフォーマンスに影響を与えていた。

　研究の限界としては，横断的な研究だけでなく縦断的な研究の必要性，学習志向など企業競争力の源泉やケイパビリティを加えた拡張モデルの必要性，技術ベースのイノベーションや市場ベースのイノベーションの尺度の精緻化，そして，消費財企業だけなく生産財企業やサービス企業を対象とした調査の必要性があげられている。

　Zhou, Yim, and Tse（2005）の研究では，志向性として，MO，技術志向，アントレプレナー志向を，成果変数として，技術ベース・イノベーションと市場ベースのイノベーションという製品イノベーションを，さらに，媒介要因として組織学習を取り入れ，一連のメカニズムを解明した点に貴重な貢献があるといえる。

　代替的志向性に関する研究が蓄積されると，代替的志向性に関するメタアナリシスが取り組まれている。Grinstein（2008）では，メタアナリシスを用いて，MOとイノベーション志向，学習志向，アントレプレナー志向，従業員志向との関係性について考察している。関連する70の研究から135の効果量を用いて，メタアナリシスの結果，MOはこれらの4つの志向性といずれもポジティブな関係性があることを確認している。

　Grenstein（2008）では，今回の結果から，先行研究でいわれてきた環境に合わせて，どの志向性を採用するかを決定するのではなく，MOが他の志向性とどのようにバランスをとるかを考えることが今後の研究の方向性として重要であることを示唆している。

5．先行研究の課題

　MOに関連した様々な代替的志向性に関する先行研究をレビューしてきた。その結果，製品志向，販売志向，技術志向，リレーションシップ志向，サービス志向，ブランド志向，イノベーション志向，CSR志向は，マーケ

ティング研究を起点とした概念であることが示された。一方，アントレプレナー志向，学習志向のように近接する学問領域を起点とした概念もみられた。さらに，デザイン志向のように議論がはじまったばかりの志向性もみられた。

　これらの代替的志向性のメカニズムを考察した研究は2000年あたりから，複数用いられ，成果変数に至るメカニズムが解明されてきた。Gatignon and Xuereb（1997）では，顧客志向，競争志向，技術志向が製品イノベーションに与える影響について解明している。Berthon, Hulbert, and Pitt（1999）では，顧客志向とイノベーション志向を二軸に分け，4つの戦略モードを提示している。Voss and Voss（2000）の研究では，芸術環境において，顧客志向，競争志向，製品志向がパフォーマンスに与える影響を検証し，従来の研究とは異なり，顧客志向よりも，競争志向の方がパフォーマンスに強い影響を与えることを示した。Hills and Shikhar（2001）では，企業が問題に取り組む方向性と問題探索の調査範囲で，顧客志向，競争志向，技術志向，ネットワーク志向という4つの志向性を導出していた。Noble, Sinha, and Kumar（2002）では，顧客志向，競争志向，職能横断的統合，製品志向，販売志向，ブランド・フォーカスがパフォーマンスに与える影響について米国小売業を対象に線形経済モデルを用いて解明している。Atuahene-Gima and Ko（2001）では，MOとアントレプレナーシップの関係性について，豪州の企業を対象にしながら，どの志向性の組み合わせが製品イノベーションをもたらすかを考察していた。Zhou, Yim, and Tse（2005）の研究では，MO，技術志向，アントレプレナー志向が製品イノベーションとパフォーマンスに与えるメカニズムを解明している。そして，Grenstein（2008）では，代替的志向性のメタアナリシスから，MOとイノベーション志向，学習志向，アントレプレナー志向，従業員志向がどれもポジティブな関係にあることを確認した。

　以上から，MOに加え，製品志向，販売志向，技術志向，アントレプレナー志向という志向性の関係性については研究が取り組まれてきたことがわかる。一方，研究が未着手のものもある。第一に，ブランド志向である。Urde（1998）やWong and Merrilees（2007）により概念提示や尺度開発はな

されているが，実証研究には至っていないのである。第二に，デザイン志向
である。Moll, Montaña, Guzman, and Parellada（2007）などが概念を提示し
たのみで，尺度開発にはいなっていないことがわかる。ゆえに，ブランド志
向やデザイン志向が成果変数に与える影響については，今後も研究の余地が
十分にあると思われる。

　表4-7には，複数の代替的志向性を扱った先行研究を援用された志向
性，サンプル対象，分析手法，主なインプリケーションという視点から整理
している。

6. 議　論

　第4章では，MO と並列関係にある代替的志向性について研究に取り組ん
できた。組織では，MO だけでなく，販売志向や製品志向など，様々な志向
性が混在し合い組織の志向性を形成している。したがって，MO のみなら
ず，様々な代替的志向性が及ぼす組織メカニズムを考察することには貴重な
研究価値が見出せる（e.g., Noble, Sinha, and Kumar 2002）。第4章では，こう
した問題意識のもと，どのような代替的志向性があるかについて，先行研究
をレビューしてきた。

　製品志向と販売志向については，MO 誕生以前から研究が取り組まれてい
た。製品志向に関しては，Keith（1960）や Fayed（1973）によって議論がな
されている一方，販売志向に関しては，Keith（1960）で概念が提示される
とともに，Kotler（1977）においては，マーケティングとセールスの違いに
ついて考察がなされていた。

　組織においてマーケティングを立案，実行していくうえで，MO とともに
考慮すべき志向性に関しては，MO 誕生後に研究が取り組まれていた。技術
開発にどの程度，目を向けていくのかという技術志向，ブランドづくりの重
要性やブランディングに注力することを組織が志すブランド志向，組織内外
のステークホルダーに向けて社会的責任を取り入れていく CSR 志向，そし
て，イノベーションを創造する組織を目指すイノベーション志向である。

　さらに，MO 研究が進むにつれて，近接した研究領域であるリレーション

表4-7　複数の志向性を扱った先行研究の整理

先行研究	市場志向の要素（注1）			代替的な志向性（注2）									
	顧客志向	競争志向	職能横断的統合	C·L	E·O	L·O	T·O	I·O	S·O	P·O	N·O	R·O	C·S·O
Gatigon and Xuereb (1997)	○	○	○（操作変数）				○						
Slater and Narver (1998)	○			○									
Connor (1999)	○			○									
Slater and Narver (1999)	○			○									
Baker and Sinkula (1999a)	○	○	○			○							
Baker and Sinkula (1999b)	○	○	○			○							
Voss and Voss (2000)	○	○								○			
Hills and Shikhar (2001)	○	○					○				○		
Atuahene-Gima and Ko (2001)	合成				○								
Noble, Sinha, and Kumar (2002)	○	○						○	○				
Baker and Sinkula (2002)	○	○	○			○							

サンプル対象	分析方法	主なインプリケーション
米国の企業393社	線型モデル ANOVA	競合よりも優れたイノベーションを発展させたい企業は，技術志向を最も重視するべき。また，需要が不確実な場合，顧客志向と技術志向がともに重要。競争志向は，高い成長市場では，市場イノベーションに最もプラスに働く
—	議論	市場志向と顧客先導は本質的に異なるものであることを示す，枠組みを提示している。枠組みは，第1章にて記載している
—	議論	Slater,and Narver (1998) の見解に対して，市場志向と顧客先導，双方のバランスを保つことが重要である
—	議論	Connor (1999) の見解に対して，市場志向と顧客先導が異なるものであると指摘している
52億ドル以上の売上の企業411社のマーケター等	回帰分析	市場志向とパフォーマンスへのプラスの効果，学習志向とパフォーマンスへのプラス効果，市場志向と学習志向のシナジー効果を確認している
「Dunn and Bradstreet database」登録企業411社	構造方程式モデル	市場志向と学習志向，双方が製品イノベーションを媒介要因として組織パフォーマンスに影響を与える。その際の効果は，学習志向の方が市場志向よりも強くなる
「Theatre Communication Group」に属する101社	階層的回帰分析	市場志向とパフォーマンス間では，両者間であまり影響がないが，製品の品質や客席収容力というコントロール変数で統制した場合，プラスの影響が確認される 顧客志向は，パフォーマンス尺度にネガティブな影響がある。一方，芸術環境においては競争志向が観客の獲得につながる 従属変数として「純損失」を用いた場合，製品志向と職能横断的統合には関係がなく，顧客志向と職能横断的統合，競争志向と職能横断的統合，それぞれでネガティブな関係となる
—	フレームワーク提示	企業が問題に取り組む方向性と，問題探索の調査範囲という2軸を設定し，事象ごとに4つの志向性を示唆している
「Australian Marketing Institute, Mckinsey and Company」に属する500社	多変量分散分析，分散分析	「ME」企業は，「EO」企業，「CO」企業，「MO」企業よりも高い新製品パフォーマンスがあり，高い「MO」と「EO」の統合によって，優れた優位性を作り出す 製品イノベーションでは，「MO」企業が「EO」企業より，複数の「イノベーション」で優れており，「EO」企業は「MO」企業より，人的資源パフォーマンスの「イノベーション」において優れている 市場環境では，「MO」企業が安定的な環境で成功，「EO」企業が急速に変化する環境で成功，「ME」がどちらの市場環境でも成功する
米国小売業の企業36社	時系列分析，線形経済モデル	競争志向や販売志向は，ROA や ROS というパフォーマンスにプラスに有意。だが，顧客志向や製品志向はパフォーマンスに関係しない 従属変数が ROA の場合，組織学習は競争志向，プライベート・ブランド，ナショナル・ブランドの媒介要因になる 従属変数が ROS の場合，組織学習は媒介要因とならないが，イノベーションは競争志向，プライベート・ブランド，ナショナル・ブランドでネガティブな媒介要因となる
—	命題提示	市場志向と学習志向の間のブラックボックス解明の切り口として，組織学習の3つの段階で，企業を分類している

Farrell and Oczkowski (2002)	○	○	○			○						
McGuinness and Morgan (2005)	○	○	○			○						
Zhou,Yim,and Tse (2005)	合成			○		○						
Grinstein (2008)	合成			○	○		○					

注1：「市場志向」の尺度に関しては，すべて Narver and Slater（1990）を使用している。
注2：以下で略 C·L（顧客先導），E·O（アントレプレナー志向），L·O（学習志向），T·O（技術志向），I·O（イノベーション志向），S·O（サービス志向），P·O（製品志向），N·O（ネットワーク志向），R·O（リレーションシップ志向），C·S·O（CSR 志向），B·O ブランド志向。

シップ・マーケティングやサービス・マーケティングからの影響を受けて，組織においてリレーションシップ・マーケティングやサービス・マーケティングがどの程度重視されているのかを測定するため，リレーションシップ志向（Sin, Tse, Yau, Chow, Lee, and Lau 2005）やサービス志向（e.g., Lytle, Hom, and Mokwa 1998）が開発され，研究が取り組まれていた。

　マーケティング以外の学問領域から誕生し，MO とのメカニズムが考察された志向性も存在していた。1つ目が，アントレプレナー精神を理論的基盤とするアントレプレナー志向であった（Lumpkin and Dess 1996）。このアントレプレナー志向の特徴は，尺度開発の時点では MO を取り上げておらず，単独で概念と尺度が提示，開発された点にある。近年では，MO とアントレプレナー志向を同時に取り上げた研究も行われはじめていた（Merlo and Auh 2009）。

　2つ目が，組織に MO とともに取り入れることで，シナジー効果が働く学習志向であった。この志向性は，Argyris and Schon（1978）や Daryl（1992）によって提唱された組織学習を理論的基盤としていた。Day（1994b）や Sinkula（1994）によって問題提議が行われたのち，Sinkula, Baker,

「Dunn and Bradstreet database」に属する486社の製造業	二段階最小二乗法	顧客維持，投資収益率，ビジネス・パフォーマンスを従属変数とする場合のみ，市場志向は学習志向を内包する
―	命題提示	市場志向と学習志向の他に，改善や模倣といった3つの組織変化ケイパビリティを取り上げている この組織変化のケイパビリティは，改善や模倣の他にもイノベーションや組織強化にもプラスの効果がある
中国の350名のブランドを担当するシニア・マネジャー	構造方程式モデル	市場志向は，技術ベースのイノベーションにポジティブな影響があり，市場ベースのイノベーションにネガティブな影響がある 技術志向は技術ベースのイノベーションにポジティブな影響がある一方，市場ベースのイノベーションに影響がない 媒介要因として用いられた組織学習は，市場志向と製品パフォーマンス間で作用する。また，需要の不確実性と技術タービュランスは，技術ベース・イノベーションと市場ベース・イノベーションにポジティブな影響がある
関連する70の研究における135の効果量	メタ分析	市場志向は，学習志向，アントレプレナーシップ志向，イノベーション志向，従業員志向，いずれともポジティブな関係性がある

　Noordewier（1997）によって，学習志向は提唱，開発されている。その後，Baker と Sinkula によって研究がさらに進められ，MO と学習志向は成果変数に対して補完関係を有することが確認されていた（Baker and Sinkula 1999a, 1999b; Baker and Sinkula 2002, 2007）。

　近年では，デザイン志向という概念に関心が集まっていることも確認された。Venkatesh, Digerfeldt-Månsson, Brunel, Chen（2012）によって，デザイン志向は定義づけされているものの，研究の萌芽期にあり，下位概念の解明や尺度開発には至っていなかった。

　これらの代替的志向性については，個別に研究が進められてきたが，2000年あたりからは，複数の志向性を同時に取り上げた研究も行われていた。顧客志向，競争志向，技術志向が製品イノベーションに与える影響（Gatignon and Xuereb 1997），顧客志向，競争志向，製品志向が成果変数に与える影響（Voss and Voss 2000），顧客志向，競争志向，職能横断的統合，製品志向，販売志向が成果変数に与える影響（Noble, Sinha, and Kumar 2002），MO とイノベーション志向，学習志向，アントレプレナー志向，従業員志向とのメタアナリシス（Grinstein 2008）など，MO といくつかの代替的志向性との関係性

については研究が取り組まれていた。

　一方，MO とのメカニズムが未着手の代替的志向性もみられた。デザイン志向とブランド志向である。デザイン志向に関しては，研究自体が萌芽期にあるため，先行研究がほとんどなく，概念自体が不明瞭であるという研究段階であった。

　ブランド志向に関しては，Urde（1998）や Wong and Merrilees（2005）により，概念提示はなされていたが，定量的に成果変数への影響や MO とのメカニズムは解明されてこなかった。

　本書では，代替的志向一つひとつに的を絞り，志向性ごとに先行研究についてレビューを進めてきた。製品志向，技術志向，学習志向のように研究が数多く取り組まれている志向性もあれば，デザイン志向のように萌芽期にある志向性も存在していた。今後は，未解明の志向性が及ぼす影響や周辺メカニズムを解明するため，実証的な研究が取り組まれるべきであろう。

(1)　本研究は，JSPS 科学研究費補助金 JP15K17145の助成を受けたものである。

(2)　当該調査では，トップ・マネジャー2名，ミドル・マネジャー26名，クリニカル・ケア・プロバイダー43名，患者ケアプロバイダー47名を対象にしている。

(3)　マーケティング部門の影響力を扱った研究は，マーケティングの役割（Role of Marketing）に詳細が記述されており，米国 Marketing Science Institute（MSI）が，リレーションシップ・マーケティング等と同様に主要研究テーマの1つに定めている（URL：http://www.msi.org/publications/index.cfm?id=95）。

(4)　52億ドル以上の売上を有する企業2,000社に対して，メールが送付された。411社からの回答が得られている（回収率：21%）。うち60% がマーケター，40% がそれ以外の職種であった。分析手法には，回帰分析が用いられている。

(5)　デザイン志向に関しては，財団法人日本生産性本部 2011年度生産性研究助成（題目：市場志向，技術志向およびデザイン志向が，イノベーションと企業成果に及ぼす影響の解明—どのような組織の志向性がイノベーションを生み企業成果を向上させるのか—，代表者：岩下仁），JSPS 科学研究費補助金 JP25285136（代表者：恩藏直人）を受けたものである。

(6)　学術検索サイト「ProQuest ABI/Inform」にて検索を実施した。検索結果は，2018年3月27日時点。

(7)　サーベイ調査が行われ，サンプル数は393社（回収率：14%）で，米国の企業（耐久

財，消費財，産業財，コンピューター企業）が対象とされた。分析手法として線形モデル，ANOVA を用いている。

(8) 128の「Theatre Communication Group」に所属するシアターにメールが送られた。最終的なサンプル・サイズは101名で回収率は79％であった。対象となるシアターは平均976席の客席収容力があり，約350万ドルの収入があった。平均チケット代金の平均額は，2,124ドルであった。

(9) 1986-97年の期間で，米国小売業のリーダー企業が取り上げられている。具体的には，ケイ・マート，シアーズ，ウォルマートなどである。

(10) 同研究では，「アントレプレナー志向」に関しては，Miller（1983）を参考にしている。

(11) 豪州企業2,000社のうち，500社の企業を抽出している。「Australian Marketing Institute, Mckinsey and Company」に属し，70％が製造業，30％がサービス業の企業である。また，66％が大企業，34％が中小企業であった。ME とは，市場／アントレプレナー企業（Market Entrepreneur Company），MO とは，市場志向企業（Market Orientation Company），EO とは，アントレプレナー志向企業（Entrepreneurship Company），CO とは，コンサバティブ企業（Conservative Company），をそれぞれ略している。

(12) サンプル・データとして，「Sino Monitor International Company annual China Marketing and Media Study」における2,260ブランドをサンプルとして用いている。カテゴリーごとに，シェアの高い順に10ブランドを選出している。2つ目のグループは，残りのブランドから選出されている。ブランドを担当する350名のシニア・マネジャーに対して，サーベイ調査を行っている。分析方法は最尤法，構造方程式モデルを用いている。

第**5**章　組織における市場志向の普及プロセス

　前章までみてきたとおり，多くの視点から研究が進められてきた市場志向（Market Orientation, 以下 MO と略）であるが，組織レベルでの論考や論点が主な研究内容であった。すなわち，MO が浸透した組織では収益は向上するのか，MO 型の組織では製品を成功に導くのか，あるいは MO と製品志向はどちらがより優れたパフォーマンスをもたらすのかなどである。

　一方で，よりミクロな単位である従業員個人を扱ったテーマについては，2000年以前はほぼ見落とされていた。個人を扱ったテーマというのは例えば，どうしたら MO 的な行動を従業員がとりやすいのか，どういった資質をもつ従業員が MO をより理解しやすいのか，あるいは，上司が MO を提唱した場合，どのように部下に MO が浸透していくのかなどである。組織において，MO が個人間でどのように浸透するのかという普及プロセスに焦点が当てられている。

　この MO の普及プロセスに関する MO 研究は，実務的にも貴重な示唆をもたらすと考えられる。どのような要因が組織間で MO 普及を促進させるかを明らかにできれば，そういった要因を，報酬システムや教育システムに取り入れることで，MO を有した従業員を素早く効果的に育成することができる（Jaworski and Kohli 1993; Furrer, Lantz, and Perrinjaquet 2004）。あるいは，個人レベルで，組織に MO をより迅速に普及させることができる。結果として，より効果的，そして，効率的に MO 型組織を実現できるのである（Lam, Kraus, and Ahearne 2010）。

このような研究背景のもと2000年あたりから，MO の普及プロセスに関する研究が行われ始めている。しかしながら，MO の普及プロセスに関する研究については，どのような契機ではじまり，現状がどのような研究段階にあり，今後どのような方向性があるかが先行研究において示されていない状況にある。

　そこで第5章では，MO の普及プロセスに関する研究について取り上げる。構成は，次のとおりである。まず，MO の普及プロセスに関して扱った先行研究のレビューを試みる。次に，先行研究の課題を踏まえ，従業員の価値観が MO に与える影響について考察する。続いて，MO の普及過程について，社会心理学の概念を援用しながら考察する。最後に，本研究のインプリケーションと課題について述べる[1]。

1. 市場志向の普及プロセスに関する研究の系譜

1-1. 市場志向が他者にどのような影響を及ぼすかを考察した研究

　MO の普及プロセスに関する研究は，どのように展開されていったのだろうか。それはまず，MO が他者にどのような影響を及ぼすかを考察した研究を出発点にしている。個人レベルを研究対象とする前に，まずはある組織から他方の組織に，MO がどのような影響を及ぼすかが検討されている。このときの組織の組み合わせには供給業者と販売業者，買い手と売り手，あるいは，製造業者と販売業者があげられる。1社内に留まらず2社，3社という組織を跨いだ調査設計が取り入れられている。

　MO 研究のなかでこれらの傾向は，Siguaw, Brown, and Widing（1994）の研究から垣間みることができる。同研究では米国の「Information Image Manager Member」に登録されている企業298社に調査を行い，その結果から企業が MO をセールス・パーソンに知覚させるようになると，セールス・パーソンは顧客志向に目を向けるとともに，役割の葛藤やその不明確さといったネガティブな態度を減少させ，最終的には職務満足や組織コミット

メントを増加させることを明らかにしている。続く Siguaw, Simpson, and Baker（1998）では，「National Association of Wholesales」等，米国の代表的な流通企業に関するデータを基に，供給業者と販売業者179組のサンプルを基に分析を行い，供給業者の MO が販売業者の MO にプラスの影響を与え，販売業者の満足度を高めることを確認している。

　同時期には，Baker, Simpson, and Siguaw（1999）も興味深い研究を行っている。仮説には，「供給業者が転売業者（Reseller）の MO を知覚すること」が，転売業者の「信頼」，「コミットメント」，「規範」，「満足」に影響するかどうかを設定している。「National Association of Wholesalers（NAW）」を対象に調査を行い，因子分析を施したうえで，相関分析を行った。その結果として，「供給業者が転売業者の MO を知覚すること」と，「転売業者のリレーションシップ変数」との間に強い関係があることを確認している。つまり供給業者が転売業者の MO を知覚することが転売業者との信頼構築につながるのである。

　2000年に入ってからは，他分野の理論を援用しながら，自社以外の組織とのつながりを解明しようとする動きがみられている。Langerak（2001）の研究では，ステークホルダー理論（Jones and Wicks 1999）を援用しながら，ドイツの SIC 業種コード（標準産業分類コード）に登録されている製造業者とそのセールスマン，さらにはその供給業者という三者を1セットとするトライアド・サンプルを72セットつくり，線形回帰分析を施している。分析の結果として，製造業者の MO はセールスマンの顧客志向にプラスに作用し，彼らの顧客である供給業者との信頼や満足を強め，最終的には一回りして製造業者の財務パフォーマンスを高めることを認めている。

　他領域の理論を取り入れた研究はほかにも，Tajfel and Turner（1979）の社会的交換理論を用いたものがある（Steinman, Deshpandè, and Farley 2000）。Steinman, Deshpandè, and Farley（2000）ではこの理論を援用しながら，「供給業者自身が感じる MO」と「顧客が供給業者に対し感じる MO」間に生じるギャップを考察している。その際，MO を実際に行う MO と標準 MO という2つのレベルから考察している。また，リレーションシップに関しては，「長さ」と「重要性」をそれぞれ設けている。

具体的にはニューヨーク証券取引所と東京証券取引所に登録され調査に応じた企業ごとに顧客を3名選んでもらい，そのうち2名に対してインタビューを行っている。結果として，供給業者が顧客よりもMOを強く意識しており，このとき，彼らの関係が長く，重要と考えている程度が高いほど，MOギャップが小さくなることを確認している。結論として，供給業者と顧客間のMOのギャップを埋める要因として，リレーションシップの必要性を示している。

　Farrelly and Ascale（2003）では，スポンサーとオーナーという二者間において，MOが及ぼすメカニズムが解明されていない点に着目し，両者のMOが信頼やコミットメントのようなリレーションシップ・マーケティングに関する変数に対してどのような影響があるかを考察している。豪州の「Australian Football League」に所属する企業のオーナーとスポンサーを1セットとする46組を対象に分析を行った結果，オーナーのMOとスポンサーによって知覚されたMOには，協創的なコミュニケーションの有無にかかわらず，関係性が確認されなかった。つまり，両者におけるコミュニケーションは，MOの伝播に影響を与えないことを明らかにしている。また，前述のBaker, Simpson, and Siguaw（1999）では，転売業者のMOの知覚はリレーションシップ・マーケティングに関する変数にポジティブな影響を与えていた。しかし，今回はこの影響が確認されていない。これは，転売業者と供給業者が垂直的なリレーションシップであるのに対し，オーナーとスポンサーが水平的なリレーションシップをとることに原因があると，Farrelly and Pascale（2003）は指摘している。

　同じような二者間を扱った研究としては，スペインの「Directory of Industrial Companies and Industrial Supply Series Firms in the Principality of Asturias」を利用したSanzo, Santos, and Vazquez（2003）の研究もあげられる。最尤推定法を行った分析結果から，買い手のMOは，供給業者の効果的なコミュニケーションに影響を与え，信頼，コミットメント，知覚された価値にポジティブに影響し，最終的に満足につながっていた。

　ここまでの研究はすべて，顧客と企業，供給業者と販売業者，買い手と売り手という二者間においてMOがどのように影響するかを考察している。

しかしながら，三者間というネットワークにおいて，MOがどのような影響を及ぼすかを考察する研究も取り組まれている。まず，Jones, Busch and Dacin（2003）では，セールス・マネジャー，セールス・パーソン，顧客という三者間51組についてサーベイ調査を施し，セールス・マネジャーのMOはセールス・パーソンのMOに影響がなかったが，セールス・パーソンのMOは彼等の職務態度（役割の葛藤や不明確さ，組織コミットメント，職務満足）に影響を与え，顧客へのサービス品質に影響を及ぼすと示唆している。すなわち，セールス・パーソンがよりMOを強く知覚した場合，顧客ニーズに結びつくような行動をより起こすことを確認している。

　複数の組織における関係性に関する豊富な研究成果を有するリレーションシップ・マーケティング研究の知見を活かし，リレーションシップ・マーケティングの志向性の尺度化を目指した研究も行われている。リレーションシップ・マーケティング志向（以下，リレーションシップ志向と略）に関しては，第4章で「代替的志向性の1つ」という視点から該当する研究について取り上げている。そのため，第5章で取り上げている「志向性の普及」という視点からは論じられていない。また，MOの普及プロセスを考察するうえで，複数の組織における関係性に着眼したリレーションシップ志向に関する研究は欠かすことができない。以上から，第5章でもリレーションシップ志向に関する先行研究を再度取り上げている。

　リレーションシップ志向尺度は，Yau, Sin, Lee, and Tse（1999）により始めて開発されている。彼らによると，MOとは攻撃的な戦略であり市場シェアやポジショニングを獲得するのに有効である一方，リレーションシップ志向とは，信頼，感情移入，絆，相互作用を顧客と構築する必要があるため，より長い時間を要するという。中国の「Beijing Yellow Pages Commercial Industrial Telephone Directory」に登録された210社を対象とした回帰分析の結果から，リーダー企業では双方の志向が有効であるが，チャレンジャー企業ではMOのみが有効であり，フォロワー企業とニッチャー企業ではリレーションシップ志向が有効であるという結果が示されている。

　Sin, Tse, Yau, Chow, Lee, and Lau（2005）でも，リレーションシップ志向尺度が開発されている。彼らによれば，リレーションシップ志向とは，短期

的な取引志向の交換から，長期的な買い手・売り手の関係性へと転換する態度であるという。過去のリレーションシップ研究の論文をレビューしたうえで，香港277社，中国222社を対象にしたサンプルで調査を行い，信頼性，収斂妥当性，弁別妥当性，文化間安定性分析を行ったうえで，信頼，絆，コミュニケーション，共有価値という4要素から構成されるリレーションシップ尺度を開発している。Sin, Tse, Yau, Chow, Lee, and Lau（2005）の研究は，二者，三者という他者への影響に着目した研究段階を一歩進め，リレーションシップ志向を定量化した点において，研究をさらに進展させているといえる。

　以上のレビューからいえることは，上記の研究ではすべて，他者へMOがどういった影響を及ぼすかを考察するため，対象として複数の組織を同時に取り上げている点に研究の価値を見出せる。しかしながら，分析単位が組織レベルの域を出ておらず，個人レベルの視点には触れられていないことに研究の限界がみられる。

1-2. 個人からの影響を扱った市場志向研究

　前述までで取り上げた研究では，供給業者と製造業者，供給業者と販売業者というように，二者または三者という企業間のメカニズムを，MOを取り入れて考察した内容が主であった。したがって，これらの組織レベルのMO研究の限界は，マーケティング的な思想や発想であるMOが，組織の最小単位である従業員個人からどう生じ，他者へとどのように普及していくのか，という疑問に答えられないことにある。そのような限界を踏まえて，組織のなかの人的要因がMOにどのように影響するのかについて議論が行われ始めている。そこで1-2では，組織の人的要因がMOにどのように影響するかについて考察した先行研究を扱う。

　まず，Griffiths and Grover（1998）が，MO行動に移すまでのプロセスとして，従業員に影響する先行要因が組織文化であるMOに影響を与え，最終的にMO行動に至るという命題モデルを導出している。

　組織文化であるMOに対して，組織内のメンバーシップ，組織の象徴，組織の精神力学，組織における認識という4つの人的要因が，組織文化であ

るMOに影響を与え，結果としてMO行動に影響するという。実証までは
行われていないが，MO行動に至る過程を初めて命題提示した点に学術的価
値が見出せる。

　MOに障害をもたらす人的要因に着目した研究もある。Harris and Piercy
（1999）では，サービス業において，MOの阻害となる要因に着目し，企業
がMOを実現していくうえで影響する要因に着目している。彼らは，阻害
要因として，上司と部下における垂直的コミュニケーション量の低さ，政治
的行動の程度，コンフリクト行動の程度，仕事のメンバーが変わらない組織
メンバーの定式化という4つをあげている。英国の小売業のストア・マネ
ジャー107名に対して調査をし，パス解析を行い，これら4つの阻害要因が
MOにネガティブに働くことを確認している。

　Harris and Ogbonna（2001），Martin and Alan（2006），Menguc, Auh, and
Shin（2007）では，人的要因がMOに与える要因について，リーダーシッ
プ・スタイルに注目している。また，Wren, Souder, and Berkowitz（2000）
やCervera, Molla, and Sanchez（2001）では，マネジャー特性がMOに与え
る影響について考察している。これらの研究についてはすでに，第2章にお
いて，先行要因の1つとして取り上げたため，詳しい内容の記載は割愛をす
る。

　従業員個人からMOへの影響を扱った研究はさらに，従業員の心理面か
らMOへの影響の解明へと研究が展開されている。Homberg and Pflesser
（2000）では，MOを支持する価値観からMO的な行動へと導く因果連鎖に
ついて調査している。ドイツ企業の173名のマーケティング・マネジャーを
対象にした調査から，価値観がMOに影響することを確認している。しか
しながら，彼らの研究課題としては，取り上げた一連の価値観が頑健な理論
から援用されておらず，その場限りのものであるため，一般化に限界がある
としている。

　翌年，Sridharan, Kohli, and Spiro（2001）では，従来のMO研究ではMO
の先行要因として，個人レベルの価値観や行動に目が向けられなかったこと
を指摘し，組織レベルのMOを促進させる先行要因として，従業員の価値
観や行動の解明をすべきであると論じている。さらに同年，Brown, Mowen,

Donavan, and Licata（2002）では，賛同力が，MOにどのような影響がある
かについて考察している。27社の企業から得られたデータに基づいて，分析
を施した結果，賛同力は，顧客志向にプラスの影響があることを確認してい
る。賛同力の高い従業員は自発的に，顧客に対して共感するので，業務を通
じて，顧客の課題を解決する欲求を有しているのである。

1-3．個人レベルのサービス志向を扱った研究

　第4章において，サービス志向に関しては代替的志向性の1つとして扱わ
れている。だが，第5章で取り上げるサービス志向は，個人レベルから開発
されたサービス志向尺度であり，第4章で扱われた組織レベルのサービス志
向尺度とは内容が異なる。したがって，レビュー対象が異なっている。
1-3では，Homburg, Hoyer, and Fassnacht（2002）で示された枠組みに
沿って（図5-1），個人レベルのサービス志向に的を絞り，レビューを進め
る。

　個人レベルのサービス志向の尺度は，応用心理学分野で，Hogan, Hogan
and Busch（1984）により開発されている。彼らは病院を例に取り上げなが
ら，技術的な要因ではなく，人的な要因で構成されるサービス志向を取り上
げている。Hogan, Hogan and Busch（1984）では，サービス志向とは，提供
するサービス品質に影響を与える態度と行動の集合であるという（Hogan,
Hogan and Busch 1984, p.167）。Hogan, Hogan and Busch はボルチモアの病院
を対象としてサービス志向インデックスという92項目から成る尺度を開発し
ている。

　マーケティング研究で，個人レベルでサービス志向の研究が行われたの
は，『Journal of the Academy of Marketing Science』誌の Hurley and Hult
（1998）からである。彼らは，パーソナリティに関するレビューを行ったう
えで，小売業やサービス業に属する企業の従業員580名を対象に調査を行
い，外向性，調整力，人あたりの良さという3つの下位要素から成るパーソ
ナリティに特化したサービス尺度を開発している。

　個人に関するサービス志向尺度の一連の研究を振り返ると，ホテルや病院
は，顧客と従業員といった個人レベルでのコミュニケーションが重要となる

図5-1　サービス志向研究の分類

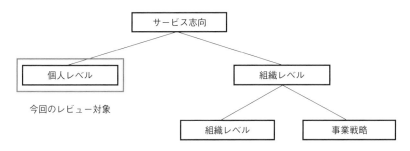

出典：Homburg, Hoyer, and Fassnach (2002), p.87.

ビジネス環境であることから，これまでみてきた MO に関する先行研究より
も，比較的早い段階から研究が取り組まれ，個人に関する志向性の尺度研
究が行われていることがわかる。

1-4.　個人間の普及過程を扱った市場志向研究

　これまでみてきた MO に関する先行研究の共通点は，その多くが MO の
先行要因として，従業員の行動特性や心理特性に焦点を当て，その視点か
ら，MO への普及プロセスを考察することにあった。したがって，これらす
べての研究に共通する研究の限界は，マーケティング的な思想や発想である
MO 自体が，組織の最小範囲である従業員からどのように生成され，他の者
たちにどのように普及するのか，明らかにできないことにあった。Kohli と
Spironi，Tregear，あるいは Ellinger らが取り組んだ研究では，MO に影響
を与える先行要因として個人の要因に着目している点には重要な示唆を有す
るものの，組織レベルの MO と個人レベルの従業員という異なる水準のも
のを扱っている点に共通した研究の限界がみられる。

　そこで，2005年以降から，従業員という個人レベルの視点のみにフォーカ
スし，MO 自体を考察する研究が着手されている。まず欧州において，従業
員という個人レベルの視点のみにフォーカスした議論が活発になりはじめ
た。例えば，Tregear (2003) は，組織の MO は，個人がいくつかの目標を

追求するうえで引き起こされる行動の結果であると示したうえで，英国北部の20名の食料生産者にデプス・インタビューを実施している。結果として，従業員のライフ・スタイルや生産工程に関連した目標を，従業員自身が追求することで，MOは生じるとしている。

　続いて，直接個人を扱っていないが，組織がどのようにMOを形成されるかを探究したGebhardt, Carpenter, and Sherry（2006）の研究をレビューしておこう。MO形成の先行要因として，前述の研究と同様に，個人の特性が関係しているからである。彼らは長期的推移法という分析手法を用いて研究を行った結果，初期化，再構築，制度化，維持という4つの過程を経て，個人が徐々にMO行動を行っていくことを確かめている。

　ここまでの個人レベルのMO研究のいずれにおいても，共通している研究の限界は，MOが組織レベルを測定するMO尺度であるため，組織内でのMO普及過程や，MO生成の鍵となる人物といった個人レベルの現象を捉えることができない点にある。

　Lam, Kraus, and Ahearne（2010）では，これらの研究課題に応じ，従業員間でMOがどのように普及するかを明らかにするため，理論的な根拠を頑健なものにするとともに，個人レベルのMO（Individual Market Orientation，以下IMOと略）尺度を開発している（表5-1）。したがって彼らの研究は以下の点で，IMOの普及プロセスに関する研究に大きな進展をもたらしている。

　Lam, Kraus, and Ahearne（2010）の研究にはどのような理論的貢献があったのだろうか。第一に，前述したとおり，組織レベルでしか扱うことのできなかったMOの概念尺度を，従業員個人レベルでも統計的に扱えるように，組織レベルのMOとは別概念として，定義づけするとともに，従業員個人という次元で扱えられる尺度を開発した点があげられる。Lam, Kraus, and Ahearne（2010）によると，個人レベルのMOとは，顧客の選好，競合他社に関する知見および商品に関する知識を，優れた価値の創造と普及の過程において，組織メンバーが統合する行為であるとしている（Lam, Kraus, and Ahearne 2010, p.62）。そのうえで，Voss and Voss（2000）で開発されたMO尺度をベースにIMO尺度の開発へと至っている。

表5-1　IMO 尺度の測定項目

製品志向

1	私はいつも，新しい製品とサービスを探し求めている
2	私はいつも，我々の企業が提供することになる，製品やサービスを考案し開発している
3	私は，成功の鍵となる，革新的な新製品や新サービスを考えている

競争志向

1	私は，競合他社（競合他社の営業マン）の行動に細心の注意を払っている
2	私は，競合他社（競合他社の営業マン）が行う，顧客との継続的関係構築のための戦術に注意を払っている
3	私はしっかりと，競合他社が行う特別な施策をモニタリングしている

顧客志向

1	私は，顧客選好を知ることが事業の成功の鍵となると考えている
2	私は，将来顧客が望むであろう製品やサービスを見つけるため，頻繁に調査を行っている
3	私の部下に掲げる目標は主に，顧客満足に関してである（マネジャーレベルのみ）
4	私は，顧客ニーズが何か明らかにしようとする
5	私は，顧客の最も興味があることを知っている
6	私は，顧客の目標達成を支援するように努めている（販売担当者レベルのみ）
7	私は，製品やサービスを売る際，顧客に対する問題解決のアプローチを心得ている（販売担当者レベルのみ）
8	私は，顧客の問題に最も有効な製品を提供する（販売担当者のみ）
9	私は，顧客にとってどういった製品やサービスが最も役立つか知る努力している

出典：Lam, Kraus, and Ahearne (2010), pp.75-76.

　ちなみに，Voss and Voss (2000) の MO は製品志向，競争志向，職能横断的統合から構成されている[2]。Voss and Voss の尺度をベースとしたのは，MO 尺度のなかでも，販売やサービス環境に適した尺度であるからである。さらに MO の構成要素の１つである顧客志向については，Thomas, Soutar, and Ryan (2001) の４変数を追加している。この理由として，MO の顧客志向がマネジメントのなかのかなり広範囲におよぶ一方，販売担当者といった個人の顧客志向では顧客と直接関係している項目を追加する必要があることをあげている。このうえで，確認的因子分析を行い，内部一貫性，収束妥当性，弁別妥当性が妥当であることを確認している。

第二に，従業員間でMOが普及する理論的根拠を明示したことである（図5-2）。Lam, Kraus, and Ahearne（2010）以前の研究においても，個人レベルでMOを扱おうとした研究が行われている。だが，以前の研究では，個人間でMOがどう普及するかを明示する理論的根拠が欠落していた。そこで，Lam, Kraus, and Ahearne（2010）は，Bandura（1977）が唱えた社会的学習理論を援用したのである。Bandura（1977）によると，社会的学習理論には2つのタイプの学習があるという。強化学習と観察学習である。強化学習とは，オペラント条件づけに基づく学習を指し，オペラント行動が自発された直後の環境変化に応じてその後の自発頻度が変化する学習をいう。一方で代償学習とは，観察学習ともいわれる，モデリングによる学習をいう。ロール・モデルから影響される結果として，観察者に様々な効果が生じる。

　社会的学習理論を援用してIMO普及のメカニズムを考慮すると，次のようになる。強化学習は上司からマーケティング目標（ブランド・エクイティやシェア）を向上するように目標設定をされたときに働く。この際，マーケティング目標を達成するため，顧客が喜ぶような行動を部下はおこす。代償学習は，ロール・モデルとなる上司や同僚がMO行動をとるときに生じる。これらの上司や同僚を手本として捉えて，部下自らも同じ行動をとるのである。

　Lam, Kraus, and Ahearne（2010）の研究は，実務的にも貴重なインプリケーションを提供している。どのような職階あるいは特性の従業員からMOが生成されるかがわかれば，彼らの雇用や教育の機会を増やすことで，より効率的にMOを組織に浸透させることができるからである。実際，日本のある大手トイレタリー・メーカーでは，新卒マーケターの採用時に，大学においてマーケティングゼミに所属した学生を多く採用している。マーケティングの発想や思考を学んできた学生の方がそうでない者よりも，マーケティング・カンパニーの組織文化や風土に馴染みやすいことを期待してのことである。

1-5. 個人レベルの市場志向（IMO）研究の整理と課題

　MOの普及プロセスに関する先行研究について，系譜ごとに整理を行い，

図 5 - 2　市場志向の普及プロセスに関する概念モデル

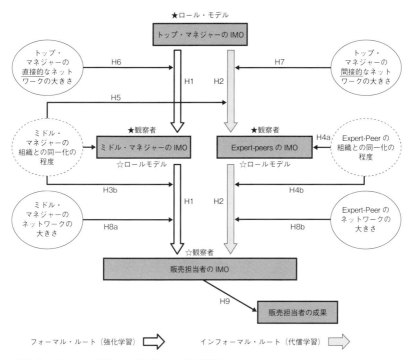

出典：Lam, Kraus, and Ahearne（2010），p.64. を加筆修正。

現状の課題を把握し今後の方向性を示唆するため，組織レベルの MO 研究
から個人レベルの MO（IMO）研究にどのように至ったのかについてレ
ビューを行ってきた。図 5 - 3 で示すとおり，大きく 4 つの潮流であること
がわかる。まず 1 つ目の潮流は MO が他者にどのような影響を及ぼすかを
考察した研究であった。1990年前半に，通常の MO 研究とは異なる 2，3
という複数の組織を取り上げた研究が確認された（e.g., Siguaw, Brown, and
Widing 1994; Siguaw, Simpson, and Baker 1998）。さらに，両者のつながりを理
論的に頑健なものとするため，ステークホルダー理論を取り入れた研究
（Langerak 2001）や，Tajfel and Turner（1979）の社会的交換理論を取り入れ
た研究が行われていた（Steinman, Deshpandè, and Farley 2000）。

第 5 章　組織における市場志向の普及プロセス　｜　211

一方で，国の妥当性向上を図ることもなされていた（e.g., Farrelley and Pascale 2003; Sanzo, Santos, and Vazquez 2003）。その後は，２つの組織のみならず３つの組織を扱った研究も見られた（e.g., Jones, Busch, and Dacin 2003）。そして近年では，より直接的な関係性をみるため，リレーションシップ志向尺度も開発されていた（Sin, Tse, Yau, Chow, Lee, and Lau 2005）。これらの傾向から，個人の普及過程を考える前段階の下地として，組織間のMO普及がさかんに議論されていることが確認できた。

　だが，上記の研究では，組織の最小単位である従業員個人からMOがどう生じ，他者へどのように普及していくのか，という疑問には答えられなかった。そこで2000年あたりから，組織のなかの人的要因がMOにどう影響するかについて議論が行われていた。これが２つ目の潮流である，個人からの影響を扱ったMO研究であった。人的要因を扱った研究や（Griffiths and Grover 1998），人的障害に着目した研究（Harris and Piercy 1999），あるいはマネジメント特性（Wren, Souder, and Berkowitz 2000），リーダーシップ・スタイルを扱った研究（Harris and Ogbonna 2001; Menguc, Auh, and Shih 2007）といった従業員個人からの影響を扱った研究が行われていた。

　そのなかで，従業員の心理面にも光が当てられた。価値観はMOやそれに順ずる行動へと導くことができるため，価値観とMOの関係を解明できれば，効果的にMO型の人材を雇用，育成できる。MOを促進させる先行要因として，従業員の価値観や行動の解明を唱えたSridharan, Kohli, and Spiro（2001），賛同する力にフォーカスしたBrown, Mowen, Donavan, and Licata（2002）がみられた。したがって，今後の研究では，従業員の価値観がIMOに与える影響のメカニズムの解明が求められるだろう。

　３つ目の潮流は，第一の研究潮流とは別に進められた，個人レベルのサービス志向を扱った研究であった。これにはサービス業では顧客と直に接する機会が多いため，特に従業員個人に注力しなければならない背景があった。応用心理学で開発されたHogan Hogan, and Busch（1984），組織レベルで開発されたLytle, Hom, and Mokuwa（1998），そして個人レベルのサービス志向尺度であるHurley and Hult（1998）がみられる。

　以上の研究潮流をうけて，４つ目の潮流である，個人間の普及過程を扱っ

図 5 - 3 市場志向の普及プロセスに関する研究の変遷

● は、主な研究

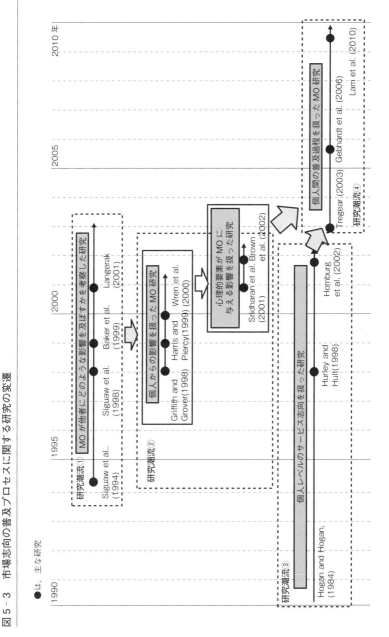

た研究が2005年あたりから行われていた（Tregear 2003）。なかでも Lam, Kraus, and Ahearne（2010）の研究は，従業員個人間の普及を，Bandura（1977）が唱えた，社会的学習理論を援用し，理論的に説明した点で，MO普及を考察するうえで大きな進展をもたらしていた。

したがって，今後のMOの普及プロセスに関する研究の方向性の1つとしては，Lam, Kraus, and Ahearne（2010）の研究を発展させていくことが求められる。彼らは個人間でMOが普及していくメカニズムを解明するため，「Fortune 500」の清掃業や衛星産業のセールス・マネジャーやセールス・パーソン，セールス・ディレクターを対象に調査を行っている。

しかしながら，その周辺環境についてはほとんど明らかにされていない。セールス・パーソンがコミュニケーションをとっている人数であるネットワークの数と，所属する組織との一体感の程度を表す組織との同一化のみを取り上げている。ゆえに今後は，個人間でどのような環境モデレーター要因が普及プロセスに影響するのか明らかにしなければならない。

また，彼らは研究対象として上司と部下のみを扱っている。そこで今後はそれ以外の普及プロセス，例えばブランド・マネジャーとブランド担当といった異なる属性でも研究を進める必要があるだろう。

以上のように研究潮流ごとにその傾向を捉えると，組織レベルのMOから個人レベルのMO（IMO）への研究変遷は，**図5-3**のようにある程度明確にその研究の傾向をみることができる。同時に，**表5-2**では，MOの普及プロセスに関する研究を時代ごとに整理している。

2. 従業員の価値観が市場志向に及ぼす影響

第2節からは，これまでのレビューを踏まえ，MOの普及プロセスに関する研究において，課題が残されている研究についてさらに考察を深める。

第2節では，まず，2つ目の潮流であった個人からの影響を扱ったMO研究についてみていこう。近年では，従業員の価値観がMOに与える影響について考察された研究がいくつかみられた（e.g., Brown, Mowen, Donavan, and Licata 2002）。しかしながら，価値観とMOの因果関係については，部

分的にしか解明がなされていない。あるいは，取り上げられた価値観がアドホックであり一般化がなされていなかった（e.g., Homburg and Pflesser 2000; Sridharan, Kohli, and Spiro 2001）。または，Nakata and Sivakumar（2001）では，Hofstede（1980）の価値観の次元がマーケティング・コンセプトに与える影響について調査している。だが，Hofstede（1980）の価値観と個人レベルの MO（IMO）を援用しており，前者が集団や文化レベル，後者が従業員個人レベルの尺度を扱っており，分析レベルが統一されていない点に研究の限界がみられる。

　以上を踏まえ，**第 2 節**では，従業員個人レベルの包括的な価値観が，IMO に与える因果関係について考察する。

2-1. 理論的背景

　本研究では，価値観と個人レベルの MO（IMO）という 2 つの概念を援用する。そこで，これら 2 つの理論的背景についてまず論じる。

◆価値観

　価値観とは，特定の状況，指針の選択，行動の評価を超越し，達成したいと思う目標に向けての行為を表した思想や信念であるといわれる（Rokeach 1973）。先行研究において，個人の価値観のエポック・メーキングとなる研究は，Schwartz によって行われている（Schwartz 1992）。Schwartz（1992）では，価値観の類型化を行っている。10の価値観のタイプ（自己支配，刺激，快楽主義，成功，権力，安定，調和，伝統，慈悲心，普遍主義）に分類し，これらの10の価値観には，連続性があることを示している。この価値観の連続性というのは，**図 5 - 4** のように，円形から成り立つ循環型構造になっている。

　この循環型構造では，価値観を10に類型している。例えば，成功と権力という 2 つの価値観は動機づけの意味が近いため，隣同士に位置づけられる。双方ともに，自己向上という内因的動機に関係している。

　他方で，権力は，普遍主義や慈悲心とは逆に位置づけられる。権力は自己向上を目指すが，普遍主義や慈悲心では自己超越を目指すからである

表5-2　個人レベルの市場志向研究の整理図

研究名（年）	解明しようとした対象	調査対象（サンプル数）	分析手法
Hogan, Hogan and Bush (1984)	企業	ボルチモアの病院	尺度開発
Siguaw, Brown, and Widing (1994)	企業	米国企業 （298社）	回帰分析
Siguaw, Simpson, and Baker (1998)	2社を1組とする企業	米国 販売業者と供給業者（179組）	パス解析
Grifiths and Grover (1998)	—	—	命題提示
Lytle, Hom, and Mokwa (1998)	企業	米国 看護師，保険事務員等	尺度開発
Hurley and Hult (1998)	企業	米国企業 （580名）	尺度開発
Baker, Simpson, and Siguaw (1999)	企業	米国 小売業 （380社）	因子分析 相関分析
Yau, Sin, Lee, and Tse (1999)	企業	中国 企業 （210社）	回帰分析
Harris and Piercy (1999)	企業	英国 小売業 （107名）	パス解析
Steinman, Deshpandè, and Farley (2000)	2社を1組とする企業	米国，日本 企業とその顧客	相関分析
Wren, Souder, and Berkowitz (2000)	企業	米国やニュージーランドなどのハイテク企業	回帰分析
Homburg and Pflesser (2000)	企業	ドイツ企業 （173名）	回帰分析
Harris and Ogbonna (2001)	企業	英国 FAME データベース 登録企業（322社）	パス解析
Cervera, Molla, and Sanchez (2001)	—	—	—

扱われた変数	主な貢献
サービス志向	サービス志向インデックスという92項目から成る尺度を開発
市場志向，顧客志向，役割の葛藤，役割の不明確化，職務満足，組織コミットメント	企業が「市場志向」をセールス・パーソンに知覚させると，セールス・パーソンは「顧客志向」になり，「役割のコンフリクト」と「役割の不明確さ」を減少させる。さらに，「職務満足」，「組織コミットメント」を増加させる
市場志向，協調的な規範，コミットメント，満足	「供給業者の市場志向」は「販売業者の市場志向」にプラスに影響し，「販売業者の満足度」を高める 「販売業者の市場志向」は「信頼」，「協調的な規範」に直接影響する
―	組織文化である MO に対して，組織内のメンバシップ，組織の象徴，組織の精神力学，組織における認識という4つの人的要因が，組織文化である MO に影響を与え，結果として MO 行動に影響する。
サービス志向	サービス・リーダーシップ，サービス・ビジョン，顧客の待遇，従業員のもつ権限，サービスの失敗に対する予防と回復，サービス技術，標準的なコミュニケーション，サービ・ストレーニング，サービスに対する報酬から成り立つ，サービス志向尺度を開発
サービス志向	外向性（Extroversion），調整力（Adjustment），人当たりの良さ（Agreeableness），の3項目から成るパーソナリティに特化した，サービス志向尺度を開発
市場志向，信頼，コミットメント，協調的な規範，満足	「供給業者が転売者の MO を知覚すること」と，転売者の「信頼」，「コミットメント」，「協調的な規範」とは，互いに関係しあう
市場志向，リレーションシップ志向	リーダー企業では，双方の志向性が有効。だがチャレンジャー企業では，市場志向のみが有効。一方，フォロワー企業とニッチャー企業では，リレーションシップ志向のみが有効
市場志向，垂直的コミュニケーション量の低さ，政治的行動の程度，コンフリクト行動の程度，組織メンバーの定式化	4つの阻害要因が MO にネガティブに働く
供給業者自身が感じる市場志向，顧客が供給業者に対し感じる市場志向，関係性の時間的な長さ，重要と考えている程度	「供給業者自身が感じる市場志向」が，「顧客が供給業者に対し感じる市場志向」よりも市場志向を強く意識しており，この際，MO ギャップが彼らの「関係」が長く，「重要」と考えている程度が高いほど，小さくなる
市場志向，プロジェクト・マネジャー・スキル，トップ・マネジャー・サポート	米国やニュージーランドといった個人主義の国では，「プロジェクト・マネジャー・スキル」と「トップ・マネジャー・サポート」からの影響がより強くなったが，韓国のような規則が重視される国では，これらの影響はない
市場志向，価値観	価値観が MO に影響する
市場志向，参画型リーダーシップ，支持型リーダーシップ，道具的リーダーシップ	参画型と支援型リーダーシップ・スタイルはプラスに，道具的リーダーシップはマイナスに影響していた
市場志向，シニア・マネジメント特性，組織特性，組織構造，内部的なダイナミクス，外部要因	シニア・マネジメント特性としては，MO の強調すなわち市場志向をシニア・マネジャーが強調することは MO にプラス，リスク回避が市場志向にマイナスの影響がある

Brown, Mowen, Donavan, and Licata (2002)	企業	米国 企業 (27社)	構造方程式モデル
Homburg, Hoyer, and Fassnacht (2002)	企業	米国とドイツのアパレルと 家具店それぞれ88名，106名	回帰分析
Farrelly and Pascale (2003)	2社を1組とする企業	豪州 フットボールリーグ オーナーとスポンサー (46組)	相関分析
Sanzo, Santos, and Vazquez (2003)	企業	スペイン 企業 (174社)	最尤推定法
Jones, Busch and Dacin (2003)	3社を1組とする企業	米国 セールス・マネジャー，セールス・パーソン，小売業者 (51組)	構造方程式モデル
Tregear (2003)	従業員	英国 食料生産者 (20名)	デプス・インタビュー
Sin, Tse, Yau, Chow, Lee, and Lau (2005)	企業	香港 (277社) 台湾 (222社)	尺度開発
Gebhardt, Carpenter, and Sherry (2006)	従業員	—	長期的推移法
Martin and Alan (2006)	企業	米国 小売業 (106社)	回帰分析
Menguc, Auh, and Shih (2007)	企業	米国 (980名)	回帰分析
Lam, Kraus, and Ahearne (2010)	従業員	セールス・ディレクター (43名)，セールス・マネジャー (285名)，販売担当者 (1,528名)	階層回帰分析

(Schwartz 1992)。

　Schwartz の価値観の構造や内容は，44カ国からの97サンプル25,000人以上を対象としていることから，統計的に高い説得力のあるものとして支持を得ている (Schwartz 1992; Schwartz and Sagiv 1995)。Schwartz の価値観の次元は，異文化間心理学 (Feather 1995)，国際経営学 (Egri, Ralston, Murray, and Nicholson 2000)，そしてマーケティング (Steenkamp, Hofstede, and Wedel 1999) の研究領域で援用されている。

　Schwartz の価値観の1つの特徴は，10の価値観がさらに高次元で再びグ

市場志向，賛同する力（Agreeability）	賛同する力は，顧客志向にプラスの影響がある
サービス志向，ストア特性，環境特性，顧客特性，市場のビジネスパフォーマンス，企業の収益率	サービス志向の先行要因となる，ストア特性が，その他の先行要因である環境特性，顧客特性よりも強い影響がある。その環境特性の中では，競合の密集度より革新性によって駆動される
市場志向，スポンサーシップ，コミットメント，信頼，協調的なコミュニケーション	「オーナーの市場志向」と「スポンサーによって知覚された市場志向」には，協創的なコミュニケーションの有無にかかわらず，関係性が確認されなかった
コミュニケーション，信頼，満足，コミットメント，市場志向，知覚価値	買い手の「市場志向」は，「コミュニケーション」に影響を与え，「信頼」，「コミットメント」，「知覚価値」にもポジティブで最終的に「満足」につながる
マネジャーのMOは，セールス・パーソンのMO，役割の葛藤，不明確さ，組織コミットメント，職務満足	マネジャーの「市場志向」は，セールス・パーソンの「市場志向」に影響がなかったが，セールス・パーソンの「市場志向」は彼等の職務態度（役割の葛藤や不明確さ，組織上のコミットメント，職務満足）に影響を与え，顧客への不満を招く
—	従業員のライフスタイルや生産工程に関連した目標を，従業員自身が追求することで，市場志向は生じる
リレーションシップ志向	信頼性，収斂妥当性，弁別妥当性，文化間安定性分析を行ない，信頼，絆，コミュニケーション，共有価値という4要素から成り立つ，リレーションシップ・マーケティング尺度を開発
—	初期化，再構築，制度化，維持という4つのプロセスを経て，個人が徐々に市場志向行動を行っていく
市場志向，参画型リーダーシップ，支持型リーダーシップ，道具的リーダーシップ	セールス・マネジャーのリーダーシップ・スタイルがセールス・パーソンの顧客型の売り方にプラスの影響がある
市場志向，変革型リーダーシップ，交換型リーダーシップ，放任型リーダーシップ	マネジャーの変革型リーダーシップがMOにプラスの影響がある
個人レベルの市場志向，組織との同一化の程度，ネットワークの大きさ	IMOが上司から部下および専門家（Expert-Peer）へと普及していく

ループ化されていることである。権力，成功，快楽主義，刺激をグループ化することで，個人主義という価値観を創る。一方，普遍主義，慈悲心，調和，伝統，安定という価値観をグループ化することで，集団主義という価値観を得ている。個人主義と集団主義の価値観は，文化的レベルだけでなく，個人レベルでも，対峙する関係を有するといわれる（Hofstede 1980）。

　また，10の価値観の次元は4つの領域にも分類される。それら4つの領域は両極に位置する次元を2つ創り出す（変化に対する開放性 vs. 保守性，自己超越 vs. 自己向上）。この両極の次元はそれぞれ，個人主義と集団主義の小分

図 5 - 4　価値観の分類に関するフレームワーク

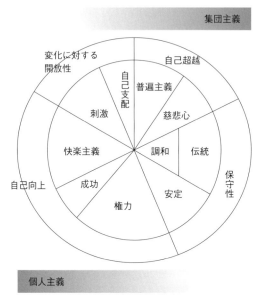

出典：Schwartz (1992), p.45. を加筆修正。

類として示される。

　「変化に対する開放性 vs. 保守性」は，個人が知的，感情的興味を有する動機づけと，他人との関係性を向上するための動機づけとの間で識別されている。変化に対する開放性は刺激や自己支配から成り立ち，個人主義で表現される。逆に，保守性は安定，調和，伝統で成り立ち，集団主義で表される。

　また，「自己超越 vs. 自己向上」は，自分の興味がそそられる動機づけと，他人や自然との関係性を増やすような動機づけとの間で識別されている。自己超越は慈悲心や普遍主義の価値観から成り立ち，集団主義で表現される。自己向上は，権力，成功，快楽主義から成り立ち，個人主義で表わされる。

　本研究では，Schwartz (1992) における価値観を用いて，個人主義と集団主義，あるいは，変化に対する開放性 vs. 保守性，自己向上 vs. 自己超越と

いう2次元で識別したりすることにより，個人の価値観がMOに与える態度についてより精緻に考察できると考えている。

◆個人レベルの市場志向

本研究では，先行研究を踏まえながら，価値観とIMOという両概念の関係について，いくつかの命題導出を試みる。今後，実証分析を実施するため，個人レベルでMOを測定できるLam, Kraus, and Ahearne（2010）のIMO尺度を用いる。したがって，下位概念は，Narver and Slater（1990）が取り上げた顧客志向，競争志向，職能横断的統合とは異なり，顧客志向，競争志向，製品志向となる。

この IMO に関しては，従業員個人の態度を測定することとした。従業員に価値観が共有された場合，その価値観がMO態度へとつながり，それに順ずるMO行動へと導くことになると考えられる。従業員個人レベルでは，ある影響は抽象的な価値観から態度，さらに具体的な行動という流れに沿って伝わるという（Homer and Kahle 1988）。

Homer and Kahle（1988）が提唱したこの因果連鎖モデルに従えば，価値観は変化させるのが最も困難な変数である。個人の信念の中心にあり，特定の状況を超越しているからである（Rokeach 1973）。態度は変化させるのが容易ではないが，価値観よりも変化させるのが容易な変数であるという。態度は個人のアイデンティティの中心にあるとはいえないからである（Ajzen and Fishbein 1980）。そして，行動は最も影響されやすく，容易に変化し，価値観や態度によっていっそう強固なものになる変数である（Meglino and Ravlin 1998）。

従業員個人の好意的な態度がグループレベルで共有されるようになると，その態度が組織の規範になる（Hartline, Maxham, and McKee 2000）。したがって，IMO態度は，最終的には組織レベルのMOに影響を及ぼすと考えられている（Homburg and Pflesser 2000）。

2-2. 命題導出

2-2では，価値観とIMOという2つの概念を援用し，従業員個人の価

値観が3つの MO 態度に与える因果関係を明らかにする複数の命題を導出
する。

◆価値観が個人レベルの顧客志向に及ぼす影響

　MO の構成要素の1つである顧客志向とは，第1章で述べたとおり，買い
手に継続的に優れた価値を生み出すことができるように十分に，標的となる
買い手を理解することである（Narver and Slater 1990）。個人主義の価値観を
もつ従業員は自主性に富む（他人に依存しない）性格を有する者たちで，他
人の思考，感情，行動を参照することよりも，自身の思考，感情，行動を参
照することで重要な価値を生み出す（Aaker and Maheswaran 1997）。

　顧客志向では，顧客に目を向けることを常に志すため，個人主義の価値観
の従業員は，集団主義の価値観の従業員よりも，顧客への好意的な態度を高
めることを考えない。さらに，リレーションシップの構築や関係性の維持に
対する態度は，個人主義よりも，集団主義の人々においていっそう高い。相
互依存を意識する従業員，すなわち集団主義の従業員は通常，他人に対し，
いっそう注意深く敏感であり（Markus and Kitayama 1991），また，独立心の
強い個人主義の価値観の者よりも，感情移入するといわれる（Aaker and
Maheswaran 1997）。以上より，次の命題を導き出した。

　　命題1a：個人主義の価値観は，顧客志向の態度にマイナスの影響があ
　　　　　　る一方，集団主義の価値観は，顧客志向の態度にプラスの影
　　　　　　響がある。

　集団主義の価値観のなかでも，慈悲心といった自己超越的な価値観は，保
守性といった価値観よりも，顧客志向により強いプラスの影響があるはずで
ある。集団主義の価値観のなかでは，他人に対する優しさは，保守性ではな
く，自己超越に属しているといわれる（Schwartz 1992）。Brown, Mowen,
Donavan, and Licata（2002）では，サービス業の従業員が有するこの他人に
対する優しさが，顧客志向にプラスに影響することを明らかにしている。他
人に対する優しさを有する従業員は自然に，顧客に対し共感し，顧客の課題

を解決する動機を有するからである。したがって，次の命題が導出される。

　　命題１ｂ：自己超越の価値観は，保守性の価値観よりも，顧客志向の態
　　　　　　　度によりプラスの影響がある。

◆価値観が個人レベルの競争志向に及ぼす影響
　MO の構成要素の１つである競争志向とは，企業の短期的な強みと弱み，
長期的なケイパビリティ，そして鍵となる競合他社の戦略を，組織が理解す
ることを意味する（Day and Wensley 1988）。前述にて言及したとおり，個人
主義の者は他人の思考，感情，行動に注目することよりも，自身の思考，感
情，行動に注力する（Markus and Kitayama 1991）。したがって，個人主義の
従業員は集団主義の従業員よりも，他者に目を向ける競争志向を好む態度を
あまり発展させようと思わない。
　一方，集団主義の最も重要な要因の１つは，他人と自分自身との関係を考
えることである（Markus and Kitayama 1991）。したがって，集団主義を有す
る価値観の人々は自発的に他人と関係しようとし，社会的な環境（競合他社
のような他人を含む）を理解しようとする。そのため，競争志向に対する彼
らの態度は，個人主義の価値観の人々の態度とは逆に，プラスになると思わ
れる。それゆえ，以下の命題を導出した。

　　命題２ａ：個人主義の価値観は，競争志向の態度にマイナスの影響があ
　　　　　　　る一方，集団主義の価値観は，競争志向の態度にプラスの影
　　　　　　　響がある。

　集団主義の価値観のなかでも，保守性の価値観をもつ従業員は，現状を維
持したいため（Markus and Kitayama 1991），競合他社の行動に対して敏感に
反応する。したがって，何事にも動じない強い信念を有する自己超越型の価
値観をもつ集団主義の従業員よりも，競争志向を高めると考えられる。以上
から，次の命題を導出した。

命題2b：保守性の価値観は，自己超越の価値観よりも，競争志向の態
度によりプラスの影響がある。

◆価値観が個人レベルの製品志向に及ぼす影響

　製品志向という言葉が登場したのは，第1章で述べたとおり，Keith
(1960) からである。当該研究では1つの企業において，時代の変遷ととも
に，製品志向を起点としてやがて販売志向になり，最終的にマーケティング
志向になると示唆している。一方，MO の代替的志向性として製品志向が実
証研究で取り上げられたのは，Voss and Voss (2000) からである。

　製品志向の理論的背景については，Noble, Sinha, and Kumar (2002) に詳
しい。彼らは理論的背景として，取引コスト理論 (Coase 1937) を援用して
いる。彼らによると，製品志向の企業は低価格を好む顧客に目を向けないた
め利益を一部失うことになるが，自社の製品を好む根強い顧客を獲得できる
ため，継続的にそのマージンが獲得され供給を増やすことで経済賃貸料を得
られ，最終的に優れた財務パフォーマンスをもたらすという。

　以上からわかるように製品志向は，製品を作るという共通の目標を掲げる
ことで，従業員を動かす。共通の目標が掲げられるとき，集団主義の従業員
は集団全体の調和を高める傾向がある (Markus and Kitayama 1991)。した
がって，集団主義の従業員は，製品志向に対する好意的態度を高めることに
なる。さらに，集団主義の従業員は，徹底した情報共有を行っていく (Moor-
man 1995)。よって集団主義の価値観は，コンフリクトが起こったとして
も，解決に向け従事することになる。このことから，集団主義の従業員は，
個人主義の従業員よりも，製品志向になりやすいと思われる。

　他方，個人主義の従業員は，他人に依存せず，自主性に富む行動を好むた
め，組織で掲げられた共通の目標よりも，個人の目標を優先する (Markus
and Kitayama 1991)。したがって，個人主義の価値観が強くなるほど，1つ
の製品を作るという共通の目標を有する製品志向にはより迎合しづらくなる
と思われる。以上から，次の命題を導いた。

　命題3a：個人主義の価値観は，製品志向の態度にマイナスの影響があ

る一方，集団主義の価値観は，製品志向の態度にプラスの影響がある。

　集団主義の価値観のなかでも，保守性の価値観を有する従業員はリスクを避け，集団における協調性や安定性を維持しようとするため，他人の調子を狂わせ傷つけようとする気持ちや衝動，社会的な期待や規範にそむく行動を控える。この保守性の価値観を有する従業員はおそらく，製品志向に好意的な態度を形成しやすい。みんなで力を合わせて1つのものを創りあげていく製品志向の考えに合致するからである。
　一方，製品志向は，集団主義のなかでも，自己超越の価値観を有する従業員では逆にネガティブに作用する可能性がある。自己超越の強い者ほど，他者に対しての慈悲心が強く働くため，製品開発の際に行われるメンバーとの議論において，相手の顔色を伺い，他者の主張を容易に受け入れてしまう。その結果，議論が発展せず，当たり障りのない結論にしか至らない。したがって，自己超越の価値観は創造的な議論にはあまり向かないと思われる。以上から，次の命題を導出した。

　　命題3b：保守性の価値観は，自己超越の価値観よりも，製品志向の態度によりプラスの影響がある。

3．本研究の考察

　本研究では，従業員の価値観が，個人レベルのMO（IMO）態度にどのような影響を及ぼすかについて，先行研究の知見を踏まえながら，6つの命題を導出している。最終的な目標は，この価値観とIMOの因果関係を，実際の企業の従業員に対して調査を実施し，実証的に解明することにある。最後に，本研究の考察として，理論的インプリケーション，実務的インプリケーション，そして，研究課題について示す。
　理論的インプリケーションとしては，次のとおりである。第一に，過去のMO研究では断片的な価値観を利用してきたため，一般化が図られていな

かった（e.g., Homburg and Pflesser 2000）。そこで，本研究では Schwartz（1992）の価値観を援用することで一般化を試みている。Schwartz の類型は体系づけられたものであるので，MO を阻害する価値観と，MO を高める価値観を明確にすることができた。

　第二に，本研究では 3 つの IMO 構成要素（顧客志向，競争志向，製品志向）から，従業員レベルの MO を考察することの重要性を明らかにした。命題を導出することで，個人の価値観は 3 つの構成要素に異なる影響を及ぼすことを明らかにしている。さらに，Schwartz（1992）の価値観の分類を用いることで，3 つの MO 態度にいずれもプラスに作用していた集団主義の価値観のなかでも，保守性と自己超越という価値観のどちらがより，MO 態度にプラスに影響するかという詳細までを示している。

　本研究の結果に従えば，MO を高めない価値観を有する従業員が働く企業は，MO を高める価値観を有する従業員をより多く雇用する企業と比較して，競争の非優位なポジションにいることが理解できる。先行研究に従えば，従業員個人の価値観は MO 態度に影響し，それらの態度は MO 行動に影響する（Ruekert 1992）。Homer and Kahle（1988）の因果連鎖モデルでは，価値観は変化させるのが最も困難であると考えている。価値観は個人の信念の中心にあり，特定の状況に影響されないからである（Rokeach 1973）。態度は個人の独自性の中心にはなく，汎用性があまりない（Ajzen and Fishbein 1980）。そして，行動は順応性があり，比較的変えることが容易である。

　さらに，行動はフィードバック効果の働きによって，個人の価値観や態度をいっそう強化する（Day 1994a）。従業員のなかで価値観，態度，行動は連鎖的に生じるものであるため，従業員は価値観と態度に関連した行動をとることになる（Homer and Kahle 1988）。したがって，従業員個人の価値観を深く考察することは，企業が MO を組織で実現していくうえで重要な視点となるはずである。

　続いて，実務的インプリケーションは次の 2 点である。

　第一に，個人の価値観を考慮すれば，MO に好意的な態度を有する従業員をあらかじめ採用することができる。入社後に個人の価値観を変化させるのは困難であるが，自社の組織文化になじみやすい価値観を有する従業員を前

もって採用することは容易である。

　第二に，マネジャーは，MO の重要性について従業員に理解させる効果的なトレーニング・プログラムを開発できる。トレーニングの効果をできるかぎり高めるため，プログラム実施の際には従業員の行動ではなく，態度を変化させることを狙うべきである。価値観は変化させるのがもっとも困難なため，従業員の価値観を変化させるトレーニング・プログラムが成功するとはかぎらない。代わりに，望むべき態度への修正を促すとともに，その態度がパフォーマンスをいっそう向上させることを従業員に理解させるプログラムを作成するのである。

　以上のような貢献がある一方，本研究にはいくつかの課題がある。

　第一に，本研究の範囲についてであり，価値観と態度の関係を考察するだけでは限界がある。完璧な因果連鎖モデル構築には，行動変数までを含めるべきである。態度や行動間の関係はおそらく，組織文化（Deshpandè, Farley, and Webster 1993）や組織行動（権力や統制）（Harris and Piercy 1999）など，いくつかの要因によって影響されるはずである。したがって，それらをコントロール変数として組み入れるべきである。また，MO とパフォーマンス間の関係性はとくに重要であるので，因果連鎖のなかで，成果要因までを含めて調査するべきである。

　第二に，今回提示した命題モデルでは，最も高次な価値観の次元である集団主義と個人主義にフォーカスしたため，自己超越と保守性以外のよりブレークダウンした価値観については扱っていない。そこで，今後の研究では，今回取り上げられていない価値観が MO 態度にどのような影響を及ぼすかを再度考察する必要がある。

　第三に，命題モデルを導出していることに留まっている点である。今後は，導出した命題をもとに仮説を構築し，実証研究を行っていくことが求められる。

　以上のような課題はあるものの，先行研究の課題を踏まえながら，個人の価値観と IMO 間の関係性に関する命題を導出した点で，本研究は MO の普及プロセスに関する研究に一歩進展をもたらしている。

4．組織における市場志向の普及プロセス

4-1. 個人間の普及プロセスを扱った研究

　第5章の1-4で述べたとおり，Lam, Kraus, and Ahearne（2010）の研究はIMO尺度を開発し，従業員個人間の普及を確認していることから，ひとかたならぬ貢献があったといえよう。組織レベルのMOに終始していた研究のなかに，個人レベルでMOがどのように普及していくかを把握するための確かな糸口を与えてくれたのである。このような貢献の一方で，IMO研究ははじまったばかりであり，多くの課題が残されている点が指摘される。

　まず上司から部下へIMOが普及する際に影響するモデレーター要因に関しては，ほとんど未解明の状況にある。Lam, Kraus, and Ahearne（2010）においてはモデレーター要因として，組織との同一化の程度（Ashforth and Mael 1989）と，ネットワークの大きさ（Ford 1981）という2つを考察しているに留まっている。したがって，IMO普及の際のモデレーター要因には議論の余地がかなりある。そして，新たなモデレーター要因を導出することによって，IMOの普及モデルをさらに精緻化できる。

　このような課題を踏まえ，4-1以降では，IMO普及の際に影響を及ぼすと考えられるモデレーター要因を探り，IMO普及の解明へと至る命題モデルを導出する。その際には，IMO普及を明らかにしたLam, Kraus, and Ahearne（2010）と同じように，上司と部下の間における普及過程を取り上げたい。IMO普及に焦点を当てる試みはLam, Kraus, and Ahearne（2010）を踏襲することになるが，ここでは上司から部下への普及に影響を与えるモデレーター要因に焦点を絞り，議論を進めていく。

4-2. IMO普及のモデレーター要因

　先のLamらの議論でもあったように，IMO研究は萌芽期にあり，モデレーター要因に関してはほとんど議論がなされていない。そこで4-2で

は，IMO 普及の際のモデレーター要因にフォーカスし論じていく。個人間の接触や情報伝播を扱うため，社会心理学の理論が主に取り上げられる。

◆集団規範と同調行動（Group Norm and Conformity Action）

　組織では従業員が活動を続けていくにつれて，考え方や行動など，様々な要因が類似する斉一化現象が生じる。この現象が引き起こされると，集団において標準的行動があらわれてくる。標準的行動は従業員の行動基準となり，従業員が逸脱した行動をとらないように圧力をかける。このような従業員に強制される行動を集団規範といい，郷に入りては郷に従えということわざをあげるとわかりやすい。

　この集団規範はさらに，従業員に斉一性圧力として作用し，同調行動を促す。同調行動とは他者の行動を知ることで他者と同じように行動を変容させることを示し（Sherif 1936），朱に交われば赤くなるということわざが当てはまる。

　同調行動は，MO 普及のモデレーター要因になるといえないだろうか。製品開発を行う際，従業員は他者と接しながら開発プロセスを進めなければならない。そのため身近，あるいは，鍵となる人物の行動に影響されて自らの行動を変えていくと考えられるからである。

◆社会的勢力（Social Power）

　上司あるいは同僚への働きかけを，社会的勢力と呼ぶ（French and Raven 1959）。彼らによると，社会的勢力には6つの源泉があるという。まず，賞または罰の勢力である。従業員の行動が賞罰で形成されることは，社会的学習理論の強化学習で示される（Bandura 1977）。3つ目の，参照勢力があげられる。自分の理想とする人物に近づこうとすることであり，社会的学習理論の代償学習が当てはまる。4つ目が，正当勢力であり，高い地位の者が低い地位の者に影響を及ぼす力を表す。5つ目が，専門勢力というものもあり，これは専門家の情報バイアスの力を示す。例えば，製品の新たな技術に詳しい社員が同じ部門にいたとすると，その人物からの情報は，同部門の他の社員よりも，強い影響力をもつことになる。

6つ目が情報勢力であり，受け手に必要な情報を与え納得するよう働きかける力である。5つ目までの社会的勢力は，説得内容と直接関係のない要因で説得の応諾を決めるため，精緻化見込みモデルを当てはめると（Petty and Cacioppo 1986），感情的処理を行う周辺ルートを通る。だが情報勢力では，受け手に様々な情報を提供するため，認知的処理を行う中心ルートをたどることになる。

　情報勢力も，IMO普及の理論的基盤となる。他者から説明を受け，本人が納得してマーケティングの考え方を受け入れるケースが考えられるからである。例えば顧客志向に半信半疑であった従業員が，顧客に目を向けることの大切さに関する指導を，上司から受けることで，その考え方に共感する場合が当てはまる。

　製品開発の現場では，上司あるいは同僚，そして調査部といった専門家に自発的に働きかけることで，従業員は開発のステップを進めていく。逆をいえば，そのような働きかけがなくては，製品開発を進めることはできない。したがって，上記であげた6つの社会的勢力が何かしら働くことになると推測される。

◆職務満足（Job Satisfaction）
　職務満足とは，組織メンバーが自己の職務および職場環境に対して抱く満足感を表している（林 2000）。職務満足は主に，組織コミットメントや離転職活動とともに，職務活動の分野で研究が行われてきた。

　これまで職務満足は，組織パフォーマンスにプラスの影響があることが明らかにされてきた（e.g., Ostroff 1992; Schneider, Hanges, Smith, and Salvaggio 2003）。顧客志向に関しても同様に，職務満足から影響を受けることが確認されている（e.g., Parkington and Schneider 1979; Hoffman and Ingram 1992）。近年ではMO研究においても，職務満足とMOに関する因果関係について考察されている（Jones, Busch, and Dacin 2003）。

　職務に満足感を感じるときには自らの業務に積極的に取り込むことになるので，その分，他者とのコミュニケーションの機会も増え，共に働く同僚や上司から多くのことを習得することになる。言い換えると，従業員が製品開

発を進める場合，そうでないときよりも，メンバーたちとより活発にコミュニケーションをとりながら，製品を開発していくことになる。

◆変数の設定

　ここからは，IMO 普及のモデレーター要因に関して，いくつかの命題を示したい。はじめに，命題に用いられる変数について論じたうえで，命題の導出を行っていく。

(1) 個人レベルの市場志向（IMO）

　従業員同士で生じる MO の普及過程を考察していくうえでは，組織レベルの MO ではなく，従業員個人にフォーカスした IMO を取り上げなければならない。先に論じたように，組織レベルの MO では，1 つの企業や部門といった集団を対象とするため，個人レベルにおける MO の生成や普及を取り上げることはできない。そこで，本研究では，Lam, Kraus, and Ahearne（2010）で提唱された個人レベルを対象とする IMO の概念が取り上げられることになる。

(2) 同調行動

　モデレーター変数の 1 つ目として，同調行動を取り上げたい。前述のとおり，同調行動とは，他者の行動を知ることでその他者と同じように行動を変容させることを示す（Sherif 1936）。したがって，同調行動によって，その従業員は周りで働く上司や同僚の行動に自らの行動を反映させていく。

(3) 社会的勢力

　モデレーター変数の 2 つ目として，社会的勢力があげられる。先の議論を踏まえると，社会的勢力とは上司あるいは同僚への働きかけを示す（French and Raven 1959）。社会的勢力によって，従業員はまわりの従業員から積極的に文化や考え方を取り入れる。

(4) 職務満足

　最後に，職務満足も，IMO のモデレーター変数として取り上げられるだろう。前述したとおり，職務に満足感を得ている従業員は，次々に仕事をこなすことで業務経験が豊富になるため他の従業員とコミュニケーションをとることになる。したがって，他の従業員に根づいた組織の風土や価値観を根

づかせていく。だが職務満足を感じていない従業員は，いやいや仕事を行う
ため，豊富な業務経験は得られない。そのため，他者とのコミュニケーショ
ンも行われない。結果として，組織の風土や文化に触れないだろう。

(5) 製品パフォーマンス

　成果変数としては，製品パフォーマンスを取り上げる。これまで組織レベ
ルの MO 研究では，MO が製品パフォーマンスに対しプラスの影響があるこ
とが明らかにされてきた (e.g., Langerak, Hultink, and Robben 2004; Narver,
Slater, and MacLachlan 2004)。以上から，IMO においても，製品パフォーマ
ンスにプラスの影響があると想定される。

4-3. 命題の導出

　まず，IMO と同調行動がどのような関係にあるかを考えてみたい。先の
議論を踏まえると，上司の IMO は，組織に存在する集団規範に基づいて，
部下の同調行動からの影響を受け，彼らの IMO に影響を与えていくと思わ
れる。

　例えば，新製品開発チームに新しく配属された新人マーケターを思い浮か
べてほしい。配属先の部門では，常に消費者調査に目をくばり，現場である
店頭にまで頻繁に足を運び，顧客動向を調べることが当たり前であったとす
る。この場合，先輩マーケターの顧客視点の行動に，新人マーケターはいつ
のまにか同調していき，いずれは先輩と同じ行動をとっていくと想定され
る。こうした理由により，次の命題を導出した。

　　　命題 1：部下の同調行動は，上司から部下への IMO 普及にプラスに影
　　　　　　響する。

　続いて，社会的勢力は IMO 普及に際してどのような影響力があるのだろ
うか。前述の繰り返しになるが，従業員は職務を遂行する際には，上司ある
いは同僚に対し，何らかの社会的勢力を働かせている。他の従業員への働き
かけなくては，業務を遂行することはできないからである。

　横田 (2000) によると，製品開発のプロジェクト・チームが成果を上げる

ためには，他のチームと単なる情報共有をするだけでは高い成果をあげられないと述べている。一人ひとりが他者に働きかける社会的勢力による相互理解や協力により，はじめて優れた成果があげられるからである。したがって，上司の IMO に関しても，部下の社会的勢力から影響を受けて，彼らにIMO が普及していくと想定される。以上から，次の命題を設定した。

　　　命題2：部下の社会的勢力は，上司から部下への IMO 普及にプラスに
　　　　　　影響する。

　職務満足に関しても IMO 普及のモデレーター要因になると想定される。これまでの MO 研究において，MO が職務満足に対してプラスの影響を及ぼすことが明らかにされている（Siguaw, Simpson, and Baker 1998; Jones, Busch, and Dacin 2003）。

　職務に満足感を得ている従業員は，自らの業務を積極的に遂行していくため，職場での信頼が厚い（櫻木 2006）。結果として，仕事を任せられるため，上司ともコミュニケーションを頻繁にとっていく。このとき，従業員は，上司に根づいた文化や思想を，自らのなかに吸収していく。MO についても，同様の現象が生じるだろう。

　だが，職務に不満を抱く従業員は，いやいや仕事を遂行し，業務を吸収しないため職場での信頼が得られず（櫻木 2006），仕事を任せられない。したがって，上司とのコミュニケーション機会もほとんど生じない。この場合，従業員は，上司がもつ組織の文化や思想を知ることもないだろう。

　以上より，上司の IMO がいくら高くても，部下の職務満足が低ければ，部下の IMO は低くなるが，部下の職務満足が高ければ，上司の IMO が影響を及ぼし部下の IMO は高くなるだろう。以上から，次の命題を導出した。

　　　命題3：部下の職務満足は，上司から部下への IMO 普及にプラスに影
　　　　　　響する。

最後に IMO と製品パフォーマンスについてみていこう。MO は新製品の

成功や製品の優位性など，製品開発の際にプラスの影響があることが明らか
にされてきた（e.g., Atuahene-Gima 1995; Lukas and Ferrell 2000; Narver, Slater,
and MacLachlan 2004)。組織の MO が製品パフォーマンスに影響を及ぼすな
らば，組織を構成する個人の MO も製品パフォーマンスに影響を与えるの
ではないだろうか。製品開発にかかわる従業員がマーケティング的な思想や
発想を抱いて製品開発に携われば，顧客のニーズを反映させ，競合他社には
ない画期的な製品を生み出すと考えられるからである。

　さらに，IMO は職階にかかわらずに，製品パフォーマンスに影響を及ぼ
すことになるだろう。実際，トップ・マネジャーだけでなく，例えば販売担
当者といった職階においても，MO がビジネス・パフォーマンスにプラスの
影響を及ぼすことがすでに確認されている（Langerak 2001; Jones, Busch, and
Dacin 2003)。したがって，今回もこれまでの研究成果と同様に，IMO は製
品に対するパフォーマンスを高めることになると想定される。以上から，次
の命題を設定した。

　　命題 4 a：上司の IMO は，製品パフォーマンスにプラスに影響する。

　　命題 4 b：部下の IMO は，製品パフォーマンスにプラスに影響する。

　なお，命題 1 から命題 4 までのかかわりをモデルに表すと，**図 5 - 5** のよ
うになる。

図5-5　個人レベルの市場志向の普及モデル

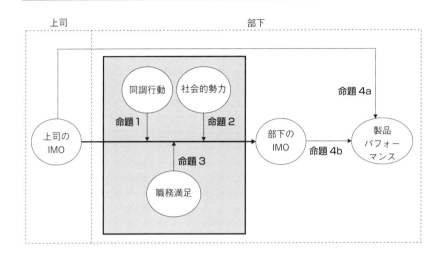

5. 本研究の意義と課題

第4節では，近年注目を集め始めているIMO普及の際のモデレーター要因にフォーカスし論じてきた。IMO研究の流れを整理することで課題を示したのち，社会心理学の理論に基づいて考察したところ，同調行動，社会的勢力，職務満足という3つが，IMO普及のモデレーター要因として導出された。上司から部下へのIMO普及プロセスを中心に扱ったLam, Kraus, and Ahearne (2010) よりも，研究の段階が一歩進展していることは，本研究の理論的貢献であるとみなしてよいだろう。これまでほとんど手がつけられていなかったIMO普及のモデレーター要因に着目した点で，少なからず解を導き出している。今後は，本研究で明らかにされたモデレーター要因について実証研究を行い，分析していく必要がある。

　本研究によって製品開発を行う集団の上司と部下の間において，上司の抱くIMOが部下のどのような要因から影響を受け，伝播していくかが示されたはずである。したがって，実務的インプリケーションとしては，今回示されたモデレーター要因である同調行動，社会的勢力，職務満足を高める組織

づくりをすることで，マーケティング的な思想や発想を，いっそう効率的に社内に普及させていき，製品開発を有利に進めていくことができるはずである。

　実際に，今回取り上げたモデレーター要因の1つである職務満足とMOとの深いつながりを示す事例が存在している。2008年4月に『日経WOM-AN』誌で発表された「女性が働きやすい会社 ベスト100」の結果をみると，世界最大のトイレタリー企業でマーケティングが優れるといわれる，プロクター・アンド・ギャンブル・ジャパン株式会社（P&Gジャパン）が1位になっている。これは，従業員の職務満足が高い企業ほど，組織がマーケティングを志向している裏づけであるといえよう。

　以上のような貢献があるとはいえ，本研究ですべてを論じきっているわけではない。いくつかの課題も残されている。

　第一に，測定尺度について妥当性を検討する必要がある。今回取り上げたIMOについては，インタビュー調査を行ったうえで，アンケート調査を実施し，その結果を分析するという妥当性の検証を行う必要がある。インタビュー調査に関していえば，どの程度の規模でどのような職種の，どういった職階の従業員を対象とするのかを考慮することが求められる。さらにアンケート調査時には，Lam, Kraus, and Ahearne（2010）で使用されたIMO尺度を用いるのか，あるいは変数から見直し精緻化した尺度を用いるのかを吟味していく必要があるだろう。

　同様にモデレーター変数である同調行動，社会的勢力，そして職務満足と，成果変数として取り上げた製品パフォーマンスに関しても，測定尺度を検討していく必要があるだろう。とくに製品パフォーマンスについては新製品の成功を扱うのか，あるいは革新性や模倣性といった製品のタイプを取り上げるのかについて選択を迫られる。

　第二に，本研究で研究対象とされてきた上司と部下の定義についても再考すべきである。近年，製品開発におけるチーム要因に注目が集まっており，チーム・アイデンティティや協調行動が与える新製品パフォーマンスへの影響が確認されている（e.g., 石田 2009）。1つの製品を開発することを目的として部門を横断して作られたプロジェクトベースの職能横断的なチームと，

自らが所属する部門のみでつくられた縦割り的なチームとでは，上司と部下の関係はおのずと異なってくる。

　さらに，業種別に調査設計を変更させることも念頭におくべきである。恩蔵（1991）の研究では，「食品」業界と「自動車・家電」業界で，製品開発の進め方が異なることを明らかにしている。前者では製品開発のステップを重視させて進めるオーバーラップ志向に，後者では製品開発の各ステップの速度を早めるフェーズの短縮化志向になるという。つまり業種ごとに，製品開発のステップは異なっているため，カテゴリー横断的な調査を行う際には，開発ステップなどの影響要因を考慮する必要に迫られるだろう。

　第三に，今後調査を行う際には今回取り上げた上司と部下以外にも，IMO普及に関する人物を再度検討するべきである。Lam, Kraus, and Ahearne（2010）では，製品開発のリーダーが広告や調査といった部門の専門家と接触して製品を開発していくことが不可欠であることから，社内の専門家（Expert-Peer）も調査対象として取り上げている。したがって，IMO普及プロセスを解明するうえで，どの職階の，どのような関係にある人物を対象にするかをもう一度整理しなければならない。

　総務省統計局によると，わが国では2004年の１億2,783万人をピークとして総人口が減り続けている[3]。一方で店頭では次々に新しい製品が発売され続けている。結果として，製品のあふれた店頭においてメーカーは，年々減少する消費者からいっそう厳しい購買決定を求められるようになった。このようななか企業にとって，マーケティングを志向することはすでに必然性をおびている。Kotler（2000）は，マーケティングを組織に浸透させるためには，マーケティング部門のみがマーケティング機能をもつだけではなく，マーケティング部門以外をも含めた全社でマーケティングを志向すべきであると説いている。つまり，わが国の企業にとっては，いかに素早く効率的にマーケティング的な思想や発想を組織全体に普及させるかが，ビジネスにおける成功の鍵となるのである。

　以上を踏まえて，本研究は，上司と部下に注目し，両者の関係に影響を及ぼすと想定されるモデレーター変数を導き，それらが及ぼす影響を明らかにしたことで，MOの普及プロセスの解明に一歩進展をもたらしている。

6. 議　論

　第5章では，MO が従業員個人という分析単位でどのように伝播したり，MO が組織内でどのように普及したりするかといった視点から研究に取り組んでいる。そのため，第4章までの組織という分析単位で MO が及ぼす影響や周辺メカニズムを考察してきた研究とは一線を画する内容であった。従業員個人という分析単位で考察することで，前章までとは異なる角度から，MO 概念を考察し，第4章では捉えきれなかった様々な現象を解明している。

　まず，第5章で扱う MO 普及プロセスに関する研究の全体像を把握するため，先行研究についてレビューを試みている。この際には，「MO が他者に及ぼす影響を考察した研究」，「個人からの影響を扱った MO 研究」，「個人レベルのサービス志向を扱った研究」，「個人間の普及過程を扱った研究」という4つの視点から系譜ごとに研究段階と課題を整理している。

　図5-5に示されるとおり，まず，「二者間，三者間を扱った研究」が取り組まれていた。ステークホルダー理論や社会的交換理論を援用しながら (Jones and Wicks 1999; Tajfel and Turner 1979)，複数の組織を対象にした研究がみられた。続いて，2000年あたりからは，「個人からの影響を扱った MO 研究」について議論が行われていた。従業員個人の特性には，人的要因，人的障害，リーダーシップなどがあげられた (e.g., Harris and Piercy 1999)。とくに，人的要因には，従業員の価値観といった心理面に光を当てた研究も行われていた。だが，先行研究ではいずれも，問題提議に留まっているため，**第2節**以降において，従業員の価値観が個人レベルの MO に与える影響のメカニズム解明が検討されている。

　「MO が他者に及ぼす影響を考察した研究」や「個人からの影響を扱った MO 研究」とは別に，「個人レベルのサービス志向を扱った研究」も行われていた。研究の背景には，サービス業では顧客と直に接する機会が多いため，組織レベルの志向性よりも，現場にいる従業員個人レベルの志向性が成果により強く影響するということがあった。そこで，組織ではなく，個人を

分析単位とするサービス志向尺度が開発されていた（e.g., Homburg, Hoyer, and Fassnacht 2002）。

　以上の 3 つの潮流から影響を受けて，2000 年あたりから，直接，個人レベルの MO（IMO）を考察する「個人間の普及過程を扱った研究」が取り組まれていた。嚆矢となった研究は，Lam, Kraus, and Ahearne（2010）の研究であり，従業員個人間における MO 普及の論理を社会的学習理論（Bandura 1977）を援用し論じている。同研究では，米国の清掃業や衛星産業のセールス・マネジャー，セールス・パーソン，セールス・ディレクターを対象に調査を行い，トップ・マネジャーの IMO が，ミドル・マネジャーや社内の専門家の IMO に影響し，最終的に，販売担当者の IMO にプラスに影響することを確認している。同時に，セールス・パーソンがコミュニケーションをとっている人数であるネットワーク数と，所属する組織との一体感の程度を表す組織との同一化といったモデレーター変数がこれらの三者間にプラスに影響することを明らかにしている。

　だが，課題とともに今後の研究の方向性として，個人間の普及過程に関しては，研究が取り組まれたばかりであるため，個人間でどのような環境要因が普及プロセスに影響するか，あるいは，今回取り上げられなかった上司と部下以外の研究対象でどのように普及プロセスが変化するかについて，研究を行うべきであるとしている。

　第 5 章では，以上の先行研究のレビューを踏まえて，導出された 2 つの研究課題について研究をさらに進めた。1 つ目が，従業員の価値観が MO に与える影響であり，2 つ目が，Lam, Kraus, and Ahearne（2010）が取り組んだ個人間の普及プロセスに関するモデレーター要因の解明である。

　1 つ目の従業員の価値観が MO に与える影響を考察するにあたり，本研究では従業員個人の態度を測定することとした。理論的基盤である因果連鎖モデルによると，従業員個人レベルでは，ある現象というのは価値観から態度というプロセスで伝わるという（Homer and Kahle 1988）。このモデルに基づくと，従業員の価値観から影響を受けるのは，彼らの志向性ではなく，態度となる。

　MO に関しては，組織単位でなく個人単位の MO を捉える必要があるた

め，Lam, Kuraus, and Ahearne（2010）の IMO（Individual Market Orienta-
tion）尺度を用いている。また，IMO 態度に影響を与える価値観については
統計的に頑健な尺度といわれる Schwartz（1992）の価値観を援用した。

　その結果，価値観と IMO 態度に関する 6 つの命題を導出している。命題
導出に留まり実証研究には至っていないが，IMO と Schwartz の価値観を援
用することで一般化された命題を導出した点，個人の価値観が 3 つの異なる
志向性（顧客志向，競争志向，製品志向）にどのような影響を及ぼすかを示し
た点に理論的貢献がみられる。

　2 つ目の個人間の普及プロセスを考察するにあたっては，Lam, Kraus,
and Ahearne（2010）の研究課題を基に研究に取り組んだ。Lam らの研究で
は，モデレーター要因として，組織との同一化の程度と（Ashforth and Mael
1989），ネットワークの大きさを取り上げていた（Ford 1981）。そこで，これ
らの 2 つの変数のほかに，IMO 普及に影響を与えると思われるモデレー
ター変数を社会心理学の理論を援用しながら考察している。結果として，同
調行動，社会的勢力，職務満足という 3 変数を導き出すとともに，それらの
変数が上司と部下間の IMO 普及に与える影響に関する命題モデルを導出し
ている。

　本研究では，上司から部下への IMO 普及プロセスに焦点を当てた Lam,
Kraus, and Ahearne（2010）を基にさらに議論を進め，社会心理学の理論を
援用しながら，3 つのモデレーター変数を導出し，上司から部下への IMO
普及プロセスを示した点に理論的貢献がみられる。今後は，本研究で導出さ
れた命題モデルに基づいて，仮説モデルを構築し，実証分析を行う必要があ
る。

(1)　本研究は JSPS 科学研究費補助金 JP19K01963の助成を受けたものである。
(2)　Voss and Voss（2000）では，芸術環境において，顧客志向，競争志向，製品志向と
　　パフォーマンスの研究を行っている。サンプルデータとして，「Theatre Communi-
　　cation Group」から母集団を作っている。対象となった劇場は平均976席の客席，平
　　均チケット価格は2,124ドルであった。階層的回帰分析を行った結果，製品志向と製
　　品パフォーマンス間であまり影響がなかった。だが，製品品質と客席収容力という

コントロール変数を投入した場合には，多くの観客獲得につながっていた。顧客志向は，パフォーマンス尺度にネガティブな影響が確認された。一方，競争志向は，観客獲得につながっていた。また，従属変数として純損失を用いる場合，製品志向と職能横断的統合には関係がなく，顧客志向と職能横断的統合，競争志向と職能横断的統合，それぞれでネガティブな関係となっている。

(3) 総務省統計局のデータに関する参照元は，次のとおりである（URL：http://www.stat.go.jp/data/kokusei/2010/index.htm)。

第6章 市場志向の近接領域への展開

　市場志向（Market Orientation，以下 MO と略）は研究が進むにつれて，第3章で取り上げた製品開発に関する概念の他にも，マーケティング研究で多く取り上げられてきた諸概念との関係について考察がなされている。MO が展開していった領域としては，マーケティングの主要な研究領域であるリレーションシップ・マーケティングやサービス・マーケティングがあげられる。そこで，リレーションシップ・マーケティング，サービス・マーケティング，それぞれの研究領域において，MO がどのように展開していったかについて考察する。

1. 市場志向がリレーションシップ・マーケティングに関する変数に及ぼす影響

　MO 研究は，製品開発の文脈のみならず，マーケティング研究の代表的な領域の 1 つである，リレーションシップ・マーケティングへも展開している。**第 1 節**では，MO がリレーションシップ・マーケティングに関する変数に及ぼす影響に関して取り上げた先行研究をみていこう。なお**第 1 節**で取り上げる先行研究の一部については，第 5 章**第 1 節**で扱った「MO の普及プロセスに関する研究の系譜」と重複する研究がいくつかみられる。しかしながら，扱われている変数が信頼やコミットメント等，リレーションシップ・マーケティング特有のものであることから，第 6 章の研究にも該当するた

め，再度取り上げている。さらに，第5章では，組織の普及プロセスの視点
からレビューを行っている一方，第6章ではリレーションシップ・マーケ
ティングの視点からレビューを実施しており，フォーカスする視点が異なる
ため，記載する内容は完全には重複していない。

　まず，Siguaw, Brown, and Widing（1994）によって，MOを取り入れたリ
レーションシップ・マーケティング研究の論文が発表されている。同研究で
は，組織におけるMOがセールス・パーソンの職務満足，組織コミットメ
ントにどのような影響があるのかについて研究している。当該研究では，リ
レーションシップ変数である組織コミットメントを取り入れている点で，
MOにリレーションシップ・マーケティングの概念を取り入れた最初の研究
であるといえる。研究内容としては，組織のMOが，セールス・パーソン
の役割の葛藤，役割の曖昧さによって，彼らの職務満足や組織コミットメン
トがどのように変化するかを考察している。

　Siguaw, Brown, and Widing（1994）はさらに研究を進め，供給業者と販
売業者間のリレーションシップに，MOがどのような影響があるかについて
研究している（Siguaw, Simpson, and Baker 1998）。興味深いリサーチ・デザ
インとして，供給業者と販売業者間の関係性を探索するため，供給業者を標
本から抽出し，その供給業者に対して最も理解を示す販売業者を抽出する2
名1セットのダイアド・データを抽出している点があげられる。二者間のプ
レイヤーをつなぐ因果関係を示す論理とはどのようなものであったのだろう
か。彼らは，準拠集団理論がベースにあるとしている。準拠集団理論に基づ
くと，1人の行為者が集団のなかにいる場合，集団のなかで共有化されてい
る規範や価値が行為者に影響を与えるという。今回の研究に置き換えると，
供給業者のMOが販売業者のMOに共有化するという。また，MOが信
頼，協力的な規範といったリレーションシップ変数に与える影響に関して
は，衡平理論（Adams 1965）や社会的交換理論（Homans 1961）が働くと示
している[1]。

　続いて，Sandvik and Gronhaug（1998）では，マネジャーが顧客の満足を
知覚する場合において，MOがどのように影響するかどうかについて考察し
ている。同研究によれば，MOは市場の顧客から有用な知識を得ることがで

図6‐1　市場志向がリレーションシップ変数に及ぼす影響

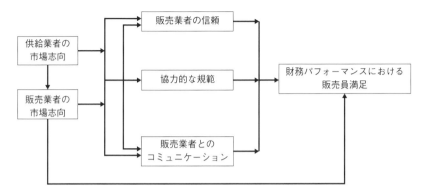

出典：Siguaw, Brown, and Widing（1998），p.101.

きるため，MO を保有する企業は保有しない企業より，顧客の評価した顧客満足とマネジャーの評価した顧客満足に差がないはずであると述べている。ノルウェーの28社のホテルを対象にした調査から，MO が高いグループにおいてのみ，マネジャーと顧客の顧客満足に差がないことを確認している。

　Siguaw, Brown, and Widing（1998）の研究は，Baker, Simpson, and Siguaw（1999）の研究にも引き継がれている。当該研究では，まず卸売業者を対象にサンプル抽出がなされ，続けて，その卸売業者が供給業者をピックアップするという2名を1セットとするダイアド・データが使用されている。米国の流通業者を対象として，供給業者が卸売業者の MO を知覚することが，卸売業者の信頼，販売業者とのコミュニケーション，規範，満足に影響するかどうかについて検証している（図6‐1）。

　Langerak（2001）では，製造業者とその購買者，さらにその供給業者という三者を1セットとするトライアド・サンプル72組を作り，三者間の関係性の解明を行っている。ステークホルダー理論（Jones and Wicks 1999）を援用しながら，ドイツの企業を対象に調査を行い，製造業者の MO はセールス・パーソンの顧客志向にプラスに作用し，彼らの顧客である供給業者との信頼や満足度を強め，最終的には一回りして製造業者の財務成果を高めるこ

とを確認している。

　Helfert, Ritter, and Walter（2002）では，関係性を重視した関係性レベルの MO を提唱し，情報，心理，人材，そして技術の源泉となる「リソース有用性」，ならびに，交換，コーディネーション，コンフリクト解消に基づく「リレーションシップ・マネジメント・タスク・パフォーマンス」という 2 つの要素を提示している。

　ドイツのソフトウェア会社と広告会社のマネジャー153名を対象とした調査結果から，関係性レベルの MO の構成要素のうち，リソース有用性のみがリレーションシップの有効性にプラスに影響していた。さらにコミットメント，信頼，リレーションシップの長さが，関係性レベルの MO とビジネス・パフォーマンス間のポジティブなモデレーター変数となることを確認している。Helfert, Ritter, and Walter（2002）の研究では，リレーションシップ研究において MO を研究する場合，従来の企業レベルの MO 尺度ではなく，関係性を捉えられる MO で考察する必要性を述べている。

　Steinman, Deshpandè, and Farley（2000）では，「供給業者自身が感じる MO」と「顧客が供給業者に対し感じる MO」間に生じるギャップについて考察している。この際，両者の関係性に着目し，リレーションシップの長さと重要性という 2 つの変数を設けている。米国と日本の上場企業に顧客を 3 名選んでもらい，そのうち 2 名にインタビューを行っている。その結果，供給業者が顧客よりも MO を強く意識しており，この際，両者の関係が長く，重要と考えている程度が高いほど，MO ギャップが小さくなることをつき止めている。

　Farrelly and Pascale（2003）では，スポンサーシップに着目した研究を行い，スポンサー関係にある二者間で，MO が信頼やコミットメントのようなリレーションシップ変数にどのように影響があるかを考察している。豪州の「Austrarian Football Leage」に登録されたオーナーとそのスポンサーの 2 名を 1 セットとした計46組のダイアド・データを対象とした調査結果から，オーナーの MO とスポンサーによって知覚された MO は，協創的なコミュニケーションの有無にかかわらず，関係性が確認されなかった。だが，スポンサーによって知覚された MO は，信頼やコミットメントに影響してい

た。つまり両者の過度のコミュニケーションではなく，スポンサー自身が MO をしっかりと認識することが両者の関係構築につながることを示している。

　二者間の関係性を探索した研究としては，ほかにも Sanzo, Santos, and Vazquez（2003）がある。彼らは，買い手の MO が効果的なコミュニケーションにつながり，それらがリレーションシップ変数にどのように影響を及ぼすかどうかを考察している。結果として，買い手の MO は供給業者の効果的なコミュニケーションに影響を与え，信頼，コミットメント，知覚価値にポジティブに作用し，最終的に満足につながっていた。

　ここまでの研究は，Langerak（2001）を除いてすべて，顧客と企業，供給業者と販売業者，買い手と売り手といった二者間において MO がどのような役割にあるかを考察している。しかしながら，以降では，研究段階に進展がみられる。三者以上のネットワークにおいて MO がどのような内容であるかを考察する研究がみられ始めている。

　Jones, Busch, and Dacin（2003）では，企業の MO が，セールス・マネジャーやセールス・パーソンの職務態度にどのような影響があるか考察している。そこで，セールス・マネジャー，セールス・パーソン，その顧客という三者を 1 セットとするトライアド・データを用いて，サーベイ調査を行っている。

　「National Consumer Goods Manufacture's Sales Force」や「Retail Trade Customers」といったデータベースとともに，セールス・パーソンを選出したうえで，彼らのセールス・マネジャー，そして顧客を 1 セットとする51のトライアド・データ（3人1組）をサンプルとしている。パス解析を施した結果，セールス・マネジャーの MO は，セールス・パーソンの MO に影響がなかった。しかしながら，セールス・パーソンの MO は，彼等の職務態度（役割の葛藤や不明確さ）に影響が生じる。最終的には，セールス・パーソンが MO を強く知覚した場合には，組織コミットメントを高め，職務満足を向上させることを明らかにしている。

　リレーションシップ・マーケティング研究で MO を扱った研究の特徴として，前述したとおり，二者間，三者間を取り入れたものが多いが，重要な

変数の効果にフォーカスした研究もある。代表的な研究として，顧客親密性を取り入れた Tuominen, Rajala, and Moller（2004）があげられる。顧客親密性とは，顧客を中心に据え，マーケティング機能が顧客一人ひとりのニーズやウォンツの達成を追及する組織文化であるという。先行型あるいは反応型の「ビジネス・ロジック」と，ドメスティック市場あるいはグローバル市場という「市場フォーカス」を先行要因とし，それらが MO に影響し，最終的に顧客親密性にどのような影響を及ぼすかを考察している。「Federation of Finish Metal, Engineering, and Electrotechnical Industries（FIMET）」の登録企業における140名のマネジャーを対象にした調査結果から，「ビジネス・ロジック」では，先行型と反応型の双方が MO にポジティブな影響が確認されている一方，「市場フォーカス」では，グローバル市場において，先行型の「ビジネス・ロジック」の場合に限り，MO への影響が確認されている。そして，最終的には，MO は顧客親密性にプラスの影響があることを示している。

1-1. 先行研究の課題

　表6-1では，リレーションシップ・マーケティングへと展開された MO 研究が整理されている。

　先行研究のレビューを踏まえると，リレーションシップ・マーケティングへと展開された MO 研究には，次のような特徴がみられる。リレーションシップ・マーケティングの端緒となる Morgan and Hunt（1994）の研究以降に出現している点にある。先行研究では主に，企業と従業員，マネジャーと顧客，供給業者と転売業者，そして所有者とスポンサーといった複数プレイヤーの関係性を扱う研究が多く見受けられる（e.g., Siguaw, Brown, and Widing 1994; Steinman, Deshpandè, and Farley 2000; Farrelly and Pascale 2003）。その際の題材は，企業が MO を取り入れた場合，顧客やセールス・パーソンのコミットメント，信頼，協同的な規範がどのように変化するかという内容である。つまり，リレーションシップ・マーケティングの中心的な概念に，MO がどのように左右するかという視点で研究が進められている。

　一方，課題としては，二者間の関係が主に取り上げられ，Langerak

(2001)，あるいは，Jones, Busch, and Dacin（2003）を除き，三者間の問題
意識にはほとんど触れられていない。さらに，サンプル数が，Langerak
（2001）の研究では72セット，Jones, Busch, and Dacin（2003）の研究では51
セットであり，いずれも，サンプル不足が研究課題として取り上げられてい
る。ビジネス環境では，以前に増してより複雑な取引関係が多くみられ，三
者以上の取引関係が多くなっている。したがって，今後の研究では，二者の
みならず三者のプレイヤー間での取引関係を取り上げた研究が必要である。

2．市場志向がサービス・マーケティング変数に及ぼす影響

　MO はリレーションシップ・マーケティングの研究領域のみならず，サー
ビス・マーケティングの研究領域へも展開されている。第6章では，MO が
サービス・マーケティングの文脈でどのように取り入れられ，関連する変数
にどういった影響を及ぼしているのかについて考察する。

　第2節では，該当する先行研究についてレビューを試みる。サービス・
マーケティングにおいて MO を扱った研究は，次の分類軸に従い先行研究
を整理する（図6-2）。1つ目は，「サービス・マーケティング変数との関
係性に着目した研究」である。2つ目は，「サービス業において，MO の効
果について考察した研究」である。両者に該当する研究の場合には，研究目
的がメカニズム解明であるならば，1つ目の分類とし，サービス業における
MO の効果に焦点を当てている場合には，2つ目の分類に取り入れることと
した。

　まず，1つ目の分類に該当する研究からみていこう。サービス・マーケ
ティングで MO が取り入れられる以前にまず，サービス組織における組織
プロセス，すなわち，組織の在り方に関する議論が浮上している。
Schlesinger and Heskett（1991）では，『*Harvard Business Review*』誌にお
いて，サービス・マーケティングにおける組織プロセスについて言及してい
る。

　Schlesinger and Heskett（1991）では，ビジネスに失敗した企業として米

表6-1　リレーションシップ・マーケティングで取り上げられた MO 研究

研究名	第5章との重複有：○	国・データ（数）	分析方法
Siguaw, Brown, and Widing（1994）	○	米国企業（298）	回帰分析
Siguaw, Simpson, and Baker（1998）	○	米国小売業のセールス・パーソンと供給業者の Dyad サンプル179セット	パス解析
Sandvik and Gronhaug（1998）		ノルウェー・ホテル（28）	相関分析
Baker, Simpson, and Siguaw（1999）	○	米国流通業者の卸売業者と供給業者の Dyad データ380セット	相関分析
Langerak（2001）	○	ドイツ製造業（SIC-Codes 33-38），供給者，顧客を1セットとする Triad データ72セット	線形回帰分析
Helfert, Ritter, and Walter（2002）		ドイツソフトウェア企業と広告企業（153）	重回帰分析
Steinman,Deshpandè, and Farley（2000）	○	ニューヨーク証券取引所，東京証券取引所の上場企業	インタビュー相関分析
Farrelley and Pascale（2003）	○	豪州「Austraian Football Leage」のスポンサーとその所有者を1セットとする Dyadic データ（46）	記載なし
Sanzo,Santos, and Vazquez（2003）	○	スペイン（174）	The maximum robust likelihood model
Jones, Busch, and Dacin（2003）	○	「National-Consumer-Goods-Manufacture's sales force」「Retail Trade Customers」セールスマンとセールス・マネジャー，顧客を1セットとする Triad サンプル（51）	パス解析
Tuominen, Rajala, and Moller（2004）		FIMET 登録企業（140）	MANOVA ANOVA

主なインプリケーション	研究課題
企業が MO を，セールス・パーソンに知覚させると，セールス・パーソンは顧客志向になる一方，役割のコンフリクトと役割の不明確さを減少させる。そして職務満足と組織コミットメントを増加させる	他の従属変数を用いるべき尺度の信頼性と多重共線性長期的なリサーチデザインの必要性
供給業者の MO は，セールス・パーソンの MO に対して影響がある。セールス・パーソンの MO は，信頼，協力的な規範へダイレクトな影響がある。供給業者の MO は，供給業者へのコミットメント，チャネルリレーションシップを強化する	長期的なリサーチ・デザインの必要性「協力的な規範」の尺度の改善他のサンプルの利用モデレーター変数として「組織文化」「共有価値」を加えるべき
MO を保有する企業は，顧客満足とマネジャーの顧客満足の間で差がない	サンプルサイズの大きさ他の産業への適用Mutiple-Informant での実施
供給者によって知覚された転売者の MO とリレーションシップ変数の間に強い関係が存在している	
製造業者の MO は，セールス・パーソンの顧客志向にプラスに影響し，供給業者との信頼や満足度を高める。最終的には，製造業者の財務成果を高める	データサンプルの不足長期的なリサーチデザインクロスセクショナルデータ数の不足
リソース有用性のみがリレーションシップの有効性にプラスに影響していた。さらにコミットメント，信頼，リレーションシップの長さがポジティブなモデレーター変数となることを確認している	他の従属変数とモデレーター変数の追加（例：技術タービュランス，市場タービュランス）
供給業者が顧客よりも MO を強く意識しており，この際，MO ギャップが両者の関係が長く，重要と考えている程度が高いほど，小さくなる	
オーナーの MO とスポンサーによって知覚された MO は，協創的なコミュニケーションに関らず，関係性が確認されなかった。だが，スポンサーによって知覚された MO は，信頼やコミットメントに影響していた	他のスポーツのリサーチデータの利用
買い手の MO は効果的なコミュニケーションに影響を与え，信頼，コミットメント，知覚価値にポジティブ，最終的に満足を向上させる	
マネジャーの MO は，セールス・パーソンの MO 知覚に影響がなかった。しかしながら，セールス・パーソンの MO は，彼等の職務態度（役割のコンフリクト，不明確さ）に影響する	サンプルサイズの大きさ長期的なリサーチデザイン
「ビジネス・ロジック」では，双方で MO にポジティブな影響が確認されている一方，「市場フォーカス」では「グローバル市場」において「プロアクティブなビジネス・ロジック」の場合に限り，MO への影響が確認されているさらに，MO は顧客親密性にポジティブな影響があることを確認している	サンプルデータの一般化構造方程式モデルによる分析

図6-2　レビューの分類枠組み

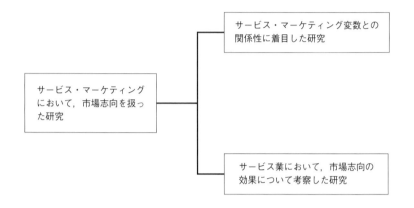

国シアーズ・ストアーズを，成功した企業として米国タコベルを取り上げて
いる。シアーズの失敗要因としては，ウォルマートなどの競合に対応するた
め，ジャスト・イン・システムやエブリディ・ロウ・プライス（EDLP）な
どの技術優位戦略を採用し，さらにコスト削減を狙い，セールス・パーソン
の70％を正規社員から非正規社員へと職種転換をした点をあげている。従
業員の顧客満足が低下したことで，営業利益が1981年から1986年の5年間
で，4.9％から1.2％まで低下している。

　一方，タコベルは責任感やチームワークを引き出す仕組みを開発し，新た
な組織プロセスを作った結果，成功したと示している。この二社の違いは，
前者が「技術面」から競争優位を築き，後者が「顧客満足」を実現する組織
プロセスから優位を築こうとした点に違いがあると指摘している。当該研究
が取り組まれた1980年代は，マクドナルドの成功例にもみられるように，生
産性の向上やパートタイム制の導入によるコスト優位性を組織が目指そうと
した時代であった。結論として今後は，顧客満足を実現させるような組織プ
ロセスの実現が不可欠であると説いている。

　Schlesinger and Heskett（1991）では，サービス組織において，顧客満足
を実現する組織プロセスを考察することの重要性を指摘しており，顧客満足
を実現する組織プロセスの重要性は，サービス組織において，以降の研究で

MOが取り入れられる1つのきっかけとなっている。

サービス組織における組織プロセスの重要性の高まりを受けて，MOが
サービス・マーケティングの文脈で取り入れられるようになったのは，
Chang and Chen（1998）以降からである。「サービス・マーケティング変数
との関係性に着目した研究」の多くでは，サービス・マーケティング研究に
おいて重要な変数であるサービス品質（Parasuraman, Zeithaml, and Berry
1985）とともに，組織プロセスを解明しようとする研究がいくつかみられて
いる。そこで，レビューを行う前にマーケティングにおいて，品質を取り上
げた研究について考察することにする。マーケティングにおける品質の概念
は，製品品質からサービス品質までと多岐にわたっている（e.g., Peters and
Waterman 1982）。

マーケティングの組織プロセスにおいて品質の視点が取り入れられた代表
的な研究には，Morgan and Piercy（1998）がある。Morgan and Piercy
（1998）では，シニア・マネジメントのリーダーシップの品質，品質プラン
の定式化，品質コントロール・システムの一貫性が，マーケティングと品質
管理という2部門の内部的ダイナミクスにどのような影響を与え，パフォー
マンスへと至るかについて考察している。品質コントロール・システムの一
貫性とは，品質の管理の基準や評価システムがしっかりと組織に存在してい
るかどうかの程度を示す。また，内部的ダイナミクスには，マーケティング
部門と品質部門の関連性，コンフリクト，コミュニケーションの3変数を取
り入れている。

英国の「Marketing Manager's Yearbook and Key British Enterprise」に
登録された企業の品質マネジャーやマーケティング・マネジャー1,018名に
対する調査結果をもとに，t検定や相関分析を行った結果，シニア・マネジ
メントのリーダーシップの品質ならびに品質コントロール・システムの一貫
性と，内部的ダイナミクスの2変数（関連性とコミュニケーション）とはプラ
スに有意の関係であった。だが，品質プランの定式化は，すべて非有意で
あった。さらに，関連性とコミュニケーションは市場パフォーマンスと財務
パフォーマンスにプラスに有意な関係が確認されている。

MOには直接関係していないが，マーケティング研究において，マーケ

ティングと品質の内部的ダイナミクスの関係に注目した研究であるといえる。

　Morgan and Piercy（1998）の研究以降，サービス・マーケティングの代表的な変数であるサービス品質を取り入れた MO に関する研究が取り組まれている。Chang and Chen（1998）では，MO とビジネス・パフォーマンスの媒介変数として，サービス品質を取り入れた研究を行っている（図6 - 3）。

図6 - 3　市場志向とサービス品質に関する概念モデル

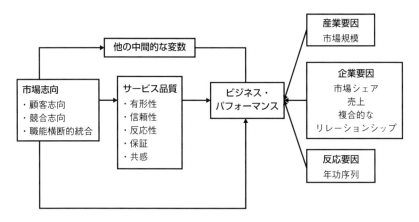

出典：Chang and Chen（1998），p.251.

　「Taiwan Stock Exchange」のサービス・セクターに属する116社を対象に調査を行い，線形回帰モデルを用いて分析を実施した結果，MO はサービス品質にプラスの影響を及ぼし，ビジネス・パフォーマンスにまでプラスに影響することを明らかにしている。この結果は同時に，サービス品質は，MOとパフォーマンス間の媒介要素として不可欠であることを示している。

　Chang and Chen（1998）の結果は，サービス業においても，組織に MOを根づかせることは，顧客からの信頼や共感を得られ，よりよい事業成果が得られることを証明している。つまり，MO は，サービス品質を向上させる

とともに，パフォーマンスを高める役割があるのである。

　Raju and Lonial（2001）では，サービス品質と MO の因果関係について考察した研究を行っている。当該研究では，サービス品質が，内部的な品質と外部的な品質から成り立つとしている（Johnson and Gustafsson 2000）。内部的な品質というのは，従業員が働くうえでの物理的環境や満足を示す。外部的な品質というのは，製品やサービスが提供するベネフィットや特徴を示している。そのうえで，サービス品質が，MO を媒介して，組織パフォーマンスにどのような影響を与えるかという仮説モデルを検討している。米国の病院において，院長をはじめとする293名のトップ・エグゼクティブを対象とした調査結果を基に，共分散構造方程式モデルによって検証した結果から，サービスに関する品質は，MO を媒介してのみ，組織パフォーマンスに影響を与えるという。つまり，サービスに関する品質を誘発する MO が組織パフォーマンスにポジティブなインパクトがあるということを示唆している。

　「サービス・マーケティング変数との関係性に着目した研究」の多くでは，前述のとおり，品質やサービス品質に関して扱われたものが多くみられるが，2000年以降にはほかの変数に目を向けた研究もみられはじめている。Guo（2002）では，MO とパフォーマンスの媒介要因として，サービス・ギャップを取り入れた研究を行っている。サービス・ギャップとは，サービスに対する消費者の期待とマネジャーが有する期待との間に生じる差異である。

　Guo（2002）によれば，MO は，サービス研究に取り上げられている5つのサービス・ギャップを調和させる働きがあるという。1つ目が，サービスに対する消費者の期待と期待に対する経営者の知覚のギャップである。2つ目が，サービスに対する経営者の知覚と「サービス品質」のギャップ，3つ目が，サービス品質とサービス提供方法のギャップ，4つ目が，サービス提供方法と外部コミュニケーションのギャップ，5つ目が，期待サービスと知覚サービスのギャップである。

　Guo（2002）では，組織に MO を取り入れることで，刻々と変化する顧客ニーズを捉えられるため，顧客が欲するサービスと経営者が提供するサービ

ス間に存在するギャップが小さくなるのではないかについて論じている。統計的なアプローチは行われていないが，サービス・マーケティング研究において，MO がサービス・ギャップを調和させる働きがあるという新たな視点を示している。

Krepapa, Berthon, Webb, and Pitt（2003）では，同じように，ギャップに注目しているが，2つのプレイヤーにおける MO の知覚差異に注目した研究を行っている。サービス業において，サービス提供者と顧客の間における MO の知覚差異と，それらが及ぼす顧客満足へのメカニズムについて考察している。

サービス業におけるサービス提供者と顧客を対象とした調査の結果，サービス提供者と顧客の間に存在する MO の知覚差異は，顧客満足に影響があるという。この際，二者間の MO の知覚差異は，顧客満足にネガティブな影響を及ぼすという。このとき，MO の3要素（顧客志向，競争志向，職能横断的機能統合）はどれも，知覚差異が大きいほど，顧客満足によりネガティブな影響があるという。

逆に，3要素の知覚の一致は，顧客満足にシナジー効果が確認された。Krepapa, Berthon, Webb, and Pitt（2003）の研究は，サービス提供者と顧客の間における MO の知覚の一致が，長期間の関係構築を可能にすることを示唆している。

サービス・マーケティングにおいて MO を扱った研究においては，リーダーシップの視点を取り入れた研究も取り組まれている。Kasper（2002）では，サービス組織における組織文化とリーダーシップに関する先行研究のレビューを基に，研究すべき要素について示している。1つ目の要素が，リーダーシップであり，優れたサービス組織の実現には不可欠な要素であると論じている（Berry 1995）。

2つ目の要素が，文化である。品質の変動性という特徴を有するサービスは製品と異なり，一つひとつが異なる内容になるが，この違いというのが文化から導かれているとしている（Hofstede 1980）。

第2章で取り上げたとおり，2000年に入り，Harris and Ogbonna（2001）によって，MO とリーダーシップ・スタイルについての実証研究がはじめら

れており，リーダーシップが MO に影響を与えることが徐々に明らかに
なってきていた。そのため，サービス組織においても，どのようなリーダー
シップ・スタイルが，MO によい影響を及ぼすかを検討する段階にきている
と説いている。Kasper（2002）の研究では，サービス・マーケティングにお
いて MO を扱った研究において，リーダーシップの視点を取り入れる必要
性を示している。

　2000年以降では，成果尺度にユニークさを見出す研究もいくつかみられて
いる。McNaughton, Osborne, and Imrie（2002）では，サービス業におい
て，キャッシュフローという成果変数に MO がどのような影響を与えるか
について考察している。MO が競争優位の源泉になり，顧客価値に知覚さ
れ，顧客満足につながり，ロイヤルティ，クチコミ，そして最終的に，
キャッシュフローにまで影響を及ぼすという。実証研究は行われていない
が，サービス業において，MO，顧客価値，そしてキャッシュフローまでの
メカニズムを示した研究であるといえる。

　Agarwal, Krishna, and Chekitan（2003）では，成果変数に，ROI や客室
占有率のような客観的尺度だけでなく，顧客満足や従業員満足のような主観
的尺度を取り入れた研究を行っている。米国「Global Hoteliers Club」の加
盟ホテル201社のマネジャーを対象に調査を行い，回帰分析を行った結果，
従業員満足が，MO と客観的な尺度との媒介的な要因になることを明らかに
している。このことから，MO を事業成果へとつなげるには，従業員満足や
顧客満足といった変数がかかわることを明らかにしている。

　続いて，2つ目の分類に該当する「サービス業において，MO の効果につ
いて考察した研究」についてレビューを試みる。主に，銀行や病院などの
サービス産業に着目した研究，あるいは1つのサービス業を複数国で考察し
ている研究などが該当している。

　まず，製造業とサービス業によって MO の影響がどのように変化するか
に着目した研究として，Atuahene-Gima（1995）があげられる。Atuahene-
Gima（1995）の研究は，製造業を対象とするため，製品開発を扱った第3
章で取り上げているが，製造業とサービス業間のパフォーマンスの差異にも
着目しているので，第6章においても取り上げる。豪州の製造業企業158

社，サービス業企業117社を対象に調査を行い，重回帰分析を施した結果，製造業の企業とサービス業の企業の双方において，MO が事業成果にプラスに影響することを明らかにしている。

　Bhuian and Abdul-Gader（1997）では，銀行を対象とした研究を行っているが特に，サウジアラビアの商業銀行を取り上げた研究を行っている。サウジアラビアの商業銀行の支店392名の銀行員から得られたデータを基に回帰分析を施し，MO が ROA や ROE といったパフォーマンスに影響しないという結果を報告している。この理由として，発展途上国であるサウジアラビアでは，まだマーケティング・コンセプトや MO が組織に浸透してないことを示している。

　１つのサービス業を対象とし，２国間の差異に着目した研究としては，Lado, Maydeu-Olivares, and Rivera（1998）の研究があげられる。当該研究では，国による MO の働きの差異に着目している。スペインとベルギーの保険会社32社と34社のマネジャーから得られたデータを基に因子分析を実施した結果，MO は志向性と国という２因子の次元から成立することを報告している。

　2000年に入ってからは，Webb, Webster, and Krepapa（2000）によって，豪州の77の銀行において，MO，顧客満足，サービス品質の関係を考察した研究が行われている。あるいは，Esteban, Millan, Molina, and Martin-Consuegra（2002）では，サービス業にフォーカスした MO に関するレビュー論文を発表している。彼らのレビューでは，サービス業における MO の効果に関する研究の課題として，以下の２つをあげている。

　第一に，ユニークな特性を有するサービス組織を取り上げるべきであると述べている。先行研究の多くでは，ホテル，あるいは銀行といった代表的なサービス組織が取り上げられる一方，近年に生まれたユニークなサービス組織を対象にした研究がほとんどないからである。

　第二に，サービス業に適した MO 尺度の開発が不可欠であると述べている。第１章で示した MO 尺度をみると明確であるが，どの尺度もサービス組織に属する被験者にふさわしい項目とはなっていない。

2-1. 先行研究の課題

　サービス・マーケティングへと展開された MO に関する研究を振り返る
と，研究の特徴として，サービス品質に注目した研究が多く行われているこ
とがわかる（e.g., Chang and Chen 1998; Raju and Lonial 2001; Kasper 2002）。さ
らに，近年では，Guo（2002）や McNaughton and Imrie（2002）のように，
サービス・ギャップや顧客価値といった新たな変数が加わった研究も取り組
まれている。

　また，成果変数に着目してみると，製品開発やリレーションシップ・マー
ケティングの文脈で扱われてきた事業成果だけでなく，顧客満足，客室占有
率，そして，従業員満足といったサービス成果を測定するうえで不可欠な従
属変数を用いている。

　研究対象も，ホテル，都市銀行，保険会社といった従来の代表的なサービ
スの業態を扱うだけに留まらず，発展途上国や 2 カ国間，異業種間といった
複数のコンテクストで研究が取り組まれていた（e.g., Lado, Maydeu-Olivares,
and Rivera 1998）。

　一方，研究の課題としては，次の 2 点があげられる。第一に，対象とされ
たサービス組織が限られている点である。先行研究では多くが，代表的な
サービス業であるホテル，あるいは銀行といった金融機関を取り上げてい
た。しかしながら，Esteban, Millan, Molina, and Martin-Consuegra（2002）
で指摘されているように，優れた成果を生み出す特異なサービス組織を対象
とした研究がほとんど取り組まれていない。したがって，従来のサービス組
織ではない，ユニークなサービス組織を対象とすることで，今後さらに豊富
な知見が得られるものと思われる。

　第二に，サービス組織を分析する際に，妥当性のある MO 尺度の開発で
ある。この点については，第 4 章で，サービス志向尺度が開発されているこ
とから（e.g., Lytle, Hom, and Mokwa 1998），今後はサービス志向尺度を援用
することで，サービス組織のさらなる解明が求められる。

　表 6-2 には，サービス・マーケティングで取り組まれてきた MO 研究を
一覧で示している。

表 6 - 2　サービス・マーケティングで取り組まれてきた MO 研究

研究	対象国	サンプル対象	分析方法
Schlesinger and Heskett（1991）	米国	米国シアーズ 米国タコベル	ケーススタディ
Morgan and Piercy（1998）	英国	Marketing Manager's Yearbook and Key British Enterprise に登録された企業品質マネジャーやマーケティング・マネジャー　1,018名	t検定 相関分析
Chang and Chen（1998）	台湾	Taiwan Stock Exchange のサービスセクターに属する116社のマネジャー	線形回帰モデル
Lytle, Hom, and Mokwa（1998）	米国	リテールバンキングの 従業員　1,342名	尺度開発 フィールドワーク デプスインタビュー
Atuahene-Gima（1995）	豪州	製造業　158社, サービス業　117社	因子分析 回帰分析
Bhuian and Abdul-Gader（1997）	サウジアラビア	商業銀行 銀行員 392名	回帰分析
Han, Kim, Srivastava（1998）	米国	銀行 銀行員 134名	因子分析 回帰分析
Lado, Maydeu-Olivares, and Rivera（1998）	スペインベルギー	スペインとベルギーの保険会社32社と34社のマネジャー	因子分析
Lado and Rivera（1998）	スペインベルギー	スペインとベルギーの保険会社32社と34社のマネジャー	因子分析 クラスター分析
Webb, Webster, and Krepapa（2000）	豪州	銀行　77社	確認的因子分析
Raju and Lonial（2001）	米国	病院のトップエグゼクティブ 293名	探索的因子分析 確認的因子分析 SEM
Guo（2002）			理論・命題提示
Kasper（2002）			理論
McNaughton, Osborne, and Imrie（2002）			命題提示
Homburg,Hoyer,and Fassnacht（2002）	米国ドイツ	米国 小売業　106社 ドイツ 小売業　245社	回帰分析
Esteban, Millan, Molina, and Martin-Consuegra（2002）			レビュー
Agarwal, Krishna, and Chekitan（2003）	米国	Global Hoteliers Club マネジャー　201名	回帰分析

主な貢献
サービス組織において顧客満足を実現する組織プロセスを考察する重要性を指摘
シニア・マネジメントのリーダーシップの品質ならびに品質コントロールシステムの一貫性と，内部的ダイナミクスの2変数（関連性とコミュニケーション）とはプラスに有意な関係がある。さらに，関連性とコミュニケーションは，市場パフォーマンスと財務パフォーマンスにプラスに有意な関係がある
MO はサービス品質にポジティブな影響があり，ビジネス・パフォーマンスにプラスに影響
「サービス志向」の尺度を開発。これにより，知覚面からのサービス志向の測定が可能となった。顧客満足やサービス品質というようなメジャーな測定尺度との測定が実現され，統計的な研究領域を拡げることを実現
製造業とサービス業の双方において，MO は事業成果にプラスに影響
MO が ROA や ROE といったパフォーマンスに影響しない
MO は，革新性とパフォーマンスにポジティブな影響がある
MO は志向性と国という2因子の次元から成立する
組織形態でなく，MO によって，企業パフォーマンスに差異が生じる
MO，顧客満足，サービス品質の関係を考察
サービスに関する品質は，MO を媒介としてのみ，組織パフォーマンスに影響を与える
MO には，顧客と経営者間のサービスギャップを調和させる働きがある
MO 型サービス組織において，文化的な側面から，MO とリーダーシップの関係性を考察する研究の方向性を示唆
サービス業において，MO が顧客価値を創造し，最終的にキャッシュフローを生み出すモデルを提示
「サービス志向」の前提として，ストア特性が環境特性や顧客特性よりも，強い影響がある。その特性の中でも，競合の密集度より革新性によって駆動される。サービス志向は，財務パフォーマンスを増加させる
ユニークな特性を有するサービス組織を取り上げるべき。サービス業に適した MO 尺度の開発が不可欠
従業員満足が MO と客観的な尺度の媒介的な要因になる

3. 売り手企業の市場志向が買い手企業の パフォーマンスに及ぼすインパクト

前述で明らかにした先行研究の課題を踏まえて，本研究ではとくに，リレーションシップ・マーケティングへと展開された MO 研究に焦点を当て，これまでほとんど明らかにされてこなかった三者のプレイヤー間において，MO が成果変数にどのような影響を及ぼすかについて考察する。とくに，本研究では，成果変数として価値を取り入れている。過去の研究において，MO と価値の因果関係については取り上げられている（e.g., McNaughton, Osborne, and Imrie 2002）。しかしながら，価値については，概念モデルが提示されている段階にあることに加え，両者を取り囲む周辺メカニズムについては解明されていないといわれる（McNaughton, Osborne, and Imrie 2002）。

さらに，本研究では，MO と価値の間に，提案型営業力という変数を加えて，分析を試みている。提案型営業力という変数を入れた理由は，現代の営業スタイルが劇的に変化しているからである。営業の現場では，電話や訪問回数を競う営業スタイルへの重視傾向が低下し，効果的かつ効率的に，顧客を問題解決へと導く提案型営業が重視されているといわれる[2]。

なお，本研究は，European Marketing Academy 2015 Educators Conference で報告された Iwashita, Ishida, Nagai, and Onzo（2015）の報告内容を基に研究を行っている。

以上を踏まえて，本研究のリサーチ・クエスチョンは次の 2 点である。

第一に，MO と価値を取り巻くメカニズムはどのようになっているか，である。McNaughton, Osborne, and Imrie（2002）の課題である MO と価値間のメカニズムを実証的に解明することはもちろんであるが，両者の周辺メカニズムまでを明らかにすることには豊富な学術的貢献が見込まれる。

第二に，三者のプレイヤー間において，MO がどのように影響を及ぼしていくか，である。先行研究では，二者間のコンテクストにおいて，MO の影響が解明されている一方（e.g., Siguaw, Brown, and Widing 1994; Steinman,

Deshpandè, and Farley 2000; Farrelly and Pascale 2003)，三者間のコンテクストでは，Langerak（2001）や Jones, Busch, and Dacin（2003）を除いて研究がほぼ取り組まれていないことから，先行研究とは異なる知見が得られる可能性がある。

4. 供給業者の市場志向が購買担当者の価値に及ぼす影響に関する仮説設定

4-1. 概念モデルの構築

　本研究の概念モデルは，図6-4で表される。なお，今回の概念モデルならびに仮説に関しては，Iwashita, Ishida, Nagai, and Onzo（2015）で行われた調査，ならびに，得られた知見に基づいて，再構築されている。

図6-4　本研究の概念モデル

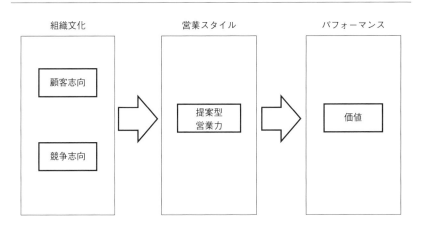

　先行要因である組織文化として，MO の2要素，すなわち，顧客志向と競争志向を取り入れている。営業スタイルとして，提案型営業力を採用している。提案型営業力とは，製品以外の多様な情報を提供するとともに，顧客満

足を実現するために，売り込みではなく，企画・提案を行う営業スタイルを
いう（日経産業消費研究所 1998）。そして，最終的なパフォーマンスとして
は，価値を用いている。価値とは，顧客から認識される価値であり，この価
値が増加するほど，ロイヤルティがより向上するといわれている（Sird-
eshmukh, Singh, and Sabol 2002）。また，上司が部下に与える影響として，
Iwashita, Ishida, Nagai, and Onzo（2015）では，権限移譲から価値への影響
は確認されなかった。そこで，本研究では，CSR 志向と報酬制度を取り入
れている。CSR 志向とは，企業における社会的責任の程度をいう（Hom-
burg, Stierl, and Bornemann 2013）。また，報酬制度とは，従業員の成果に対
して適切に報いる組織の評価システムを示す（Jaworski and Kohli 1993）。し
たがって，本研究では，MO からの影響が，提案型営業力，そして，価値へ
と影響するメカニズムに加え，上司からの影響が価値にどのように働くかを
解明することができる。

4-2. 仮説の構築

　構築された概念モデルに基づいて，4－2では仮説を導き出す。

　顧客志向が高いほど，顧客に対してより目を向けて行動をおこすことにな
る（Narver and Slater 1990）。顧客志向を備えたセールス・パーソンは顧客か
ら，業界動向や最新の技術について知ることになるため，より的を得た営業
活動を行えると考えられる。

　先行研究においても，セールス・パーソンの顧客志向が様々なパフォーマ
ンスにプラスの影響を及ぼすことが明らかにされている（e.g., Saxe and
Weitz 1982; Harris, Mowen, and Brown 2005）。したがって，顧客志向が高まる
ほど，提案型営業力は向上すると考えられる。以上から，次の仮説が導出さ
れた。

　　仮説 1：顧客志向は，提案型営業力にプラスに影響する。

　競争志向は MO の 1 つに考えられ，企業の競争優位の源泉になるといわ
れる（Narver and Slater 1990）。セールス・パーソンは，競争志向を意識する

ほど，競合製品をよく分析するとともに，市場トレンドに対してより敏感に反応できる（Perry and Shao 2005）。結果として，より多くの利益を生み出すといわれる（Lengler, Sousa, and Marques 2013）。したがって，競合情報をもとに，セールス・パーソンはより質の高い提案型営業力を実践できる。以上から，次の仮説が導出された。

　　仮説 2：競争志向は，提案型営業力にプラスに影響する。

　提案型営業力では，顧客の潜在的なニーズを分析したり，顧客に提案する内容を考え，セールス・パーソンは開発部門や生産部門との調整を行ったりする（高嶋 2002）。そのようなセールス・パーソンから提案を受けた購買者は，相手企業とより有効な関係を維持したいと考える。自分のニーズに沿った有意義な商材を提案してくれるからである。過去の研究では，セールス・パーソンが頻繁に商品や販売計画を見直し，新しいアイデアを試すことを，創造的ビジネス行動とよび（Scott and Bruce 1994），そのビジネス行動が，ビジネス・パフォーマンスを向上させることが明らかにされている（e.g., Gong, Huang, and Farh 2009；石田, 石井, 恩藏 2012）。
　このことから，セールス・パーソンの提案型営業力は，購買者の価値にプラスに影響すると想定される。以上から，次の仮説が導出された。

　　仮説 3：提案型営業力は，価値にプラスに影響する。

　本研究では，取り扱う商材が環境にやさしい天然ガス（CNG）であるため，上司がエコや環境といった CSR に関心を有すると，天然ガスの使用をより推進することになり，部下の価値創造に影響を及ぼすと考えられる。組織が CSR の視点を取り入れていく組織文化は，CSR 志向と呼ばれ，CSR 志向は信頼や名声にプラスの影響を及ぼすといわれる（Homburg, Stierl, and Bornemann 2013）。したがって，上司の CSR 志向は，部下の価値にプラスに影響すると考えられる。以上から，次の仮説が導出された。

仮説 4 ：上司の CSR 志向は，部下の価値をより高める。

　組織が報酬制度を取り入れると，従業員はより活発に働くようになる。成果を上げれば，それに見合った報酬がえられるからである。今回のトラック運送会社の購買担当者においても同様に，パフォーマンスをより向上させたいと合理的に考えるため，取引相手に対して計算的コミットメントがより高くなり（Geyskens, Steenkamp, Scheer, and Kumar 1998），結果として取引相手への価値が向上すると考えられる。以上から，次の仮説を設定した。

仮説 5 ：上司の報酬制度は，部下の価値にプラスに影響する。

　なお，仮説モデルの結果に影響を及ぼすと考えられるセールス・パーソンの経験年数と，購買担当者の供給業者との契約年数に関しては，コントロール変数として設定することで，これらの要因からの影響を排除している。以上から，図 6 - 5 の仮説モデルを構築している。

図6-5　本研究の仮説モデル

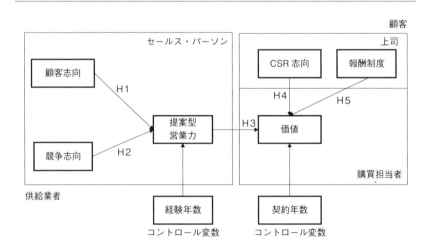

5. 調査と分析結果

5-1. 調査の概要

　今回，三者間のメカニズムを解明するにあたっては，取引に多くのプレイヤーがかかわる CNG トラックに関係する業界に注目している。当該業界では，2社間の相互型取引だけでなく，様々なプレイヤーを巻き込んだネットワーク型取引が成立している（大平，恩藏 2014）。今回の調査は，早稲田大学マーケティング・コミュニケーション研究所と国内大手ガス事業者5社（東京ガス，大阪ガス，東邦ガス，西部ガス，北海道ガス）により，2011年より開始された共同研究の一環として行われている。本研究では，2014年2月24日〜3月11日の期間において，インターネット調査を実施している。サンプリングは次の手続きを踏んでいる。

　第一に，売り手企業のセールス・パーソンに調査に協力をしてもらった。売り手企業は国内ガス事業者5社であり，東京ガス，大阪ガス，東邦ガス，西部ガス，北海道ガスの5社である。第二に，回答してもらったセールス・パーソンに取引関係のある運送事業者の購買担当者を紹介してもらい，彼らにインターネット上で質問に答えてもらった。第三に，その購買担当者の上司にも，同じようにインターネット上で回答してもらっている。

　その結果，ガス事業者のセールス・パーソン112名，買い手企業の購買担当者103名，その上司85名から回答が得られた。以上から，ビジネス上つながりのある三者（セールス・パーソン，購買担当者，上司）を1セットとした81サンプルのデータを作成した。これにより，立場ごとに回答者を分離することで，2変数間の因果関係が実際よりも強くみられるというコモン・メソッド・バイアスを排除している（Olson, Walker, and Ruekert 1995）。

5-2. 測定尺度

　測定尺度に関しては，先行研究において信頼性や妥当性が確認されている尺度を援用している。なお，経験年数と契約年数を除いてすべて，7ポイン

トのリッカート尺度を用いている。顧客志向については，Narver and Slater（1990）が唱えた顧客志向の測定尺度の4項目を用いた。競争志向については，Narver and Slater（1990）が唱えた競争志向の測定尺度の4項目を用いた。提案型営業力については，日経産業消費研究所（1998）[3]により開発された6項目を用いた。価値については，Palmatier, Scheer, and Steenkamp（2007）により開発された3項目を用いている。CSR 志向については，Homburg, Stierl, and Bornemann（2013）により開発された3項目を用いた。報酬制度については，Jaworski and Kohli（1993）で開発された4項目を用いている。

コントロール変数である，セールス・パーソンの営業の経験年数，ならびに，購買担当者の契約年数については，それぞれ比例尺度を用いている。なお，分析の際，これら2つのコントロール変数に関しては，より正規分布に近づけるため，自然対数に変換した値を使用している。

5-3. 信頼性と妥当性の確認

分析の際には，Anderson and Gerbing（1988）に従い，2段階アプローチを実施した。第一段階として，信頼性の確認および，変数の収束妥当性および弁別妥当性の検討をした。第二段階として，仮説モデルを検証するため，PLS 構造方程式モデリングを実施している（Hair, Hult, Ringle, and Sarstedt 2014）。

今回使用する各変数を構成する質問項目については，床効果と天井効果を確かめたところ，いずれの効果も確認されなかった。すべての変数を含めて確認的因子分析（CFA）を行った場合，推定パラメーター数（誤差項を含む）の5倍のサンプル数が必要であるとした Bentler and Chou（1987）の5：1基準を満たすことができない。そこで，概念ごとに CFA モデルを実行した。結果として，因子負荷量の標準化係数が0.4を下回った3項目（顧客志向：1項目，競争志向：1項目，提案型営業力：1項目）については，分析を行う前に削除している。

残りの変数に関しては，概念ごとに信頼性を確認している。信頼性については，Cronbach の α 係数と Composite Reliability（CR）によって検討し

た。α係数については，価値を除いて，すべての構成概念において0.7以上となった。CR については，すべての構成概念においておおむね0.8以上となった。価値についても，CR が0.82であった。価値については，α係数が0.7を下回ったが（Nunnally 1978），多義性を考慮し削除しないこととした。

以上から，本研究の構成概念は内的一貫性を備えていることが確認できた（Bagozzi and Yi 1988）。

収束妥当性については，潜在変数から観測変数へのパス係数と Average Variance Extracted（AVE）を基準として検討した。その結果，すべてのパス係数は0.5以上となり，1 % 水準で有意となり，十分な因子負荷量を確認できた（Bagozzi and Yi 1988）。したがって，収束妥当性が確認された。

弁別妥当性については，潜在変数間の相関を 1 に固定したモデルと自由推定したモデルの χ^2 値を算出し，有意差が確認できるかどうかを検討した。結果として，自由推定モデルと固定モデルの χ^2 は 1 % で有意となった。したがって，本研究の測定尺度は弁別妥当性を備えていると判断された（Anderson and Gerbing 1988）。

なお，分析で用いた測定尺度の各質問項目は，**表6-3**に示されている。

表6-3　各概念の確認的因子分析の結果（N=81セット）

顧客志向（平均値＝4.35，α = .70，CR = .80，AVE = .57）	因子負荷量
顧客の要求点を把握するため，顧客との結びつきや顧客を第一に考える姿勢を重視している	0.77
ライバルとの競争を優位に進めるうえで，顧客が要求することの理解を基本にしている	0.73
目標として，顧客満足を最優先に考えている	0.78
顧客満足を組織的かつ頻繁に測定している	
競争志向（平均値＝3.52，α = .78，CR = .76，AVE = .52）	
営業部の社員同士は，他社の戦略に関する情報を定期的に共有している	0.78
脅威となっている他社の行動には，迅速に対応している	0.65
経営層は，他社の強みと戦略について定期的に議論している	0.74
競争を有利に展開できる顧客をターゲットにしている	
提案型営業力（平均値＝3.73，α = .81，CR = .84，AVE = .54）	
販売した後，得意先へのフォローを非常に重視している	0.47

得意先に企画・提案するときは，具体的な数値や実例を示すようにしている	
製品以外の情報を得意先へ知らせることはもちろん，製品以外の情報（例えば，消費者への売り方や経営に関する情報など）を積極的に知らせている	0.65
自社と顧客の双方にとって，有益な機会を見つけ出すのは得意だ	0.58
顧客の問題解決を進めるうえで，自社にとっても有益な方法を模索するよう努めている	0.96
顧客の目標と自社の要求を統合させる良い方法を探している	0.90
価値（平均値＝3.20，α ＝ .68，CR ＝ .82，AVE ＝ .61）	
いくらかのコストが増えたとしても，相手企業との良好な関係を維持したい	0.90
相手企業とのビジネスで得られるベネフィットは，コストを上回っている	0.75
相手企業とのビジネスは，良い条件である	0.70
CSR 志向（平均値＝3.64，α ＝ .80，CR ＝ .80，AVE ＝ .58）	
自社には，あらゆる業務において CSR（企業の社会的責任）を社員に意識させる明確なポリシーが存在する	0.87
企業の社会的な責任は，自社にとって優先順位の高い活動である	0.72
自社では，すべての社員が企業の社会的な責任の重要性を理解するために努力している	0.70
報酬制度（平均値＝3.00，α ＝ .81，CR ＝ .81，AVE ＝ .52）	
優れたパフォーマンスに対して，追加の報酬が与えられる	0.61
チーム作業に対する報酬は，参加メンバーに平等に与えられる	0.67
チーム作業に対する報酬は，パフォーマンスへの貢献度に応じて与えられる	0.84
パフォーマンスの高い社員に対しては，個別に報酬が与えられ，皆から認められている	0.76
収益性（single item）	
相手企業とのビジネスについて，過去 5 年の自社事業の収益性はどうですか	
経験年数（single item）	
営業（天然ガス自動車担当）としての経験がどれくらいありますか	
契約年数（single item）	
ガス会社との天然ガストラックにかかわるビジネス関係は何年になるか	

注1：因子負荷量0.4を下回った項目を除いたうえで，各変数ごとに算出した値を記載している。
注2：平均値，α 係数，CR については，因子負荷量で0.4を下回ったものを除いて，算出している。
注3：観測変数から潜在変数へのパス係数の有意性を検討するため，パス係数ではなく，潜在変数の分散を1に固定している。

5-4. 分析の結果

　仮説モデルの検証には，PLS 構造方程式モデリングを用いている。Hair,

Hult, Ringle, and Sarstedt（2014）に従い，ブートストラッピングのサブ・サンプル数は5,000に設定している。結果として，顧客志向（$\beta = 0.828$，$p < 0.01$）と競争志向（$\beta = 0.529$，$p < 0.05$）は，提案型営業力に対してプラスの影響を与えていた。したがって，仮説1と仮説2は支持された。提案型営業力は，価値に対してプラスの影響を与えていた（$\beta = 0.892$，$p < 0.01$）。したがって，仮説3は支持された。CSR志向は価値にプラスの影響を与えていたが（$\beta = 0.308$，$p < 0.10$），報酬制度は価値に影響していなかった（$\beta = -0.142$，$p > 0.1$）。したがって，仮説4は支持された。分析結果は，**図6-6**に示される。

図6-6　分析結果

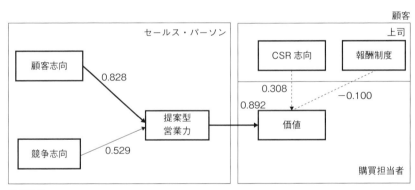

供給業者

注1：　——▶（太線）1％水準，　—▶（細線）5％水準，　-----▶（点線）10％水準で有意。
　　　　------（矢印なし点線）非有意。
注2：連結従業員数は対数変換している。

6．インプリケーションと課題

　本研究では，供給業者のセールス・パーソン，ならびに，顧客である購買担当者と上司という三者を1セットとしたトライアド・データを用いることで，セールス・パーソンの顧客志向，ならびに競争志向が提案型営業力に影響を与え，顧客である購買担当者の価値にプラスに影響することが確認され

た。購買担当者の価値を生み出すために，セールス・パーソンは2つの志向性を要しながら，提案型営業力を向上させていくことが不可欠であることがわかる。

　セールス・パーソンの提案型営業力が購買担当者の価値に影響する際には，上司のCSR志向がプラスに働いていた。上司がCSR志向を有すると，部下である購買担当者の価値をより多く生み出せるわけである。天然ガスのような社会性の高い商材においては，上司がCSRを重視するほど，部下がより多く，顧客への価値を生み出すことができる。

　だが，仮説5に反して，上司の報酬制度は部下の価値向上には影響していなかった。いくら組織で魅力的な報酬制度を設定しても，従業員の価値向上はもたらさない。それよりも，今回設定されたモデルで明らかにされたように，セールス・パーソンからの魅力的な提案，あるいは，上司の有するCSR志向から，購買担当者は価値創造をするのである。本結果を踏まえると，価値創造を目指す組織では，どのように顧客と関係を構築したり，組織制度を設計したりするかが理解できる。

　以上のようなインプリケーションがある一方，本研究には限界や課題もみられる。

　第一に，本研究では，核となる概念として，提案型営業力を取り上げたが，情報共有型営業やチーム営業など（高嶋2002），セールス・パーソンの営業スタイルには他にも様々なものがある。したがって，今後の研究では，これらの要因をモデルに導入し，より包括的な営業スタイルを捉えることが望まれる。

　第二に，セールス・パーソンの志向性と提案型営業力の関係に影響を及ぼすモデレーター変数を検討するべきである。組織内外の要因が今回検証された仮説モデルに影響を与える可能性がある。したがって，競合の密集度や競合他社の数，あるいは，セールス・パーソンのパーソナリティ（価値観や自尊心など）などを取り入れて，再度分析をし直す必要があると思われる。

　第三に，上司が部下に与える変数として，CSR志向や報酬制度以外を取り入れるべきである。他にも，販売志向といった変数を取り入れた研究を行うと良いだろう。

第四に，外部妥当性を高め，結果を一般化するため，他の製品カテゴリーのセールス・パーソンを対象として調査を実施したり，日本以外の国で調査を行ったりするなど，異なるサンプルを用いた調査が求められる。

　以上のような課題はあるものの，これまであまり取り上げられてこなかった三者間における MO の影響力，そして，MO と価値の周辺メカニズムを解明した点において，本研究は理論的発展をもたらしている。

7. 議　論

　第6章では，MO の近接領域への展開というテーマで議論を進めている。とくに第6章では，マーケティング研究の代表的な研究領域であるリレーションシップ・マーケティング研究とサービス・マーケティング研究へと展開された MO 研究について考察してきた。

　第1節では，リレーションシップ・マーケティング研究へと展開された MO 研究についてレビューを試みた。研究の特徴としては，二者という組織間を対象にしている点があげられる。実際，先行研究のレビューを試みたところ，MO とともに，信頼，協力的規範，コミュニケーションなど，複数組織の関係性を捉えるリレーションシップ・マーケティングに関する変数を取り入れた仮説モデルが検証されていた。そして，一連の先行研究では，MO がこれらのリレーションシップ・マーケティングに関する変数にプラスに影響を及ぼす傾向が確認されている (e,g., Siguaw, Simpson, and Baker 1998)。このことから，MO は，事業成果や製品開発にかかわる変数のみならず，リレーションシップ・マーケティングに関する変数にもプラスに作用するといえる。

　2000年をこえたあたりからは，代表的なリレーションシップ・マーケティングに関する変数以外の変数を取り入れた研究もみられた。MO ギャップを取り入れた Steinman, Deshpandè, and Farley (2000) や，顧客親密性を取り入れた Tuominen, Rajala, and Moller (2004) の研究などである。

　一方で，先行研究には課題もいくつかみられた。多くの研究では，二者間の関係性が主に扱われ，Langerak (2001)，あるいは，Jones, Busch, and

Dacin（2003）を除いて，三者間の問題意識は触れられていない。さらに，サンプル数が，Langerak（2001）の研究では72セット，Jones, Busch, and Dacin（2003）では51セットであり，いずれも不足していた。

　第2節では，サービス・マーケティング研究へと展開されたMO研究について考察してきた。まず，当該分野に関する研究の課題を整理するため，大きく2つの研究グループに分類し，レビューを試みた。

　1つ目の研究グループが，「サービス・マーケティング変数との関係性に着目した研究」である。Schlesinger and Heskett（1991）やChang and Chen（1998）といった初期の研究をみると，サービス品質といったサービス・マーケティングの代表的な変数に関して，MOがプラスの影響を及ぼすことを確認した。研究が進むにつれて，より専門的なサービス・マーケティング変数を扱うようになっており，品質コンテクスト（Raju and Lonial 2001），サービス・ギャップ（Guo 2002）を考察している。あるいは，サービス・マーケティングに対する組織の志向性を測定するため，サービス志向という測定尺度も開発されていた（Lytle, Hom, and Mokwa 1998; Homburg, Hoyer, and Fassnacht 2002）。

　2つ目の研究グループが，「サービス業において，MOの効果について考察した研究」，すなわち，代表的なサービス業に注目した研究，あるいは，1つのサービス業を複数国で考察している研究である。豪州の製造業とサービス業の双方において，MOが事業成果にプラスに影響することを確認した研究（Atuahene-Gima 1995），スペインとベルギーの保険会社を比較し，MOが志向性と国という2つの因子から成立することを示した研究（Lado, Maydeu-Olivares, and Rivera 1998）などが取り組まれていた。

　先行研究のレビューを踏まえると，多くの研究では代表的なサービス業である銀行やホテルが多く取り上げられていた。一方，サービス経済化によって新たに生まれた革新的なサービス組織については研究が取り組まれていないことが確認された。

　第3節からは，第1節でレビューがなされたリレーションシップ・マーケティング研究へと展開された研究における課題が明確化された，三者間のプレイヤーにおいて，MOが及ぼす影響について実証分析を試みた。本研究

における三者とは，供給業者のセールス・パーソン，その顧客である購買担当者，そしてその上司である。McNaughton, Osborne, and Imrie（2002）と実務でみられる現象を踏まえて，セールス・パーソンの MO が彼らの提案型営業力にどのように影響し，購買担当者の価値に作用するかという仮説モデルを提示している。この際には同時に，購買担当者の上司の CSR 志向や報酬制度からも購買担当者が影響を受けるとしている。CSR 志向を取り上げた理由は，今回対象とする業界が天然ガス（CNG）トラック業界であり，意思決定者である上司の CSR 志向が，部下である購買担当者の行動に影響を及ぼすと考えられるからである。そこで，供給業者である国内ガス事業者，彼らと取引関係のある運送事業者の購買担当者，その上司を 1 組とするトライアド・サンプルを構築し，仮説検証を試みた。

　結果として，顧客志向と競争志向はともに提案型営業力にプラスに影響を及ぼしていた。そして，提案型営業力は価値にプラスに影響を及ぼしていた。この際，上司の CSR 志向は部下の価値にプラスに作用していた。本研究の結果から，購買担当者の価値を生み出すためには，セールス・パーソンは顧客志向と競争志向という 2 つの志向性を要しながら，提案型営業力を向上させていくことが不可欠であることが示された。同時に，購買担当者の価値には，上司の CSR 志向がプラスに働いていた。つまり，上司が CSR 志向を有すると，部下の価値をより多く生み出せるのである。

　本研究は，先行研究であまり光が当てられてこなかった三者間におけるメカニズムを解明したことに加え，MO と価値の周辺メカニズムを解明した点において，マーケティング研究の理論的発展に貢献している。今後の研究では，提案型営業力以外の情報共有型営業力やチーム営業を取り入れたり，セールス・パーソンの志向性と提案型営業力の関係に影響を及ぼすモデレーター変数を設定したり，あるいは，上司が部下に及ぼす変数として販売志向を取り入れたりした仮説モデルを構築し，さらなる検証を試みるべきである。

(1)　衡平理論とは，Adams, J.S.（1965）が提唱した対人相互作用における公正さに関す

る理論である。一般には社会的交換理論の1つと考えられているが，認知的整合性理論の基本的前提を取り込んだ理論でもある。社会的交換理論とは，社会心理学において一定の理論的立場に立脚している諸理論の総称である。その立場とは，社会的行動，特に対人相互作用を行動のやりとりと考え，このやりとりを通して人々が互いに影響し合う過程を分析しようとする立場である。

(2) 日経 BP 社（2002）『日経ビジネス』5 月27日号を参考にしている。

(3) 日経産業消費研究所（1998）『営業の革新　混迷の時代に求められる「強さ」の研究』日本経済新聞社，を参考にしている。

終章 結論と今後の課題

　本書では，市場志向（Market Orientation，以下 MO と略）を取り巻くメカ
ニズムの解明を目指し，MO の理論的背景，ならびに MO の先行要因と成果
要因，代替的志向性と MO の普及プロセス，MO の近接領域への展開という
３つの側面から考察した。MO は1990年に，Narver and Slater（1990），な
らびに Kohli and Jaworski（1990）という研究グループにより提唱され今日
までに，世界中で1,300本以上にわたる MO に関する学術論文が発表されて
いる。しかしながら，同時に，MO に関する研究は広範囲にわたるばかりか
研究潮流が細分化しているため，断片的に研究が取り組まれ，包括的な理解
はなされてこなかった。本書ではこの点に着目し，MO の理論的背景ならび
に先行要因と成果要因，代替的志向性と MO の普及プロセス，MO の近接領
域への展開という３つの研究領域で大きく，MO に関する先行研究を分類し
たうえで，各領域に存在する課題を明確にしながら，光が当てられてこな
かった概念，関係あるいはメカニズムを解明している。
　第一の研究領域では，主に，MO 概念自体の理論的背景や二元性，定義や
尺度の進化，先行要因と成果要因にかかわる研究課題について取り組んでき
た（第１章から第３章）。前半は，MO の理論的基盤の整理，二元性の問題，
定義の改定や尺度の改良を扱っている。後半は，製品開発というコンテクス
トに注目し，MO が製品開発に関する重要な変数にどのような影響を与える
かについて研究を進めた。
　第二の研究領域では，組織において代替的志向性がどのような影響を及ぼ

すのか，あるいは，組織において MO がどのように普及するのかについて
考察した（第4章から第5章）。前半では，代替的志向性に焦点を当ててい
る。現実の組織には，MO のほかにも，製品志向や販売志向など，様々な志
向性が存在している。そこで，まず，これらの志向性について先行研究に基
づき整理するとともに，これらの志向性が組織にどのような影響をもたらす
かについて考察した。後半では，組織における MO の普及プロセスに焦点
を当てている。組織という分析単位ではなく，従業員個人という分析単位
で，MO がどのように組織内に普及していくのかについて解明している。

　第三の研究領域では，さらに議論を進め，MO の近接領域への展開に光を
当て考察してきた（第6章）。リレーションシップ・マーケティング，サー
ビス・マーケティングに関する諸概念について，MO との関係性，あるい
は，MO が及ぼす影響といった視点からレビューや定量調査を行い，先行研
究では明らかにされていないメカニズムを解明している。

　MO に関しては，約1,300本もの海外論文が報告されており，様々な知見
がすでに得られているが，本書では上記のような大きな研究領域に研究を分
類したうえで，各領域に目を向けることで，新たな概念を導出したり，様々
な関係やメカニズムを解明したりしている。このことから，包括的に先行研
究の課題を克服しながら，MO 研究の発展に貢献していると考えている。

　本書では，先行研究を踏まえ，リーダーシップ・スタイルと MO，MO と
ナレッジマネジメント・アクティビティ，代替的志向性，MO と諸概念との
かかわりなど，重要ではあるが未解明の部分が多い6つの視点に焦点を当
て，それぞれで解を示している。

　続いて，この6つの視点である各章ごとに明らかにされた点について論じ
る。

　第1章では，まず，MO 誕生に至った時代背景について考察している。背
景には，次の3点が示されている。第一に，マーケティング・コンセプトを
企業が採用した場合の有効性について，MO が開発される以前では，その有
効性が実証的に解明できなかったことを論じた。そこで，MO を取り入れる
ことで，統計的に有効性を検証できるようになっている。第二に，マーケ
ティングの役割の変化を示している。マーケティングの役割が1980年後半に

は一時点の顧客満足向上ではなく，顧客との継続的なコミットメント構築へと変化したことを述べた。この状況に対し，MO はマーケティング志向を有する従業員とその顧客との関係性を検証できるようにした。第三に，1980年代後半，マーケティングに組織文化の概念が取り入れられ始めたことを論じた。この影響を受けて，Narver and Slater（1990）では，組織文化を理論的基盤として，MO を開発している。

　続いて，1990年に Narver and Slater（1990）と Kohli and Jaworski（1990）が同時に提唱した MO の理論的背景について論じている。Narver and Slater（1990）では，持続的競争優位性や資源依存モデルなどを理論的基盤としている一方，Kohli and Jaworski（1990）では，経済合理性や社会システム理論に依拠していた。このことから，Narver and Slater（1990）と Kohli and Jaworski（1990）の明確な違いは，前者が戦略論や組織論の理論を背景にしている一方，後者が経済学や社会学の理論を理論的基盤としている点を明らかにしている。続いて，MO と類似した概念であるマーケティング・コンセプト，マーケティング志向，顧客先導を取り上げ，MO との違いを示している。

　第1章の第2節以降では，MO に存在する二元性の問題に目を向け，Narver and Slater（1990）と Kohli and Jaworski（1990）以降に改良された MO 尺度を整理しながら，二元性を有する MO 概念の統一化を試みている。統一化を試みた先行研究の課題を踏まえながら，市場情報の獲得，職能横断的な情報の普及，顧客への反応という3つの下位要素から成り立つ統一的 MO を定義とともに導出している。

　第2章では，MO に影響を与える先行要因について解明を試みている。まず，先行研究のレビューを行い，MO の先行要因にはどのようなものがあり，どのように研究が取り組まれてきたかについて整理している。その結果，MO の先行要因には，組織構造に関する要因，組織の人的要因に関する要因，組織戦略に関する要因，従業員に関する要因，国の特性に関する要因があり，これら5つの要因に関する研究が時系列に沿って取り組まれていた。そのうえで，今後取り組むべき先行要因として，自己効力感，個人間コンフリクト，学習志向という3つがあることを示している。

続いて，MO の先行要因に関するレビューから研究課題がみられたリーダーシップ・スタイルに着目し，リーダーシップ・スタイルが MO とビジネス・パフォーマンスに対してどのような影響を及ぼすのかについて考察している。リーダーシップ・スタイルと MO に関する先行研究のレビューを行ったうえで，Bass（1985）の 3 つのリーダーシップ・スタイルが MO，そして，ビジネス・パフォーマンスに与えるメカニズムについて解明するため，実証分析を試みている。わが国の上場企業の事業部長を対象にした調査結果から，変革型リーダーシップと交換型リーダーシップが MO にプラスに影響する一方，放任型リーダーシップは影響を及ぼさないこと。最終的に，MO はビジネス・パフォーマンスにプラスに影響することを明らかにしている。従来の研究では，リーダーシップを 1 つのスタイルのみから捉え，それが MO にどのような影響を及ぼすかを考察したり，特定のリーダーシップと MO の関係のみにフォーカスしたりしていた。そこで，本書では，包括的なリーダーシップ・スタイルを取り上げ，各リーダーシップ・スタイルが MO，そして，ビジネス・パフォーマンスへと至る連続的なメカニズムを解明した点において，理論的な貢献を果たしている。

　第 3 章では，製品開発において，MO がどのような影響をもたらすかについて考察している。まず，製品開発において MO を取り上げた先行研究について，MO と新製品パフォーマンスの因果関係に関する研究，MO と新製品パフォーマンスのモデレーター要因に関する研究，MO と新製品パフォーマンスの媒介要因に関する研究という 3 つの視点からレビューを試みている。そのうえで，先行研究では見落とされてきた MO がナレッジマネジメント・アクティビティに及ぼす影響について，仮説モデルを構築し，実証分析を試みている。

　先行研究では，ナレッジ獲得など，ナレッジマネジメントに関しては限られた変数が取り上げられてきただけであり，ナレッジマネジメントの活動面は見落とされてきた。そこで，両者の関係を解明するため，わが国の上場企業において，営業担当者と開発マネジャーを対象とする 2 段階サンプリングを採用し，実証分析を試みた。分析の結果，顧客志向と競争志向はナレッジマネジメント・アクティビティにプラスの影響を及ぼす。そして，ナレッジ

マネジメント・アクティビティは製品品質優位性と製品新奇性にプラスに影響し，それらが製品差別化にプラスの影響をもたらす。最終的には，製品差別化は経済成果にまでプラスに結びつくという一連のメカニズムを明らかにしている。

　第4章では，MOと並列関係にある代替的志向性について考察している。現実の組織には，MOだけでなく，様々な志向性が存在している。第4章ではまず，従来の研究で扱われてきた代替的志向性について整理を試みている。代替的志向性としては，製品志向，販売志向，技術志向，リレーションシップ志向，サービス志向，ブランド志向，イノベーション志向，CSR志向，アントレプレナー志向，学習志向，ネットワーク志向，デザイン志向があげられた。続いて，研究段階を整理したところ，製品志向，販売志向，アントレプレナー志向，学習志向，技術志向，イノベーション志向，ネットワーク志向，リレーションシップ志向，サービス志向については，それらの志向性がMOとどのような関係があり，成果要因に対してどういった影響があるかについては先行研究でその大半が解明されていた。一方，ブランド志向とデザイン志向については，それらの志向性がもたらす影響については明らかにされていなかった。このことから，今後はブランド志向やデザイン志向に関して研究を進めるべきであると論じている。

　第4章までは，組織という分析単位でMOが及ぼす影響や周辺メカニズムについて考察した。一方，第5章では，従業員個人という分析単位でMOがどのように伝播したり，どのように組織で普及したりするかいった視点から研究に取り組んだ。

　まず，MOの普及プロセスに関する先行研究を概観している。MOが他者にどのような影響を及ぼすかを考察した研究，個人からの影響を扱った研究，個人レベルのサービス志向を扱った研究，個人間の普及過程を扱った研究という4つの研究潮流ごとにレビューを試みたところ，2つの解明されていない研究テーマがあることをつきとめた。

　1つ目が，従業員の価値観がMOに及ぼす影響についてである。両者の関係を考察するにあたり，まず，従業員を示す個人とMOを示す組織という分析単位の違いを克服するため，Lam, Kuraus, Ahearne（2010）によって

開発された IMO 尺度，ならびに，Homer and Kahle（1988）による因果連鎖モデルを援用して，分析単位を個人で統一するとともに，MO が個人間を伝播する論理を示した。続いて，Schwasrtz（1992）が提示した価値観を援用しながら，価値観が及ぼす MO 態度への影響に関する命題を導出している。その結果，顧客志向の態度，競争志向の態度，製品志向の態度はすべて，集団主義にはプラスに，個人主義にはマイナスに影響していた。さらに，集団主義の価値観を細分化した保守性と自己超越について，MO との関係について考察したところ，いくつかの点が示された。顧客志向の態度では，自己超越は保守性よりもプラスに働くが，競争志向の態度と製品志向の態度では，保守性は自己超越よりもプラスに作用するという関係である。

2つ目が，組織の個人間において MO がどのように普及するかについてである。Lam, Kraus, and Ahearne（2010）では，従業員個人間の普及について扱った萌芽的な研究であったが，レビューの結果として，上司と部下間の IMO 普及におけるモデレーター要因については研究の余地がみられた。そこで，本書では，個人間の接触や情報伝播に関して，社会心理学の理論を援用しながら，新たなモデレーター要因を考察している。結果として，上司の IMO が部下の IMO に影響する際には，同調行動，社会的勢力，職務満足という3つのモデレーター要因が影響するという命題モデルを導出している。

第6章では，リレーションシップ・マーケティングやサービス・マーケティングといった近接する研究領域の様々な変数に MO が及ぼす影響に関して研究を進めた。

第1節では，リレーションシップ・マーケティングに関する変数に及ぼす MO の影響について論じている。まず，リレーションシップ・マーケティングへと展開された MO 研究のレビューを行うことで，研究課題を明確にしている。結果として，先行研究では，二者間の取引関係については多くの研究が行われてきたが，三者間の取引関係を扱った研究についてはほとんど取り組まれていないことが確認された。

第2節では，MO がサービス・マーケティング変数に及ぼす影響について考察している。まず，サービス・マーケティングにおいて MO を扱った先

行研究を整理した結果，従来の代表的なサービス組織である銀行やホテルについては研究が進められるものの，近年，新たなビジネス・モデルを有して，革新的なサービスを生み出す組織を対象とした研究はあまり取り組まれていないことが示された。

　第3節以降では，MOがリレーションシップ・マーケティングに関する変数に及ぼす影響に関して取り上げた先行研究のレビュー結果を踏まえて，3者間のプレイヤー間において，MOがどのような影響を及ぼすかについて考察している。そこで，複雑な取引関係を有する天然ガス（CNG）トラックにかかわる業界に注目し，天然ガスを供給する供給企業であるガス事業者のセールス・パーソン，その事業者と取引関係のある顧客である運送事業者の購買担当者，そして，彼らの上司という三者を1セットとするトライアド・サンプルを用いて，MOが3つのプレイヤー間にどのような影響を及ぼすのかについて考察している。検証の結果，供給企業のセールス・パーソンの顧客志向は，彼らの提案型営業力という組織能力を向上させ，顧客である購買担当者の価値を向上させることを明らかにしている。この際には，上司のCSR志向という環境に配慮する志向性も購買担当者の価値を高めることも確認している。

　このように，本書では，MOを取り巻くメカニズムを包括的に理解することを目標として，理論的な考察，定性的，あるいは，定量的な検証が行われた。一方，課題や問題点も残されている。次の5点をあげておきたい。

　第一に，本書では，クロス・セクショナルなリサーチ・デザインを用いている点である。いくつかの研究（第3章第6節，第6章第5節）では，独立変数と従属変数の回答者を変えることで，2変数間の因果関係が実際よりも強くみられるというコモン・メソッド・バイアスを排除できている。だが，第2章第5節では，Herman's one factor test を実施するなどして，できるかぎりこのバイアスの排除に対応してきたが，単一サンプルの回答のため，完全にはバイアスを排除できていない。したがって，今後の研究では，独立変数と従属変数で回答者を変える2段階サンプリングを採用するべきである。

　さらに，製品開発やプロジェクトのプロセスの途中でMOを測定し，その後にパフォーマンスを測定するといった動態的なダイナミズムを捉えられ

る時系列なリサーチ・デザインを採用するべきである。そうすることにより，コモン・メソッド・バイアスを排除できるだけでなく，因果関係やメカニズムをより明確にすることができる。

　また，本書では，成果変数において二次データを用いた分析がなされていなかった。したがって今後は，例えば，成果変数にトービンの q といった客観的尺度を取り入れることで，よりインパクトのある研究へと発展させることができると思われる。

　第二に，記憶バイアスの問題である。本書では，仮説モデルを検証したり，尺度を開発したりするため，サーベイ調査を実施している（第2章第5節，第3章第6節，第6章第5節）。いずれもクロス・セクショナルな調査を行ったが，新製品やブランドについて数ヵ月以前の内容を尋ねており，被験者の記憶バイアスを完全に排除できなかった。したがって，今後の研究では，例えば，現在担当している製品について追跡的に回答してもらうといった，時系列的な調査設計を採用するべきである。

　第三に，仮説モデルの外部妥当性の問題である。すべての定性，定量調査は国内の上場企業を対象に行われている。したがって，結果をより一般化するためには，他の業種を対象とする，あるいは，日本以外の国でも調査を行い，国際比較研究を行うなど，異なるサンプルを用いた検証が求められる。

　第四に，本書ではいくつかのモデルが導出されているが，一部については実証には至らず，命題モデルの導出までに留まっている点である（第5章第2節，第5章第4節）。第5章第2節，ならびに，第5章第4節の研究テーマに関しては，先行研究を概観し，研究課題を見出し，社会心理学などの理論をベースに，命題モデルを導出する段階に留まっている。そのため，今後の研究では仮説モデルへと再構築したうえで，その仮説モデルを検証する定量的研究が求められる。

　第五に，MO研究の網羅性に関しての限界である。本書の冒頭で示したとおり，1990年にMO概念が提唱されてから，今日に至るまで，1,300本以上の学術論文が報告されている。本書では，MO研究のなかでも主な潮流でエポック・メーキングとなっており，主要な国際学術誌に掲載された研究を中心に取り上げてきたため，それ以外のMO研究を網羅しきれてはいない。

例えば，本書では取り上げられなかったが，発展途上国を対象とした調査など（e.g., Mokoena and Dhurup 2017），今後も発展余地があるテーマが存在している。

　以上の点は，本書に残された問題点であり，本書をまとめるなかで見つけ出された課題である。今後はさらに定性的，定量的研究を行い，議論を発展させることで，マーケティング研究ならびにビジネス界の発展に貢献したいと望んでいる。

あとがき

　筆者は大学学部でマーケティングを専攻し，大学院修士課程よりマーケティング戦略や製品開発の領域を中心に研究に取り組んできた。修士論文の作成時には，本書の中核概念である市場志向（MO）と出会い，今日まで一貫して研究に取り組んでいる。本書の執筆を通じて，広範に及ぶ市場志向のなかでも，重要かつ興味深い研究テーマと出会うとともに，残された課題ならびに今後の研究の方向性を示すことができた。今後は，これらの課題に一つひとつ丁寧に取り組むことにより，マーケティング研究の発展に貢献したいと考えている。

　本書の執筆に当たっては，じつに多くの方々から御指導を頂くとともに，啓発を受けた。恩師である恩藏直人先生（早稲田大学教授）には，早稲田大学商学部，早稲田大学大学院商学研究科修士課程，博士後期課程，そして教職に就いてから今日に至るまで一貫して，指導教授として多大なるご指導を頂いてきた。筆者にマーケティングの面白さや奥深さ，研究の醍醐味や進め方，そして研究者としての姿勢を教えて下さったのはすべて，先生であり，恩藏先生への感謝の気持ちは到底一言では言い表せない。恩藏先生との出会いがなければ，マーケティングとはめぐり合っておらず，研究者になることを目指さなかったであろう。

　武井寿先生（早稲田大学教授）にも，温かいご教示を頂いた。武井先生は大学院修士課程のマーケティング理論の講義で御指導を受けて以来，様々な場面で学問的刺激を与えて頂いている。武井先生から御指導を頂いた内容は，本書の随所に生かされている。

　守口剛先生（早稲田大学教授）にも感謝の意を申し上げたい。守口先生には大学院修士課程でマーケティング・サイエンスの講義を御指導頂

いてから，研究の方法論を中心に多くのことを学ばせて頂いた。守口先生のご指導から学ばせて頂いた内容は，本書の研究において様々な場面で生かされている。

小野晃典先生（慶應義塾大学教授）にも，心より御礼を申し上げたい。小野先生には，本書の基となった博士論文の副査を快くお引き受け頂き，何度も御指導を賜った。小野先生に頂いたアドバイスは博士論文において修正すべき点，補完しなければない点ばかりであり，本書の内容をより充実させたものとするためにどれも不可欠であった。大変多忙な日々を送られているにもかかわらず，懇切丁寧な御指導を頂いた小野先生には心より御礼を申し上げる。

亀井昭宏先生（早稲田大学名誉教授），嶋村和恵先生（早稲田大学教授）には，早稲田大学商学部，大学院商学研究科においてご指導を頂いた。学部時代にマーケティングに興味をもった筆者が，早稲田大学商学部でマーケティング・コミュニケーションを両先生の下で学ぶことができたのは非常に幸運だったと感じている。学部と大学院で両先生先生から御指導頂いた知識や視点が，本書の様々な箇所に取り入れられている。

恩藏先生が所長を務めている早稲田大学マーケテイング・コミュニケーション研究所に対しても厚く御礼を申し上げたい。同研究所では，大学院修士課程，博士後期課程，そして九州大学に奉職してからも，数多くの研究プロジェクトに参加させて頂いた。本書の一部は，当該研究所の研究プロジェクトで得られた研究成果と研究データが活かされている。ここに記して感謝申し上げる。

マーケテイング・コミュニケーション研究所での経験や研究所のメンバーから受けた刺激は，大学院で研究を出発させた筆者にとってかけがいのない素地となっている。ここに記して，感謝申し上げる。個別に名前を挙げることはできないが，同研究所においてお世話になった企業や実務家の方にもこの場を借りて感謝の意を表したい。

筆者が奉職した九州大学経済学研究院の永田晃也先生，星野裕志先生，高田仁先生（いずれも，九州大学経済学研究院教授）にも御礼を申し

上げる。研究院内にマーケティングを専門とする教員が筆者一人であり学内で一人悩んでいたときには時おり，経営学や国際経営など，マーケティングに比較的近接した領域から，温かい言葉をかけて頂いた。ここに記して感謝申し上げる。

　本書での研究を進めるにあたっては，次の研究助成を頂き，研究を進めさせて頂いた。これらの助成の存在がなければ，企業への取材や定量調査を実現することができなかった。ここに記して感謝申し上げる。

　2011年度生産性研究助成（公益財団法人日本生産性本部），2013年度吉田秀雄記念事業財団助成研究（公益財団法人吉田秀雄記念事業財団），JSPS科学研究費補助金 JP24730369; JP15K17145; JP19K01963; JP25285136（研究分担者）

　本書は，九州大学経済学研究院の「南信子」教育研究基金から出版助成を頂き刊行された。同基金の存在がなければ，本書は刊行されることはできなかった。厚く御礼を申し上げる。

　また，本書の出版にあたっては，株式会社千倉書房の岩澤孝氏に大変お世話になった。本書の出版を快く引き受けて頂くとともに，出版の相談をさせて頂いた段階から発刊に至るまで，多大な労をお取り頂いた岩澤氏に対して心より御礼を申し上げたい。

　最後に，筆者の研究活動を長期にわたり，理解頂くとともに支えてくれた家族に心から感謝の意を表したい。

　2020年3月

岩下　仁

参 考 文 献

Aaker, A. David and Briance Mascarenhas (1984), "The Need for Strategic Flexibility," *Journal of Business Strategy*, 5 (2), 74–82.

Aaker, L. Jennifer and Durairaj Maheswaran (1997), "The Effect of Cultural Orientation on Persuasion," *Journal of Consumer Research*, 24 (3), 315–328.

Adams, D. John (1986), *Transforming Leadership*, Miles River Press（北矢行男（1990）『リーダーシップの研究』TBS ブリタニカ）.

Adams, J.S. (1965), "Inequity in Social Exchange," *Advances in Experimental Social Psychology*, 2, 267–299.

Agarwal, M. Sanjeev, Erramilli Krishna, and Dev. S. Chekitan (2003), "Market Orientation and Performance in Service Firms: Role of Innovation," *Journal of Services Marketing*, 17 (1), 68–82.

Aiken, S. Leona and Stephen G. West (1991), *Multiple Regression: Testing and Interpreting Interactions*, Newbury Park, CA: Sage Publications.

Ajzen, Icek and Martin Fishbein (1980), *Understanding Attitudes and Predicting Social Behavior*, Englewood Cliffs, N.J.: Prentice-Hall.

Alam, Ian (2002), "An Exploratory Investigation of User Involvement in New Service Development," *Journal of the Academy of Marketing Science*, 30 (3), 250–261.

Alam, Ian and Perry Chad (1995), "A Customer-Oriented New Service Development Process," *Journal of Services Marketing*, 16 (6), 515–534.

Aldrich, Howard and Diane Herker (1977), "Boundary Spanning Roles and Organization Structure," *Academy of Management Review*, 2 (2), 217–230.

Allen, T. Chris, Edward F. Mcqurrie, and Terri Feldman Barr (1998), "Implementing the Marketing Concept One Employee at a Time: Pinpointing Beliefs about Customer Focus as Lever for Organizational Renewal," *Journal of Market Focused Management*, 3 (2), 151–170.

Altier, J. William (1988), "A Perspective on Creativity," *The Journal of Product Innovation Management*, 5 (2), 154–161.

Amabile, M. Teresa (1983), "The Social Psychology of Creativity: A Componential Conceptualization," *Journal of Personality and Social Psychology*, 45 (2), 357–376.

Amabile, M. Teresa (1988), "A Model of Creativity and Innovation in Organizations," in Staw B.M. and L.L. Cummings (eds.), *Research in Organizational Behavior*, Greenwich, CT: JAI Press, 123-167.

Amabile, M. Teresa (1995), "Discovering the Unknowable, Managing the Unmanageable," in Cameron Ford and Dennis Gioia (eds.), *Creative Actions in Organizations*, Thousand Oaks, CA: Sage Publications, 77-81.

Amabile, M. Teresa, Regina Conti, Heather Coon, Jeffrey Lazenby, and Michael Herron (1996), "Assessing the Work Environment for Creativity," *Academy of Management Journal*, 39 (5), 1154-1185.

Anderson, C. James and David W. Gerbing (1988), "Structural Equation Modeling in Practice: A Review and Recommended Two-Step Approach," *Psychological Bulletin*, 103 (3), 411-423.

Anderson, C. James, Håkan Håkansson, and Jahn Johanson (1994), "Dyadic Business Relationships within a Business Network Context," *Journal of Marketing*, 58 (4), 1-15.

Anderson, F. Paul (1982), "Marketing, Strategic Planning and the Theory of the Firm," *Journal of Marketing*, 46 (2), 15-27.

Anderson, F. Paul and Terry M. Chambers (1985), "A Reward/Measurement Model of Organizational Buying Behavior," *Journal of Marketing*, 49 (2), 7-23.

Anderson, W. Eugene, Claes Fornell, and Donald R. Lehmann (1994), "Customer Satisfaction, Market Share, and Profitability: Findings from Sweden," *Journal of Marketing*, 58 (3), 53-67.

Andrews, Jonlee and Daniel C. Smith (1996), "In Search of the Marketing Imagination: Factors Affecting the Creativity of Marketing Programs for Mature Products," *Journal of Marketing Research*, 33 (2), 174-187.

Argyris, Chris and Donald A. Schön (1978), *Organizational Learning: A Theory of Action Perspective*, MA: Addison Wesley.

Armstrong J. Scott and Terry S. Overton (1977), "Estimating Nonresponse Bias in Mail Surveys," *Journal of Marketing Research*, 14 (August), 396-402.

Arndt, Johan (1978), "How Broad Should the Marketing Concept Be?," *Journal of Marketing*, 42 (1), 101-103.

Ash, S.E. (1951), "Effects of Group Pressure upon the Modification and Distortion of Judgements," Harold Guetzkow (ed.), *Groups, Leadership, and Men*, Carnegie Press（岡村二朗訳（1969）「集団圧力が判断の修正とゆがみに及ぼす効果」三隅二不二・佐々木薫訳編『グループ・ダイナミクス』誠信書房，227-240頁）.

Ashforth, E. Blake and Fred Mael (1989), "Sosial Identity Theory and the Organization," *Academy of Management Review*, 14 (1), 20-39.

Atuahene-Gima, Kwaku (1995), "An Exploratory Analysis of the Impact of Market Orientation on New Product Performance," *The Journal of Product Innovation Management*, 12 (4), 275-293.

Atuahene-Gima, Kwaku (2005), "Resolving the Capability-Rigidity Paradox in New Product Innovation," *Journal of Marketing*, 69 (4), 61-83.

Atuahene-Gima, Kwaku and Anthony Ko (2001), "An Empirical Investigation of the Effect of Market Orientation and Entrepreneurship Orientation Alignment on Product Innovation," *Organization Science*, 12 (1), 54-74.

Auto and Design (2012), *Mercedes-Benz Design*, 193 (supplement March/April).

Auto and Design (2013), *Mercedes-Benz Design S-CLASS*, 202 (supplement September/October).

Avlonitis, J. George and Helen E. Salavou (2007), "Entrepreneurial Orientation of SMEs, Product Innovativeness, and Performance," *Journal of Business Research*, 60 (5), 566-575.

Avlonitis, J. George and Spiros P. Gounaris (1997), "Marketing Orientation and Company Performance: Industrial vs. Consumer Goods Companies," *Industrial Marketing Management*, 26 (5), 385-402.

Avlonitis, J. George and Spiros P. Gounaris (1999), "Marketing Orientation and Its Determinants: An Empirical Analysis," *European Journal of Marketing*, 33 (11/12), 1003-1037.

Awamleh, Raed and William L. Gardner (1999), "Perceptions of Leader Charisma and Effectiveness: The Effects of Vision Content, Delivery, and Organizational Performance," *The Leadership Quarterly*, 10 (3), 345-373.

Ayers, Doug, Robert Dahlstrom, and Steven J. Skinner (1997), "An Exploratory Investigation of Organizational Antecedents to New Product Success," *Journal of Marketing Research*, 34 (1), 107-117.

Bagozzi, P. Richard (1975), "Marketing as Exchange," *Journal of Marketing*, 39 (4), 32-39.

Bagozzi, P. Richard and Youjae Yi (1988), "On the Evaluation of Structural Equation Models," *Journal of the Academy of Marketing Science*, 16 (1), 74-94.

Baker, L. Thomas, Penny M. Simpson, and Judy A. Siguaw (1999), "The Impact of Suppliers' Perceptions of Reseller Market Orientation on Key Relationship Constructs," *Journal of the Academy of Marketing Science*, 27 (1), 50-53.

Baker, E. Willian and James M. Sinkula (1999a), "The Synergistic Effect of Market Orientation and Learning Orientation on Organizational Performance," *Journal of the Academy of Marketing*, 27 (4), 411-427.

Baker, E. Willian and James Sinkula (1999b), "Learning Orientation, Market Orientation, and Innovation: Integrating and Extending Models of Organizational Performance," *Journal of Market-Focused Management*, 4 (4), 295-308.

Baker, E. Willian and James Sinkula (2002), "Market Orientation, Learning Orientation and Product Innovation: Delving into the Organization's Black Box," *Journal of Market-Focused Management*, 5 (1), 5-23.

Baker, Willian and James Sinkula (2007), "Does Market Orientation Facilitate Balanced Innovation Pragrams? An Organizational Learning Perspective," *The Journal of Product Innovation Management*, 22 (1), 316-334.

Bandura, Albert (1977), *Social Learning Theory*, Englewood Cliffs, N.J: Prentice-Hall, Inc. (原野広太郎監訳 (1979) 『社会的学習理論：人間理解と教育の基礎』金子書房).

Bandura, Albert (1986), "The Explanatory and Predictive Scope of Self-Efficacy Theory," *Journal of Social and Clinical Psychology*, 4 (3), 359-373.

Banerjee, Subhabrata Bobby, Easwar S. Iyer, and Rajiv K. Kashyap (2003), "Corporate Environmentalism: Antecedents and Influence of Industry Type," *Journal of Marketing*, 67 (2), 106-122.

Barksdale, C. Hiram and Darden Bill (1971), "Marketers' Attitude toward the Marketing Concept," *Journal of Marketing*, 35 (4), 29-36.

Barnard, I. Chester (1948), *Organization and Management: Selected Papers*, Cambridge: Harvard University Press.

Barnett, P. William and Elizabeth G. Pontikes (2008), "The Red Queen, Success Bias, and Organizational Inertia," *Management Science*, 54 (7), 1237-1251.

Barney, Jay (1991), "Firm Resources and Sustained Competitive Advantage," *Journal of Management*, 17 (1), 99-120.

Bass, M. Bernard (1985), *Leadership and Performance beyond Expectations*, New York: The Free Press.

Bass, M. Bernard (1997), "Personal Selling and Transactional/Transformational Leadership," *Organizational Dynamics*, 18 (3), 19-36.

Bass, M. Bernard and Bruce J. Avolio (1995), *Multifactor Leadership Questionnaire*, Palo Alto CA: Mind Garden, Inc.

Bass, M. Bernard and Bruce J. Avolio (1997), *Full Range Leadership Development: Manual for the Multifactor Leadership Questionnair*, Palo Alto CA: Mind Garden, Inc.

Beal, M. Reginald and Masoud Yasai-Ardekani (2000), "Performance Implications of Aligning CEO Functional Experiences with Competitive Strategies," *Journal of Management*, 26 (4), 733-762.

Behling, Orlando and James M. McFillen (1996), "A Syncretical Model of Charismatic/ Transformational Leadership," *Group & Organization Management*, 21 (2), 163-191.

Bell, L. Martin (1971), "The Faltering Marketing Concept," *Journal of Marketing*, 35 (4), 37-42.

Bencherer, C. Richard, Mendenhall E. Mark, and Eickhoff Ford Karen (2008), "Separated at Birth: An Inquiry on the Conceptual Independence of the Entrepreneurship and the Leadership Constructs," *New England Journal of Entrepreneurship*, 11 (2), 13-27.

Bennett, C. Roger and Robert G. Cooper (1979), "Beyond the Marketing Concept," *Business Horizons*, 22 (3), 76-83.

Bentler, P.M. and Chin-ping Chou (1987), "Practical Issues in Structural Modeling," *Sociological Methods & Research*, 16 (1), 78-117.

Berlyne, D.E. (1970), "Novelty, Complexity, and Hedonic Value," *Perception & Psychophysics*, 8 (5), 279-286.

Berry, L. Leonard (1995), "Relationship Marketing of Services - Growing Interest, Emerging Perspectives," *Journal of the Academy of Marketing Science*, 23 (4), 236-245.

Berry, L. Leonard, Jeffrey S. Conant, and A. Parasuraman (1991), "A Framework for Conducting a Services Marketing Audit," *Journal of the Academy of Marketing Science*, 19 (3), 255-268.

Berthon, Pierre, James M. Hulbert, and Leyland F. Pitt (1999), "To Serve or Create? Strategic Orientations toward Customers and Innovation," *California Management Review*, 42 (1), 37-59.

Beverland, B. Michael (2005), "Managing the Design Innovation-Brand Marketing Interface: Resolving the Tension between Artistic Creation and Commercial Imperatives," *The Journal of Product Innovation Management*, 22 (2), 193-207.

Beverland, B. Michael and Adam Lindgreen (2007), "Implementing Market Orientation in Industrial Firms: A Multiple Case Study," *Industrial Marketing Management*, 36 (4), 430-442.

Bharadwaj, G. Sundar, Rajan P. Varadarajan, and John Fahy (1993), "Sustainable Competitive Advantage in Service Industries: A Conceptual Model and Research Propositions," *Journal of Marketing*, 57 (4), 83-99.

Bhuian, N. Shahid (1997), "Exploring Market Orientation in Banks: An Empirical Examination in Saudi Arabia," *Journal of Services Marketing*, 11 (5), 317-328.

Bhuian, N. Shahid and Abdallah Abdul-Gader (1997), "Market Orientation in the Hospital Industry," *Marketing Health Services*, 17 (4), 36-45.

Bigne, Enrique and Andreu Blesa (2003), "Market Orientation, Trust and Satisfaction in Dyadic Relationships: A Manufacturer-Retailer Analysis," *International Journal of Retail & Distribution Management*, 31 (11), 574-590.

Blake, Robert Rogers and Jane Srygley Mouton (1964), *The Managerial Grid: Key Orien-*

tations for Achieving Production through People, Houston: Gulf Publishing Company.

Blakenburg Desirée Holm, Kent Eriksson, and Jan Johhanson (1999), "Creating Value through Mutual Commitment to Business Network Relationships," *Strategic Management Journal*, 20 (5), 467–486.

Bloch, H. Peter (1995), "Seeking the Ideal Form: Product Design and Consumer Response," *Jounal of Marketing*, 59 (3), 16–29.

Bogner, C. William and Pamela S. Barr (2000), "Making Sense of Hyper Competitive Environments: A Cognitive Explanation for the Persistence of High Velocity Competition," *Organization Science*, 11 (2), 123–261.

Bojica, Ana Maria, Maria Fuentes del Mar, and José María Gómez–Gras (2011), "Radical and Incremental Entrepreneurial Orientation: The Effect of Knowledge Acquisition," *Journal of Management & Organization*, 17 (3), 326–343.

Bono, E. Joyce and Timothy A. Judge (2004), "Personality and Transformational and Transactional Leadership: A Meta–Analysis," *Jounal of Applied Psychology*, 89 (5), 901–910.

Bonoma, V. Thomas (1984), "Making Your Marketing Strategy Work," *Harvard Business Review*, 62 (2), 69–74.

Borges, Mauro, Norberto Hoppen, and Fernando Bins Luce (2009), "Information Technology Impact on Market Orientation in E–Business," *Journal of Business Research*, 62 (9), 883–890.

Božić, Ljiljana and Edo Rajh (2007), "The Assessment of Psychometric Characteristics of a Scale for Measuring Market Orientation," *Ekonomski pregled*, 59 (1), 38–50.

Brettel, Malte, Andreas Engelen, Florian Heinemann, and Pakpachong Vadhanasindhu (2008), "Antecedents of Market Orientation: A Cross–Cultural Comparison," *Journal of International Marketing*, 16 (2), 84–119.

Brown, J. Tom, John C. Mowen, Todd D. Donavan, and Jane W. Licata (2002), "The Customer Orientation of Service Workers: Personality Trait Effects on Self–and Supervisor Performance Ratings," *Journal of Marketing Research*, 39 (1), 110–119.

Browne, W. Michael and Robert Cudeck (1993), "Alternative Ways of Assessing Model Fit," in Kenneth A. Bollen and J. Scott Long (eds.), *Testing Structural Equation Models*, Newbury Park, CA: SAGE Focus Editions, 136–162.

Bryant, E. Scott (2003), "The Role of Transformational and Transactional Leadership in Creating, Sharing and Exploiting Organizational Kknowledge," *Journal of Leadership & Organizational Studies*, 9 (4), 32–44.

Bundy, Wayne Miles (2002), *Innovation, Creativity, and Discovery in Modern Organizations*, Westport, CT: Quorum Books.

Burroughs, E. James, Darren W. Dahl, C. Page Moreau, Amitava Chattopadhyay, and Gerald J. Gorn (2011), "Facilitating and Rewarding Creativity during New Product Development," *Journal of Marketing*, 75 (4), 53-67.

Cabrales, Álvaro López, Carmen Cabello Medina, Antonio Carmona Lavado, and Ramón Valle Cabrera (2008), "Managing Functional Diversity, Risk Taking and Incetives for Teams to achieve Radical Innovations," *R&D Management*, 38 (1), 35-50.

Cadogan, W. John and Adamantios Diamantopoulos (1995), "Narver and Slater, Kohli and Jaworski and the Market Orientation Construct: Integration and Internationalization," *Journal of Strategic Marketing*, 3 (1), 41-60.

Calantone, J. Roger, Jeffrey B. Schmidt, and Michael X. Song (1997), "Controllable Factors of New Product Success: A Cross-National Comparison," *Marketing Science*, 15 (4), 301-394.

Camarero, Carmen and María Josè Garrido (2008), "The Influence of Market and Product Orientation on Museum Perfomance," *International Journal of Arts Management*, 10 (2), 14-26.

Candi, Marina (2010), "Benefits of Aesthetic Design as an Element of New Service Development," *The Journal of Product Innovation Management*, 27 (7), 1047-1064.

Candi, Marina and Rögnvaldur J. Saemundsson (2011), "Exploring the Relationship between Aesthetic Design as an Element of New Service Development and Performance," *The Journal of Product Innovation Management*, 28 (4), 536-557.

Cano, Cynthia Rodriguez, Francois A. Carrillat, and Fernando Jaramillo (2004), "A Meta-Analysis of the Relationship between Market Orientation and Business Performance: Evidence from Five Continents," *International Journal of Research in Marketing*, 21 (2), 179-200.

Carbonell, Pilar, Ana Rodríguez-Escudero, and Devashish Pujari (2009), "Customer Involvement in New Service Development: An Examination of Antecedents and Outcomes," *The Journal of Product Innovation Management*, 26 (5), 536-550.

Celuch, Kevin, Mark Slama, and Susan Schaffenacker (1997), "Concern for Appropriateness and AD Context Effects," *Psychology & Marketing*, 14 (1), 19-28.

Cervera, Amparo, Alejandro Molla, and Manuel Sanchez (2001), "Antecedents and Consequences of Market Orientation in Public Organisations," *European Journal of Marketing*, 35 (11/12), 1259-1288.

Chahal, Hardeep and Ruchi Kohli (2006), "Managers Attitude towards Technology Orientation in SSIS of Chandigarh-Mohali Industrial Clusters," *Journal of Services Research*, 6 (1), 125-144.

Chang, Tung-Zong and Su-Jane Chen (1998), "Market Orientation, Service Quality and

Business Profitability: A Conceptual Model and Empirical Evidence," *Journal of Services Marketing*, 12 (4), 246-264.

Chaundhry, Abdul Qayyum and Husnain Javed (2012), "Impact of Transactional and Laissez Faire Leadership Style on Motivation," *International Journal of Business and Social Science*, 3 (7), 258-264.

Cheng, Kuo-Ming Chu (2008), "A Study into the Antecedent, Mediator and Moderator of Online Shopping Behavior's Model from Information Richness and Framing," *Business Review*, 2 (2), 317-323.

Chiagouris, Larry and Vishal Lala (2009), "Beauty is in the Eye of the Tech Manager: How Technology Orientation and Interactive-Media Knowledge can drive (or stall) chage," *Journal of Advertising Research*, 49 (3), 328-338.

Chien, Chun Lun Grace (2006), "Integrating Knowledge Management into Market Orientation: Impact on Hotel Performance," *Doctoral Dissertation*, The Hong Kong Polytechnic University.

Chiou, Jyh-Shen and Tung-Zong Chang (2009), "The Effect of Management Leadership Style on Marketing Orientation, Service Quality, and Financial Results: A Cross-Cultural Study," *Journal of Global Marketing*, 22 (2), 95-107.

Chitturi, Ravindra, Rajagopal Raghunathan, and Vijay Mahajan (2008), "Delight by Design: The Role of Hedonic versus Utilitarian Benefits," *Journal of Marketing*, 72 (3), 48-63（安藤和代抄訳（2008）「製品ベネフィットが製品使用後の消費者感情に及ぼす影響」『広告月報』朝日新聞社，第583号，46-48頁）.

Chow, Irene Hau-siu (2006), "The Relationship between Entrepreneurial Orientation and Firm Performance in China," *S.A.M. Advanced Management Journal*, 71 (3), 11-20.

Christensen, M. Clayton (1997), *The Innovator's Dilemma*, the President and Fellows of Harvard College（伊豆原弓訳（2000）『イノベーションのジレンマ：技術革新が巨大企業を滅ぼすとき』翔泳社）.

Chung, F.L. Henry (2009), "Structure of Marketing Decision Making and International Marketing Standardisation Strategies," *European Journal of Marketing*, 43 (5/6), 794-825.

Chung, Fu-Mei, Robert E. Morgan, and Matthew J. Robson (2015), "Customer and Competitor Insights, New Product Development Competence, and New Product Creativity: Differential, Integrative, and Substitution Effects," *The Journal of Product Innovation Management*, 32 (2), 175-182.

Coase, R.H. (1937), "The Nature of the Firm," *Economica*, 4 (16), 386-405.

Cohen, M. Wesley and Daniel A. Levinthal (1990), "Absorptive Capacity: A New Perspective on Learning and Innovation," *Administrative Science Quarterly*, 35 (1), 128-152.

Collins, Jim and Jerry I. Porras (2002), *Built to Last: Successful Habits of Visionary Companies*, NY: HarperCollins Publishers.

Connor, Tom (1999), "Customer-Led and Market-Oriented: A Matter of Balance," *Strategic Management Journal*, 20 (12), 1157-1163.

Covin, J.G. and Slevin, D. (1989), "Strategic Management of Small Firms in Hostile and Benign Environments," *Strategic Management Journal*, 10(1), 75-87.

Crawford C. Merle and Anthony Di C. Benedetto (2014), *New Products Management 11th Edition*, NY: McGraw-Hill Education.

Creusen, E.H. Mari ë lle and Jan P.L. Schoormans (2005), "The Different Roles of Product Appearance in Consumer Choice," *The Journal of Product Innovation Management*, 22 (1), 63-81.

Cronbach, J. Lee (1987), "Statistical Tests for Moderator Variables: Flaws in Analyses recently Proposed," *Psychological Bulletin*, 102 (3), 414-417.

Cronbach, J. Lee and Associates (1981), *Toward Reform of Program Evaluation*, San Fransicisco, CA: Jossey Bass.

Curto, Josè Dias and Josè Castro Pinto (2007), "New Multicollinearity Indicators in Linear Regression Models," *International Statistical Review*, 75 (1), 114-121.

Cyert, N. Richard and James G. March (1963), *A Behavioral Theory of the Firm*, Upper Saddle River, New Jersey: Prentice Hall Inc. (松田武彦・井上恒夫訳 (1967)『企業の行動理論』ダイヤモンド社).

Czarnitzki, Dirk and Susanne Thorwarth (2012), "The Contribution of In-house and External Design Activities to Product Market Performance," *The Journal of Product Innovation Management*, 29 (5), 878-895.

Dahl, W. Darren, Amitava Chattopadhyay, and Gerald J. Gorn (1999), "The Use of Visual Mental Imagery in New Product Design," *Journal of Marketing Research*, 36 (1), 18-28.

Daniel, Han Ming Chng, Eric Shih, Matthew S. Rodgers, and Xiao-Bing Song (2015), "Managers' Marketing Strategy Decision Making during Performance Decline and the Moderating Influence of Incentive Pay," *Journal of the Academy of Marketing Science*, 43 (5), 629-647.

Darroch, Jenny and Rod McNaughton (2003), "Beyond Market Orientation: Knowledge Management and the Innovativeness of New Zealand firms," *European Journal of Marketing*, 37 (3/4), 572-593.

Daryl, McKee (1992), "An Organizational Learning Approach to Product Innovation," *The Journal of Product Innovation Management*, 9 (3), 232-245.

Davenport, H. Thomas and Lawrence Prusak (1998), *Working Knowledge: How Organizations Manage What They Know*, Cambridge: Harvard Business School Press.

Davis, Duane, Michael Morris, and Jeff Allen (1991), "Perceived Environmental Turbulence and Its Effect on Selected Entrepreneurship, Marketing, and Organizational Characteristics in Industrial Firms," *Journal of the Academy of Marketing Science*, 19 (1), 43-51.

Davis, H. James, David F. Schoorman, and Lex Donaldson (1997), "Toward Stewardship Theory of Management," *Academy of Management Review*, 22 (1), 20-47.

Davis, Justin L., Greg R. Bell, Tyge G. Payne, and Patrick M. Kreiser (2010), "Entrepreneurial Orientation and Firm Performance: The Moderating Role of Managerial Power," *American Journal of Business*, 25 (2), 41-54.

Davis, S. Peter, Clay C. Dibrell, and Stef Nicovich (1999), "Reconsidering Market Orientation: A Strategic Value Chain Perspective," *American Marketing Association Conference Proceedings*, 10, 186-188.

Day, George (1994a), "The Capabilities of Market-Driven Organizations," *Journal of Marketing*, 58 (4), 37-52.

Day, George (1994b), "Continuous Learning about Markets," *California Management Review*, 36 (4), 9-32.

Day, George (1999), "Misconceptions about Market Orientation," *Journal of Market-Focused Management*, 4 (1), 5-16.

Day, George and Robin Wensley (1983), "Marketing Theory with a Strategic Orientation," *Journal of Marketing*, 47 (4), 79-89.

Day, George and Robin Wensley (1988), "Assessing Advantage: A Framework for Diagnosing Competitive," *Journal of Marketing*, 52 (2), 1-21.

Deal, E. Terrence and Allan A. Kennedy (1982), "Corporate Cultures: The Rites and Rituals of Corporate Life," *Worklife*, 2 (6), 27.

Debruyne, Marion, Rund T. Frambch, and Rudy Moenaert (2010), "Using the Weapons You Have: The Role of Resources and Competitor Orientation as Enablers and Inhibitos of Competitive Reaction to New Products," *The Journal of Product Innovation Management*, 27 (2), 161-178.

DeCaro, P. Frank, Nicole DeCaro, and Bowen-Thompson O. Frances (2010), "An Examination of Leadership Styles of Minority Business Entrepreneurs: A Case Study of Public Contracts," *Journal of Business & Economic Studies*, 16 (2), 72-78.

De Luca, M. Luigi and Kwaku Atuahene-Gima (2007), "Market Knowledge Dimensions and Cross-Functional Collaboration: Examining the Different Routes to Product Innovation Performance," *Journal of Marketing*, 71 (1), 95-112.

Deng, Shengliang and Jack Dart (1994), "Measuring Market Orientation: A Multi-Factor, Multi-Item Approach," *Journal of Marketing Management*, 10 (8), 725-742.

Deshpandè, Rohit (1999), *Developing a Market Orientation*, CA: Sage Publications.

Deshpandè, Rohit and A. Parasuraman (1986), "Linking Corporate Culture to Strategic Planning," *Business Horizons*, 29 (3), 28-37.

Deshpandè, Rohit and Fredrick E. Webster Jr. (1989), "Organizational Culture and Marketing: Defining the Research Agenda," *Journal of Marketing*, 53 (1), 3-15.

Deshpandè, Rohit and John U. Farley (1996), "Understanding Market Orientation: A Prospectively Designed Meta-analysis of Three Market Orientation Scales," *Marketing Science Institute Report*, 96-125.

Deshpandè, Rohit and John U. Farley (1998), "Measuring Market Orientation: Generalization and Synthesis," *Journal of Market-Focused Management*, 2 (3), 213-232.

Deshpandè, Rohit, John U. Farley, and Fredrick E. Webster Jr. (1993), "Corporate Culture, Customer Orientation, and Innovativeness in Japanese Firms: A Quadrad Analysis," *Journal of Marketing*, 57 (1), 23-37.

Dickson, Peter Reid (1992), "Toward a General Theory of Competitive Rationality," *Journal of Marketing*, 56 (1), 69-84.

Dobscha, Susan, John T. Mentzer, and James E. Litlefield (1994), "Do External Factors play an Antecedent Role to Market Orientation?," *Academy of Marketing Science Annual Conference Proceedings*, 333-337.

Donaldson, Thomas and Lee E. Preston (1995), "The Stakeholder Theory of the Corporation: Concepts, Evidence, and Implications," *Academy of Management Review*, 20 (1), 65-91.

Dul, Jan and Canan Ceylan (2014), "The Impact of a Creativity-Supporting Work Environment on a Firm's Product Innovation Performance," *The Journal of Product Innovation Management*, 31 (6), 1254-1267.

Dumdum, Uldarico Rex, Kevin B. Lowe, and Bruce J. Avolio (2002), "A Meta-Analysis of Transformational and Transactional Leadership Correlates of Effectiveness and Satisfaction: An Update and Leadership," in Avolio, J. Bruce and Francis J. Yammarino (eds.), *Transformational and Charismatic Leadership: The Road Ahead 10th Anniversary Edition*, Bingley, West Yorkshire: Emerald Group Publishing Limited, 39-70.

Dun, S. Watson (ed.) (1994), *Advertising: Its Role in Modern Marketing. 8th ed.*, NY: Dryden Press.

Duncan, R. Thomas (2002), *IMC: Using Advertising and Promotion to Build Brands*, NY: McGraw-Hill Education.

Duncan, R. Thomas and Sandra Ernst Moriarty (1997), *Driving Brand Value: Using Integrated Marketing to Manage Profitable Stakeholder Relationships*, NY: McGraw-Hill Education.

Dursun, Türkan and Kilic Ceyhan (2010), "Market Orientation as a Strategic Driver of Individual Customer Orientation," *Journal of Global Business Management*, 6 (2), 1-10.

Dvir, Taly, Dov Eden, Bruce J. Avolio, and Boas Shamir (2002), "Impact of Transformational Leadership on Follower Development and Performance: A Field Experiment," *Academy of Management Journal*, 45 (4), 735-744.

Ebrahimi, Pejman, Mousa Rezvani Chamanzamin, Najmeh Roohbakhsh, and Jafar Shaygan (2017), "Transformational and Transactional Leadership: Which One is More Effective in the Education of Employees' Creativity? Considering the Moderating Role of Learning Orientation and Leader Gender," *International Journal of Organizational Leadership*, 6, 137-156.

Edgett, Scott (1994), "The Traits of Successful New Service Development," *Journal of Services Marketing*, 8 (3), 40-49.

Egri, P. Carolyn, David A. Ralston, Cheryl S. Murray, and Joel D. Nicholson (2000), "Managers in the NAFTA Countries: A Cross-Cultural Comparison of Attitudes toward Upward Influence Strategies," *Journal of International Management*, 6 (2), 149-171.

Egri, P. Carolyn and Susan Herman (2000), "Leadership in the North American Environmental Sector: Values, Leadership Styles, and Contexts of Environmental Leaders and their Organizations," *Academy of Management Journal*, 43 (4), 571-604.

Elenkov, S. Detelin and Ivan M. Manev (2005), "Top Management Leadership and Influence on Innovation: The Role of Sociocultural Context," *Journal of Management*, 31 (3), 381-402.

Ellinger, E. Alexander, David J. Ketchen Jr., Tomas G.M. Hult, Ayşe Banu Elmadağ, and Glenn R. Richey Jr. (2008), "Market Orientation, Employee Development Practices, and Performance in Logistics Service Provider Firms," *Industrial Marketing Management*, 37 (4), 353-366.

Epitropaki, Olga and Robin Martin (2005), "The Moderating Role of Individual Differences in the Relation between Transformational/Transactional Leadership Perceptions and Organizational Identification," *The Leadership Quarterly*, 16 (4), 569-589.

Esteban, Agueda, Angel Millan, Arturo Molina, and David Martin-Consuegra (2002), "Market Orientation in Service: A Review and Analysis," *European Journal of Marketing*, 36 (9/10), 1003-1021.

Ewing, T. Michael, and Julie Napoli (2005), "Developing and Validating a Multidimensional Nonprofit Brand Orientation Scale," *Journal of Business Research*, 58 (6), 841-853.

Farrell, Anthony Mark and Edward Oczkowski (2002), "Are Market Orientation and Learning Orientation Necessary for Superior Organizational Performance?," *Journal of Market-Focused Management*, 5 (3), 197-217.

Farrelly, Francis and Quester Pascale (2003), "The Effects of Market Orientation on Trust and Commitment: The Case of the Sponsorship Business-to-Business Relationship," *European Journal of Marketing*, 37 (3/4), 530-553.

Fayed, Ramzi (1973), *Professional Creativity in Marketing and Selling*, Seminar held in Sydney.

Feather, N.T. (1995), "Values, Valences, and Choice: The Influence of Values on the Perceived Attractiveness and Choice of Alternatives," *Jounal of Personality and Social Psychology*, 68 (6), 1135-1151.

Felton, P. Arthur (1959), "Making the Marketing Concept Work," *Harvard Business Review*, 37 (March), 55-65.

Festinger, Leon (1950), "Informal Social Communication," *Psychological Review*, 57 (5), 271-282 (佐々木薫訳 (1969) 『グループ・ダイナミックス I』誠信書房).

Fiedler, E. Fred, Martin M. Chemers, and Linda Mahar (1976), *Improving Leadership Effectiveness: The Leader match Concept*, NJ: Wiley Press (吉田哲子訳 (1978) 『リーダー・マッチ理論によるリーダーシップ教科書：状況に対応できるリーダー養成のためのプログラム学習』プレジデント社).

Fiol, C. Marlene and Marjorie A. Lyles (1985), "Organizational Learning," *Academy of Management Review*, 10 (4), 803-814.

Fleishmann, A. Edwin and Edwin F. Harris (1962), "Patterns of Leadership Behavior Related to Employee Grievances and Turnover," *Personnel Psychology*, 15 (2), 43-56.

Ford, D. Jeffrey (1981), "Departmental Context and Formal Structure as Constraints on Leader Behavior," *Academy of Management Journal*, 24 (2), 274-288.

Forman, K. Susan and Arthur H. Money (1995), "Internal Marketing: Concepts, Measurement and Application," *Journal of Marketing Management*, 11 (8), 755-768.

Fornell Claes and David F. Larcker (1981), "Evaluating Structural Equation Models with Unobservable Variables and Measurement Error," *Journal of Marketing Research*, 18 (1), 39-50.

Foster, N. Richard (1986), *Innovation: The Attacker's Advantage*, Ontario: Summit Books.

Frambach, T. Ruud, Jaideep T. Prabhu, and Theo M.M. Verhallen (2003), "The Influence of Business Strategy on New Product Activity: The Role of Market Orientation," *International of Research in Marketing*, 20 (4), 377-397.

French, R.P. John Jr. and Bertram H. Raven (1959), "The Bases of Social Power," *Studies in Social Power*, Institute for Social Research, 150-167 (千輪浩訳 (1962) 『社会的勢力』誠信書房).

Furrer, Oliver, Christian Lantz, and Amandine Perrinjaquet (2004), "The Impact of Values on Attitudes toward Market Orientation," *Marketing Science Institute Reports*, 4 , 103-

127.

Gainer, Brenda and Paulette Padanyi (2002), "Applying the Marketing Concept to Cultural Organisations: An Empirical Study of the Relationship between Market Orientation and Performance," *International Journal of Nonprofit and Voluntary Sector Marketing*, 7 (2), 182-193.

Gainer, Brenda and Paulette Padanyi (2005), "The Relationship between Market-Oriented Activities and Market-Oriented Culture: Implications for the Development of Market Orientation in Nonprofit Service Organizations," *Journal of Business Research*, 58 (6), 854-862.

Galbraith, R. Jay (2005), *Designing the Customer-Centric Organization*, NJ: John Wiley & Sons International（梅津裕良訳（2006）『顧客中心組織のマネジメント』生産性出版）.

Garvin, A. David (1993), "Building a Learning Organization," *Harvard Business Review*, 71 (July-August), 78-91.

Gatignon, Hubert and Jean-Marc Xuereb (1997), "Strategic Orientation of the Firm and New Product Performance," *Journal of Marketing Research*, 34 (1), 77-90.

Gebhardt, F. Gary, Gregory S. Carpenter, and John F. Sherry Jr. (2006), "Creating a Market Orientation: A Longitudinal, Multifirm, Grounded Analysis of Cultural Transformation," *Journal of Marketing*, 70 (4), 37-55.

Gemser, Gerda and Mark A.A.M. Leenders (2001), "How Integrating Industrial Design in the Product Development Process Impacts on Company Performance," *The Journal of Product Innovation Management*, 18 (1), 28-38.

Geyskens, Inge, Jan-Benedict E.M. Steenkamp, Lisa K. Scheer, and Nirmalya Kumar (1998), "The Effects of Trust and Interdependence on Relationship Commitment: A Trans-Atlantic Study," *International Journal of Research in Marketing*, 13 (4), 303-317.

Ghiselli, Edwin Eernest, John Paul Campbell, and Sheldon Zedeck (1981), *Measurement Theory for the Behavioral Sciences*, San Francisco: W.H. Freeman and Company.

Glazer, Rashi (1991), "Marketing in an Information-Intensive Environment: Strategic Implications of Knowledge as an Asset," *Journal of Marketing*, 55 (4), 1-20.

Glazer, Rashi and Alien M. Weiss (1993), "Marketing in Turbulent Environments: Decision Processes and the Time-Sensitivity of Information," *Journal of Marketing Research*, 30 (4), 509-521.

Gong, Yaping, Jia-Chi Huang, and Jiing-Lih Farh (2009), "Employee Learning Orientation, Transformational Leadership, and Employee Creativity: The Mediating Role of Employee Creative Self-Efficacy," *Academy of Management Journal*, 52 (4), 765-778.

González-Benito, Óscar and Javier González-Benito (2009), "Implications of Market Orientation on the Environmental Transformation of Industrial Firms," *Ecological Economics*, 64 (4), 752-762.

Grant, M. Robert (1996), "Prospering in Dynamically-Competitive Environments: Organizational Capability as Knowledge Integration," *Organization Science*, 7 (4), 375-387.

Gray, Brendan, Sheelagh Matear, Christo Boshoff, and Phil Matheson (1998), "Developing a Better Measure of Market Orientation," *European Journal of Marketing*, 32 (9/10), 884-903.

Green, E. Paul, Douglas J. Carroll, and Stephen M. Goldberg (1981), "A General Approach to Product Design Optimization via Conjoint Analysis," *Journal of Marketing*, 45 (3), 17-37.

Green, G. Stephen and Terence R. Mitchell (1979), "Attributional Processes of Leaders in Leader—Member Interactions," *Organizational Behavior and Human Performance*, 23 (3), 429-458.

Grewal, Rajdeep and Patriya Tansuhaj (2001), "Building Organizational Capabilities for Managing Economic Crisis: The Role of Market Orientation and Strategic Flexibility," *Journal of Marketing*, 65 (3), 67-80.

Griffin, Abbie (1997), "PDMA Research on New Product Development Practices: Updating Trends and Benchmarking Best Practices," *The Journal of Product Innovation Management*, 14 (6), 429-458.

Griffin, Abbie (2011), "Legitimizing Academic Research in Design: Lessons from Research on New Product Development and Innovation," *The Journal of Product Innovation Management*, 28 (3), 428-433.

Griffiths, S. Janice and Raijiv Grover (1998), "A Framework for Understanding Market Orientation: The Behavior and the Culture," *American Marketing Association Conference Proceedings*, 9, 311-321.

Grinstein, Amir (2008), "The Relationships between Market Orientation and Alternative Strategic Orientations," *European Journal of Marketing*, 42 (1/2), 115-134.

Grinstein, Amir (2008), "The Effect of Market Orientation and Its Components on Innovation Consequences: A Meta-Analysis," *Journal of the Academy of Marketing Science*, 36 (2), 166-173.

Gummesson, Evert (1991), "Marketing-Orientation Revisited: The Crucial Role of the Part-time Marketer," *European Journal of Marketing*, 25 (2), 60-75.

Guo, Chiquan (2002), "Market Orientation and Business Performance: A Framework for Service Organizations," *European Journal of Marketing*, 36 (9/10), 1154-1163.

Gupta, K. Anil and Govindarajan Vijay (2000), "Knowledge Flows within Multinational Corporations," *Strategic Management Jounal*, 21 (4), 473-496.

Hadcroft, Philip and Denise Jarratt (2007), "Market Orientation: An Iterative Process of Customer and Market Engagement," *Journal of Business-to-Business Marketing*, 14 (3), 21-57.

Hagtvedt, Henrik and Vanessa M. Patrick (2008), "Art Infusion: The Influence of Visual Art on the Perception and Evaluation of Consumer Products," *Journal of Marketing Research*, 45 (3), 379-389.

Hair, F. Joseph Jr., Bill Black, Barry B. Babin, Rolph E. Anderson, and Ronald L. Tatham (2006), *Multivariate Data Analysis 6 th ed.*, Uppersaddle River, N.J.: Pearson Prentice Hall.

Hair, F. Joseph Jr., G. Tomas M. Hult, Christian M. Ringle, and Marko Sarstedt (2014), *A Primer on Partial Least Squares Structural Equation Modeling (PLS-SEM)*, CA: SAGE Publications, Inc.

Halpin, W. Andrew (1966), *Theory and Research in Administration*, London: Macmillan Company.

Hambrick, C. Donald and Phyllis A. Mason (1984), "Upper Echelons: The Organization as a Reflection of Its Top Managers," *Academy of Management Review*, 9 (2), 193-207.

Hammond, L. Kevin, Robert L. Webster, and Harry A. Harmon (2006), "Market Orientation, Top Management Emphasis, and Performance within University Schools of Business: Implications for Universities," *Journal of Marketing Theory and Practice*, 14 (1), 69-85.

Han, Jin K., Namwoon Kim, and Rajendra K. Srivastava (1998), "Market Orientation and Organizational Performance: Is Innovation a Missing Link?," *Journal of Marketing*, 62 (4), 30-45.

Hankinson, Graham (2012), "The Measurement of Brand Orientation, Its Performance Impact, and the Role of Leadership in the Context of Destination Branding: An Exploratory Study," *Journal of Marketing Management*, 28 (7/8), 974-999.

Haon, Christophe, David Gotteland, and Marianela Fornerino (2009), "Famililiarity and Comepetence Diversity in New Product Development Teams: Effects on New Product Performance," *Marketing Letters*, 20 (1), 75-89.

Hargadon, Andrew and Angelo Fanelli (2002), "Action and Possibility: Reconciling Dual Perspectives of Knowledge in Organizations, " *Organization Science*, 13 (3), 223-353.

Harris, C. Lloyd (2001), "Market Orientation and Performance: Objective and Subjective Empirical Evidence from UK Companies," *Journal of Management Studies*, 38 (1), 17-43.

Harris, C. Lloyd (2002), "Measuring Market Orientation: Exploring a Market Oriented Approach," *Journal of Market-Focused Management*, 5 (3), 239-270.

Harris, C. Lloyd and Emmanuel Ogbonna (2001), "Leadership Style and Market Orienta-
tion: An Empirical Study," *European Journal of Marketing*, 35 (5/6), 744-764.

Harris, C. Lloyd and Emmanuel Ogbonna (2001), "Strategic Human Resource Manage-
ment, Market Orientation, and Organizational Performance," *Journal of Business Re-
search*, 51 (2), 157-166.

Harris C. Lloyd and Nigel F. Piercy (1999), "Management Behavior and Barriers to Mar-
ket Orientation in Retailing Companies," *Journal of Services Marketing*, 13 (2), 113-
131.

Harris, G. Eric, John C. Mowen, and Tom J. Brown, (2005), "Re-Examining Salesperson
Goal Orientations: Personality Influencers, Customer Orientation, and Work Satisfac-
tion," *Journal of the Academy of Marketing Science*, 33 (1), 19-35.

Harter, K. James, Frank L. Schmidt, and Theodore L. Hayes (2002), "Business-Unit-Lev-
el Relationship between Employee Satisfaction, Employee Engagement, and Business
Outcomes," *Journal of Applied Psychology*, 87 (2), 268-279.

Hartline, D. Michael, James G. Maxham III, and Daryl O. McKee (2000), "Corridors of In-
fluence in the Dissemination of Customer-Oriented Strategy to Customer Contact Ser-
vice Employees," *Journal of Marketing*, 64 (2), 35-50.

Hartline, D. Michael and O.C. Ferrell (1996), "The Management of Customer-Contact Ser-
vice Employees: An Empirical Investigation," *Journal of Marketing*, 64 (2), 52-70.

Hekkert, Paul, Dirk Snelders, and van Piet C.W. Van Wieringen (2003), "Most Advanced,
Yet Acceptable: Typicality and Novelty as Joint Predictors of Aesthetic Preference in
Industrial Design," *The British Journal of Psychology*, 94 (1), 111-124.

Helfert, Gabriele, Thomas Ritter, and Achim Walter (2002), "Redefining Market Orienta-
tion from a Relationship Perspective: Theoretical Considerations and Empirical Re-
sults," *European Journal of Marketing*, 36 (9/10), 1119-1139.

Henard, H. David and David M. Szymanski (2001), "Why Some New Products are More
Successful than Others," *Journal of Marketing Research*, 38 (3), 362-376.

Henry, Jane (2001), *Creativity and Perception in Management*, London: SAGE Publica-
tions Ltd.

Hersey, Paul and Kenneth H. Blanchard (1977), *Management of Organizational Behavior
3 rd ed.*, NJ: Prentice-Hall, Inc.（山本成二，山本あずさ訳（1978）『行動科学の展開：
人的資源の活用　入門から応用へ』日本生産性本部).

Hills, Barlow, Stacey and Sarin Shikhar (2001), "Understanding Market-driving Capabili-
ty in High-Technology Industries: A Theoretical Framework for Examining Firm Stra-
tegic Orientation and Strategy Selection," *American Marketing Association Conference
Proceedings*, 12, 217-223.

Hirschman, C. Elizabeth (1983), "Aesthetics, Ideologies and the Limits of the Marketing Concept," *Journal of Marketing*, 47 (3), 77-90.

Hirschman, C. Elizabeth and Morris B. Holbrook (1982), "Hedonic Consumption: Emerging Concepts, Methods and Propositions," *Journal of Marketing*, 46 (3), 92-101.

Hise, T. Richard (1965), "Have Manufacturing Firms Adopted the Marketing Concept," *Journal of Marketing*, 29 (3), 9-12.

Hitt, A. Michael and Duane R. Ireland (1986), "Relationships among Corporate Level Distinctive Competencies, Diversification Strategy, Corporate Structure, and Performance," *Journal of Management Studies*, 23 (4), 401-416.

Hoffman, K. Douglas and Thomas N. Ingram (1992), "Service Provider Job Satisfaction and Customer," *Journal of Services Marketing*, 6 (2), 68-78.

Hofstede, Geert (1980), *Culture's Consequences: International Differences in Work-Related Values*, Thousand Oaks, California: Sage Publications.

Hofstede, Geert (1980), "Motivation, Leadership, and Organization: Do American Theories apply Abroad?," *Organizational Dynamics*, 9 (1), 42-63.

Hofstede, Geert (1985), "The Interaction between National and Organizational Value Systems," *Journal of Management Studies*, 22 (4), 347-357.

Hofstede, Geert (1986), "The Usefulness of the Organizational Culture Concept," *Journal of Management Studies*, 23 (3), 253-257.

Hofstede, Geert, Gert Jan Hofstede and Michael Minkov (1991), *Cultures and Organizations: Software of the Mind*, NY: McGraw-Hill Education.

Hofstede, Geert (2001), "Culture's recent Consequences: Using Dimension Scores in Theory and Research," *International Journal of Cross Cultural Management*, 1 (1), 11-17.

Hogan, Robert (1982), "A Socioanalytic Theory of Personality," *Nebraska Symposium on Motivation*, 55-89.

Hogan, Joyce, Robert Hogan, and Catherine M. Busch (1984), "How to Measure Service Orientation," *Journal of Applied Psychology*, 69 (1), 167-173.

Holbrook, Morris (1994), "The Nature of Customer Value: An Axiology of Services in the Consumption Experience," Roland T. Rust and Richard L. Oliver (eds.), *in Service Quality: New Directions in Theory and Practice*, Thousand Oaks, California: SAGE Publications.

Homans, George C. (1961), *Social Behavior: Its Elementary Forms*, New York: Harcourt, Brace and World, Inc.

Homburg, Christian and Christian Pflesser (2000), "A Multiple-Layer Model of Market-Oriented Organizational Culture: Measurement Issues and Performance Outcomes," *Journal of Marketing Research*, 37 (4), 449-462.

Homburg, Christian, John P. Workman Jr., and Harley Krohmer (1999), "Marketing's Influence within the Firm," *Journal of Marketing*, 63 (2), 1-17.

Homburg, Christian, Marcel Stierl, and Torsten Bornemann (2013), "Corporate Social Responsibility in Business-to-Business Markets: How Organizational Customers Account for Supplier Corporate Social Responsibility Engagement," *Journal of Marketing*, 77 (6), 54-72.

Homburg, Christian, Martin Schwemmle, and Christina Kuehnl (2015), "New Product Design: Concept, Measurement, and Consequences," *Journal of Marketing*, 79 (3), 41-56.

Homburg, Christian, Wayne D. Hoyer, and Martin Fassnacht (2002), "Service Orientation of a Retailer's Business Strategy: Dimensions, Antecedents, and Performance Outcomes," *Journal of Marketing*, 66 (4), 86-102.

Homer, M. Pamela and Lynn R. Kahle (1988), "A Structual Equation Test of the Value-Attitude-Behavior Hierarchy," *Journal of Personality and Social Psychology*, 54 (4), 638-646.

Hooley, J. Graham, James E. Lynch, and Jenny Shepherd (1990), "The Marketing Concept: Putting the Theory into Practice," *European Journal of Marketing*, 24 (9), 7-24.

House, J. Robert (1971), "A Path-Goal Theory of Leadership Effectiveness," *Administrative Science Quarterly*, 16 (3), 321-339.

House, J. Robert (1977), "A 1976 Theory of Charismatic Leadership," *Leadership: The Cutting Edge*, Southern Illionois University Press, 1-38.

House, J. Robert (1996), "Path-Goal Theory of Leadership: Lessons, Legacy, and a Reformulated Theory," *The Leadership Quarterly*, 7 (3), 323-352.

House, J. Robert and Jane M. Howell (1992), "Personality and Charismatic Leadership," *The Leadership Quarterly*, 3 (2), 81-108.

House, J. Robert and Terence R. Mitchell (1974), "Path-Goal Theory of Leadership," *Journal of Contemporary Business*, 4 (3), 81-97.

Houston, S. Franklin (1986), "The Marketing Concept: What It is and What It is Not," *Journal of Marketing Research*, 50 (2), 81-87.

Howell, M. Jane and Boas Shamir (2005), "The Role of Followers in the Charismatic Leadership Process: Relationships and their Consequences," *Academy of Management Review*, 30 (1), 96-112.

Hu, L. and Peter M. Bentler (1999), "Cutoff Criteria for Fit Indexes in Covariance Structure Analysis: Conventional Criteria versus New Alternatives," *Structural Equation Modeling: A Multidisciplinary Journal*, 6 (1), 1-55.

Huber, P. Gerge (1991), "Organizational Learning: The Contributing Process and the Literatures," *Organization Science*, 2 (1), 1-55.

Hunt, D. Shelby and Robert M. Morgan (1995), "The Comparative Advantage Theory of Competition," *Journal of Marketing*, 59 (2), 1-16.

Hunter, K. Gary and William D. Perreault Jr. (2006), "Sales Technology Orientation, Information Effectiveness, and Sales Performance," *Journal of Personal Selling & Sales Management*, 26 (2), 95-113.

Hurley, F. Robert and Tomas G. Hult (1998), "Innovation, Market Orientation, and Organizational Learning: An Integration and Empirical Examination," *Journal of Marketing*, 62 (3), 42-55.

Hutton, James G. (1996), "Integrated Marketing Communications and the Evolution of Marketing Thought," *Journal of Business Research*, 37 (3), 155-162.

Im, Subin and John P. Workman Jr. (2004), "Market Orientation, Creativity, and New Product Performance in High-Technology Firms," *Journal of Marketing*, 68 (2), 114-132.

Im, Subin, Mahmood Hussain, and Sanjit Sengupta (2008), "Testing Interaction Effects of the Dimensions of Market Orientation on Marketing Program Creativity," *Journal of Business Research*, 61 (8), 859-867.

Im, Subin, Mitzi M. Montoya, and John P. Workman Jr. (2014), "Antecedents and Consequences of Creativity in Product Innovation Teams," *The Journal of Product Innovation Management*, 30 (1), 170-185.

Iyer, Karthik Nanjunda and Gary Frankwick (2000), "A Market Orientation Model of Supplier Involvement in New Product Development," *American Marketing Association Conference Proceedings*, 11, 123-125.

Iwashita, Hitoshi, Daisuke Ishida, Ryunosuke Nagai, and Naoto Onzo (2015), "The Impact of the Sales Style of Supplier on the Performance of Buyer," *European Marketing Academy 2015 Educators Conference Proceedings*, 170.

Iwashita, Hitoshi, Daisuke Ishida, Susumu Ohira, Taku Togawa, and Naoto Onzo (2017), *The Impact of Product Design Elements on New Product Superiorities and Performances*, American Marketing Association 2017 Winter Conference held in Orlando.

Iwashita, Hitoshi, Daisuke Ishida, Susumu Ohira, Taku Togawa, and Naoto Onzo (2017), *Shedding Light on the Mechanism of Product Design Elements and the Antecedent Factors in Product Development*, 2017 PDMA Research Forum Association Annual Conference held in Chicago.

Iwashita, Hitoshi, Susumu Ohira, Daisuke Ishida, Taku Togawa, and Naoto Onzo (2015), "Key Product Design Elements for Successful Product Development: An Exploratory Study of the Automotive Industry," *American Marketing Association 2015 Summer Conference Proceedings*, 65.

Janis, Irving Lester (1972), *Victim of Groupthink: Apsychological Study of Foreign-Policy Decisions and Fiascoes*, Boston, Massachusetts: Houghton Mifflin.

Jaworski, Bernard J. (1988), "Toward a Theory of Marketing Control: Environmental Context, Control Types, and Consequences," *Journal of Marketing*, 52 (3), 23-45.

Jaworski, Bernard J. and Ajay K. Kohli (1993), "Market Orientation: Antecedents and Consequences," *Journal of Marketing*, 57 (3), 53-70.

Jensen, C. Michael and William H. Meckling (1976), "Theory of the Firm: Managerial Behavior, Agency Cost and Ownership Structure," *Journal of Financial Economics*, 3 (4), 305-360.

Jeong, Insik, Jae H. Pae, and Dongsheng Zhou (2006), "Antecedents and Consequences of the Strategic Orientations in New Product Development: The Case of Chinese Manufacturers," *Industrial Marketing Management*, 35 (3), 348-358.

Jiménez-Jiménez, Daniel and Juan G. Cegarra-Navarro (2007), "The Performance Effect of Organizational Learning and Market Orientation," *Industrial Marketing Management*, 36 (6), 694-708.

Jindal, P. Rupinder, Kumar R. Sarangee, Raj Echambadi, and Sangwon Lee (2016), "Designed to Succeed: Dimensions of Product Design and their Impact on Market Share," *Journal of Marketing*, 80 (4), 72-89.

Johnson, D. Michael and Anders Gustafsson (2000), *Improving Customer Satisfaction, Loyalty, and Profit: An Integrated Measurement and Managements System*, NY: John Wiley & Sons.

Jones, Eli, Paul Busch and Peter Dacin (2003), "Firm Market Orientation and Salesperson Customer Orientation: Interpersonal and Intrapersonal Influences on Customer Service and Retention in Business-to-Business Buyer-Seller Relationships," *Journal of Business Research*, 56 (4), 323-340.

Jones, M. Thomas and Andrew C. Wicks (1999), "Convergent Stakeholder Theory," *Academy of Management Review*, 24 (2), 206-222.

José Dias Curto and José Castro Pinto (2007), "New Multicollinearity Indicators in Linear Regression Models," *International Statistical Review*, 73 (3), 405-412.

Joshi, W. Ashwin and Sanjay Sharma (1999), "Environmental Turbulence and Firm Performance: The Mediating Role of the Processes of Market Orientation," *American Marketing Association Conference Proceedings*, 10, 206-208.

Jung, I. Dong and Bruce J. Avolio (1999), "Effects of Leadership Style and Followers' Cultural Orientation on Performance in Group and Individual Task Conditions," *Academy of Management Journal*, 42 (2), 208-218.

Kahn, B. Kenneth (1998), "Characterizing Interfunctional Coordination and Its Implications for Market Orientation and Performance," *American Marketing Association Conference Proceedings*, 9, 321-328.

Kahn, B. Kenneth (2001), "Market Orientation, Interdepartmental Integration, and Product Development Performance," *The Journal of Product Innovation Management*, 18 (5), 314-323.

Kang, Gi-Du and Jeffrey James (2007), "Revisiting the Concept of a Societal Orientation: Conceptualization and Delineation," *Journal of Business Ethics*, 73 (3), 301-318.

Kara, Ali, John E. Spillan, and Oscar W. Deshields Jr. (2004), "An Empirical Inbestigation of the Link between Market Orientation and Business Performance in NonProfit Service Providers," *Journal of Marketing Theory and Practice*, 12 (2), 59-72.

Kasper, Hans (2002), "Culture and Leadership in Market-Oriented Service Organisations," *European Journal of Marketing*, 36 (9/10), 1047-1057.

Katz, Daniel, Rovert Kahn, and Stacy J. Adams (1980), *The Study of Organizations*, CA: Jossey-Bass Publishers.

Keith, J. Robert (1960), "The Marketing Revolution," *Journal of Marketing*, 24 (3), 35-38.

Kennedy, N. Karen, Felicia G. Lassk, and Jerry R. Goolsby (2002), "Customer Mind-Set of Employees throughout the Organization," *Journal of the Academy of Marketing Science*, 30 (2), 159-171.

Ketchen, David J.Jr, James B. Thomas and Charles C. Snow (1993), "Organizational Configurations and Performance: A Comparison of Theoretical Approaches," *Academy of Management Journal*, 36 (6), 1278-1313.

Kickul, Jill and Lisa K. Gundry (2001), "Breaking through Boundaries for Organizational Innovation: New Managerial Roles and Practices in e-Commerce Firms," *Journal of Management*, 27 (3), 347-361.

Kilmann, H. Ralph, Mary J. Saxton, and Roy Serpa (1985), "Issues in Understanding and Changing Culture," in *Gaining Control of the Corporate Culture*, Kilmann, Ralph, Mary J. Saxton, Roy Serpa, and Associates (eds.), CA: Jossey-Bass Publishers, 88-94.

Kim, Bongjin and Lawrence F. Feick (1999), "Fit between Market Orientation and Board Structure as a Contingency Requirement for Superior Firm Performance," *American Marketing Association Conference Proceedings*, 10, 179-186.

Kim, Namwoon, Sohyoun Shin, and Sungwook Min (2016), " Strategic Marketing Capability: Mobilizing Technological Resources for New Product Advantage," *Journal of Business Research*, 69 (12), 5644-5652.

Kim, Namwoon, Subin Im, and Stanley F. Slater (2012), "Impact of Knowledge Type and Strategic Orientation on New Product Creativity and Advantage in High-Technology Firms," *The Journal of Product Innovation Management*, 30 (1), 136-153.

Kipnis, David and William P. Lane (1962), "Self-Confidence and Leadership," *Journal of Applied Psychology*, 46 (4), 291-295.

Kirca, H. Ahmet, Satish Jayachandran, and William O. Bearden (2005), "Market Orientation: A Meta-Analytic Review and Assessment of Its Antecedents and Impact on Performance," *Journal of Marketing*, 69 (2), 24-41 (岩下仁抄訳 (2006)「市場志向研究のメタ分析：市場志向の先行要因，成果要因，モデレーター要因の解明」『マーケティングジャーナル』第102号，119-131頁).

Kleindl, Brad (1998), "Transactional Analysis: A Framework for Marketing Relationship Expanding the Entrepreneurial Orientation," *American Marketing Association Conference Proceedings*, 9, 309-310.

Kohli, K. Ajay and Bernard Jaworski (1990), "Market Orientation: The Construct, Research Propositions, and Managerial Implications," *Journal of Marketing*, 54 (2), 1-18.

Kohli, K. Ajay, Bernard Jaworski, and Ajith Kumar (1993), "MAKOR: A Measure of Market Orientation," *Journal of Marketing Research*, 30 (4), 467-477.

Kohli, K. Ajay and Rohit Deshpandè (2005), "Marketing Organizations: Changing Structure and Roles," *Marketing Science Institute Report*, 77-84.

Kotler, Philip (1972), "A Generic Concept of Marketing," *Journal of Marketing*, 36 (2), 46-54.

Kotler, Philip and Sidney J. Levy (1973), "Buying is Marketing Too!," *Journal of Marketing*, 37 (1), 54-59.

Kotler, Philip (1977), "From Sales Obsession to Marketing Effectiveness," *Harvard Business Review*, 1, 67-75.

Kotler, Philip (1984), *Marketing Management: Analysis, Planning, Control*, Upper Saddle River, New Jersey: Prince Hall, Inc.

Kotler, Philip (2000), *Marketing Management (Millenium Edition)*, New Jersey: Prentice Hall (恩藏直人監修，月谷真紀訳 (2001)『コトラーのマーケティングマネジメント』ピアソン・エディケーション・ジャパン).

Kotler, Philip and Anderson R. Alan (1987), *Strategic Marketing For Nonprofit Organizations*, New Jersey: Prentice-Hall, Inc.

Kotler, Philip and Gerald Zaltman (1971), "Social Marketing: An Approach to Planned Social Change," *Journal of Marketing*, 35 (3), 3-12.

Kotler, Philip, Hermawan Kartajaya, and Iwan Setiawan (2010), *Marketing 3.0: From Products to Customers to the Human Spirit*, NY: John Wiley & Sons (恩藏直人監訳，藤井清美訳 (2010)『コトラーのマーケティング3.0：ソーシャル・メディア時代の新法則』朝日新聞出版).

Krepapa, Areti, Pierre Berthon, Dave A. Webb, and Leyland Pitt (2003), "Mind The Gap:

An Analysis of Service Provider versus Customer Perceptions of Market Orientation and the Impact on Satisfaction," *European Journal of Marketing*, 37 (1/2), 197-218.

Krueger, Norris Jr. and Peter R. Dickson (1994), "How Believing in Ourselves increases Risk Taking: Perceived Self-Efficacy and Opportunity Recognition," *Decision Sciences*, 25 (3), 385-400.

Kumar, V., Eli Jones, Venkatesan Rajkumar, and Robert P. Leone (2011), "Is Market Orientation a Source of Sustainable Competitive Advantage or Simply the Cost of Competing?," *Journal of Marketing*, 75 (1), 16-30.

Lado, Nora, Albert Maydeu-Olivares, and Jaime Rivera (1998), "Measuring Market Orientation in Several Populations A Structural Equations Model," *European Journal of Marketing*, 32 (1/2), 23-39.

Lado, Nora and Jaime Rivera (1998), "Are there Different Forms of Market Orientation? A Comparative Analysis of Spain and Belgium," *International Journal of Management*, 15 (4), 454-462.

Lafferty, A. Barbara and Tomas M.G. Hult (2001), "A Synthesis of Contemporary Market Orientation Perspectives," *European Journal of Marketing*, 35 (1/2), 92-109.

Lai, Kee-Hung (2003), "Market Orientation in Quality-Oriented Organizations and Its Impact on their Performance," *International Journal of Production Economics*, 84 (1), 17-34.

Lam, K. Son, Florian Kraus, and Michael Ahearne (2010), "The Diffusion of Market Orientation throughout the Organization: A Social Learning Theory Perspective," *Journal of Marketing*, 74 (5), 61-79.

Lamb, Charles W. Jr., Joseph F. Hair Jr., and Carl McDaniel Jr. (2000), *Marketing 5* $_{th}$ *ed.*, Nashville, TN: South-Western Collage Publishing.

Lancaster, Geoff and Hans van der Velden (2004), "The Influence of Employee Characteristics on Market Orientation," *International Journal of Bank Marketing*, 22 (5), 343-365.

Landwehr, Jan R., Daniel Wentzel, and Andreas Herrmann (2013), "Product Design for the Long Run: Consumer Responses to Typical and Atypical Designs at Different Stages of Exposure," *Journal of Marketing*, 77 (5), 92-107.

Langerak, Fred (2001), "Effects of Market Orientation on the Behaviors of Salespersons and Purchasers, Channel Relationships, and Performance of Manufacturers," *International Journal of Research in Marketing*, 18 (3), 221-234.

Langerak, Fred, Erik Jan Hultink, and Henry S.J. Robben (2004), "The Impact of Market Orientation, Product Advantage, and Launch Proficiency on New Product Performance and Organizational Performance," *The Journal of Product Innovation Management*, 21

(2), 79-94.

Langerak, Fred, Erik Jan Hultink, and Henry S.J. Robben (2004), "The Role of Predevelopment Activities in the Relationship between Market Orientation and Performance," *R & D Management*, 34 (3), 295-309.

Langerak, Fred and Harry R. Commandeur (1998), "The Influence of Market Orientation on Positional Advantage and Performance of Industrial Businesses," *American Marketing Association Conference Proceedings*, 9, 61-63.

Latanè, Bibb, Kipling Williams, and Stephen Harkins (1979), "Many Hands make light The Work: The Causes and Consequences of Social Loafing," *Journal of Personality and Social Psychology*, 37 (6), 822-832.

Lawton, Leigh and A. Parasurasan (1980), "The Impact of the Marketing Concept on New Product Planning," *Journal of Marketing*, 44 (1), 19-25.

Lear, W. Robert (1963), "No Easy Road to Market Orientation," *Harvard Business Review*, 41 (5), 53-60.

Lee, Dong Hwan and Chan Wook Park (2007), "Conceptualization and Measurement of Multidimensionality of Integrated Marketing Communications," *Journal of Advertising*, 47 (3), 222-236.

Lee, F. Olivia and Matthew L. Meuter (2010), "The Adoption of Technology Orientation in Healthcare Delivery: Case Study of a Large-Scale Hospital and Healthcare System's Electronic Health Record," *International Journal of Pharmaceutical and Healthcare Marketing*, 4 (4), 355-374.

Lengler, Jorge Francisco, Carlos M.P. Sousa, and Catarina Marques (2013), "Exploring the Linear and Quadratic Effects of Customer and Competitor Orientation on Export Perfomance," *International Marketing Review*, 30 (5), 440-468.

Leonard-Barton, Dororthy (1992), "Core Capabilities and Core Rigidities: A Paradox in Managing New Product Development," *Strategic Management Journal*, 13 (1), 111-125.

Les, Tien-Shang Lee and Badri Munir Sukoco (2007), "The Effects of Entrepreneurial Orientation and Knowledge Management Capability on Organizational Effectiveness in Taiwan: The Moderating Role of Social Capital," *International Journal of Management*, 24 (3), 549-572.

Lewin, Kurt, Ronald Lippitt, and Ralph K. White (1939), "Patterns of Aggressive Behavior in experimentally Created "Social Climates"," *The Journal of Social Psychology*, 10 (2), 271-301.

Li, Yuan, Hai Guo, Yi Liu, and Mingfang Li (2008), "Incentive Mechanisms, Entrepreneurial Orientation, and Technology Commercialization: Evidence from China's Transitional Economy," *The Journal of Product Innovation Management*, 25 (1), 63-78.

Li, Yuan, Yi Liu, and Heng Liu (2011), "Co-opetition, Distributor's Entrepreneurial Orientation and Manufacturer's Knowledge Acquisition: Evidence from China," *Journal of Operations Management*, 29 (1/2), 128-142.

Li, Yuan, Zelong Wei, and Yi Liu (2010), "Strategic Orientations, Knowledge Acquisition, and Firm Performance: The Perspective of the Vendor in Cross-Border Outsourcing," *Journal of Management Studies*, 47 (8), 1457-1482.

Liao, Mei-Na, Susan Foreman, and Adrian Sargeant (2001), "Market Versus Societal Orientation in the Nonprofit Context," *International Journal of Nonprofit and Voluntary Sector Marketing*, 6 (3), 254-268.

Likert, Rensis (1961), *New Patterns of Management*, NY: McGraw-Hill Education (三隈二不二訳（1964）『組織の行動科学：新しいマネジメントの探究』ダイヤモンド社).

Likert, Rensis (1967), *The Human Organization: Its Management and Value*, New York: Mcgraw-Hill (三隈二不二訳（1968）『組織の行動科学：ヒューマン・オーガニゼーションの管理と価値』ダイヤモンド社).

Lindgreen, Adam, Roger Palmer, Martin Wetzels, and Michael Antioco (2009), "Do Different Marketing Practices require Different Leadership Styles? An Exploratory Study," *Journal of Business & Industrial Marketing*, 24 (1), 14-26.

Ling, Yan, Zeki Simsek, Michael H. Lubatkin, and John F. Veiga (2008), "Transformational Leeadershp's Role in Promoting Corporate Entrepreneurship: Examining the CEO-TMT Interface," *Academy of Management Journal*, 51 (3), 557-576.

Liu, Hong (1995), "Market Orientation and Firm Size: An Empirical Examination in UK Firms," *European Journal of Marketing*, 29 (1), 57-71.

Lonial, C. Subhash, Mehves Tarim, Ekrem Tatoglu, Selim Zaim, and Halil Zaim (2008), "The Impact of Market Orientation on NSD and Financial Performance of Hospital Industry," *Industrial Management & Data Systems*, 108 (6), 794-811.

Low, S. George (2000), "Correlates of Integrated Marketing Communications," *Journal of Advertising Research*, 40 (3), 27-39.

Lukas, A. Bryan and Maignan Isabelle (1998), "Market Orientation and New Product ideas," *American Marketing Association Conference Proceedings*, 9, 60-61.

Lukas, A. Bryan and O.C. Ferrell (2000), "The Effect of Market Orientation on Product Innovation," *Journal of the Academy of Marketing Science*, 28 (2), 239-247.

Lumpkin, G.T. and Gregory G. Dess (1996), "Clarifying the Entrepreneurial Orientation Construct and Linking It to Performance," *Academy of Management Review*, 21 (1), 135-173.

Luo, Lan, P.K. Kannan, and Brian T. Ratchford (2008), "Incorporating Subjective Characteristics in Product Design and Evaluations," *Journal of Marketing Research*, 45 (2),

182-194.

Luo, Xueming, Rebecca J. Slotegraaf, and Xing Pan (2006), "Cross-Functional "Coopetition": The Simultaneous Role of Cooperation and Competition within Firms," *Journal of Marketing*, 70 (2), 67-80.

Lupton, Ellen and Cara McCarty, Matilda McQuaid, Cynthia Smith and Andrea Lipps (2010), *Why Design Now?: National Design Triennial*, NY: Cooper-Hewitt Museum（北村陽子訳（2012）『なぜデザインが必要なのか：世界を変えるイノベーションの最前線』英治出版）.

Lytle, S. Richard, Peter W. Hom, and Michael P. Mokwa (1998), "SERV*OR: Managerial Measure of Organizational Service-Orientation," *Journal of Retailing*, 74 (4), 455-489.

Maatoofi, Ali Reza and Kayhan Tajeddini (2011), "Effect of Market Orientation and Entrepreneurial Orientation on Innovation: Evidence from Auto Parts Manufacturing in Iran," *Journal of Management Research*, 11 (1), 20-30.

Macedo, Isabel Maria and José Carlos Pinho (2006), "The Relationship between Resource Dependence and Market Orientation: The Specific Case of Non-Profit Organisations," *European Journal of Marketing*, 40 (5/6), 533-553.

MacKenzie, B. Scott, Philip, M. Podsakoff, and Gregory A. Rich (2001), "Transformational and Transactional Leadership and Salesperson Performance," *Journal of the Academy of Marketing Science*, 29 (2), 115-134.

Madhavaram, Sreedhar, Vishag Badrinarayan, and Robert E. McDonald (2005), "Integrated Marketing Communication (IMC) and Brand Identity as Critical Components of Brand Equity Strategy," *Jounal of Advertising*, 34 (4), 69-80.

Maltz, Elliot and Ajay K. Kohli (1996), "Market Intelligence Dissemination across Functional Boundaries," *Journal of Marketing Research*, 33(1), 47-62.

March, Artemis (1994), "Usability: The New Dimension of Product Design," *Harvard Business Review*, 72 (5), 144-149.

March G. James (1991), "Exploration and Exploitation in Organizational Learning," *Organization Science*, 2 (1), 71-87.

March, J. G. and J. P. Olsen (1975), "The Uncertainly of the Past: Organizational Learning under Ambiguity," *European Journal of Political Research*, 3 (2), 147-171.

Marion, J. Tucker and Marc H. Meyer (2011), "Applying Industrial Design and Cost Engineering to New Product Development in Early-Stage Firms," *The Journal of Product Innovation Management*, 28 (5), 773-786.

Markus, Haze Rose and Shinobu Kitayama (1991), "Culture and Self: Implications for Cognition, Emotion, and Motivation," *Psychological Review*, 98 (2), 224-253.

Martin A. Craig and Bush J. Alan (2006), "Psychological Climate, Empowerment, Leadership Style, and Customer-Oriented Selling: An Analysis of the Sales Manager-Salesperson Dyad," *Journal of the Academy of Marketing Science*, 34 (3), 419-438.

Mason, J. Katy and Lloyd C. Harris (2006), "Market Orinetation Emphases: An Exploration of Macro, Meso and Micro Drivers," *Marketing Intelligence and Planning*, 24 (6), 552-571.

Matsuno, Ken and John T. Mentzer (2000), "The Effects of Strategy Type on the Market Orientation-Performance Relationship," *Journal of Marketing*, 64 (4), 1-16.

Matsuno, Ken, John T. Mentzer, and Ayşegül Özsomer (2002), "The Effects of Entrepreneurial Proclivity and Market Orientation on Business Performance," *Journal of Marketing*, 66 (3), 18-33.

Matsuno, Ken, John T. Mentzer, and Joseph O. Rentz (2000), "A Refinement and Validation of the MARKOR Scale," *Journal of the Academy of Marketing Science*, 28 (4), 527-540.

Mavondo, T. Felix (1999), "Market Orientation: Scale Invariance and Relationship to Generic Strategies Across Two Countries," *Journal of Market-Focused Management*, 4 (2), 125-142.

Mavondo, T. Felix, Jacqueline Chimhanzi, and Jillian Stewart (2005), "Learning Orientation and Market Orientation: Relationship with Innovation, Human Resource Practices and Performance," *European Journal of Marketing*, 39 (11/12), 1235-1263.

Mavondo, T. Felix and Mark Farrell (2003), "Cultural Orientation: Its Relationship with Market Orientation, Innovation and Organisational Performance," *Management Decision*, 41 (3), 241-249.

McGee, W. Lynn and Rosann L. Spiro (1988), "The Marketing Concept in Perspective," *Business Horizons*, 31 (3), 40-45.

McGrae, R. Robert and Costa, T. Paul Jr. (1987), "Validation of the Five-Factor Model of Personality across Instrumens and Observers," *Journal of Personality and Social Psychology*, 52 (1), 81-90.

McCrae, R. Robert and Costa, T. Paul Jr. (1992), "Discriminant Validity of Neo-PIR Facet Scales," *Educational and Psychological Measurement*, 52 (1), 67-78.

McCrae, R. Robert and Costa, T. Paul Jr. (1997), "Personality Trait Structure as a Human Universal," *American Psychologist*, 52 (5), 509-516.

McGuinness, Tony and Robert E. Morgan (2005), "The Effect of Market and Learning Orientation on Strategy Dynamics: The Contributing Effect of Organisational Change Capability," *European Journal of Marketing*, 39 (11/12), 1306-1326.

McNamara, P. Carlton (1972), "The Present Status of the Marketing Concept," *Journal of Marketing*, 36 (1), 50-57.

McNaughton, B. Rod, Phil Osborne, and Brian C. Imrie (2002), "Market-Oriented Value

Creation in Service Firms," *European Journal of Marketing*, 36 (9/10), 990-1002.

Meglino, M. Bruce and Elizabeth C. Ravlin (1998), "Individual Values in Organizations: Concepts, Controversies, and Research," *Journal of Management*, 24 (3), 351-389.

Menguc, M. Bulent and Seigyoung Auh (2006), "Creating a Firm-Level Dynamic Capability through Capitalizing on Market Orientation and Innovativeness," *Journal of the Academy of Marketing Science*, 34 (1), 63-73.

Menguc, M. Bulent and Seigyoung Auh (2008), "Conflict, Leadership, and Market Orientation," *International Jorurnal of Research in Marketing*, 25 (1), 34-45.

Menguc, M. Bulent, Seigyoung Auh, and Eric Shih (2007), "Transformational Leadership and Market Orientation: Implications for the Implementation of Competitive Strategies and Business Unit Performance," *Journal of the Business Research*, 60 (4), 314-321.

Menon, Anil and Rajan P. Varadarajan (1992), "A Model of Marketing Knowledge Use within Firms," *Journal of Marketing*, 56 (4), 53-71.

Menon, Anil, Sundar G. Bharadwaj, Phani Tej Adidam, and Steven W. Edison (1999), "Antecedents and Consequences of Marketing Strategy Making: A Model and a Test," *Journal of Marketing*, 63 (2), 18-40.

Merlo, Omar and Seigyoung Auh (2009), "The Effects of Entrepreneurial Orientation, Market Orientation, and Marketing submit Influence on Firm Performance," *Marketing Letters*, 20 (3), 295-311.

Messick, Samuel (1989), "Validity," in *Educational Measurement: 3 rd ed*, Robert L. Linn (ed.), Colorado: American Council on Education (池田央，藤田恵璽，柳井晴夫，繁桝算男訳（1992）「妥当性」『教育測定学』上巻，学習評価研究所).

Miao, C. Fred and Guangping Wang (2016), "The Differential Effects of Functional vis-à-vis Relational Customer Orientation on Salesperson Creativity," *Journal of Business Research*, 69 (12), 6021-6030.

Miao, C. Fred, Kenneth R. Evans, and Shaoming Zou (2007), "The Role of Salesperson Motivation in Sales Control Systems-Intrinsic and Extrinsic Motivation Revisited," *Journal of Business Research*, 60 (5), 417-425.

Micheli, Pietro, Joe Jaina, Keith Goffin, Fred Lemke, and Roberto Verganti (2012), "Perceptions of Industrial Design: The "Means" and the "Ends"," *The Journal of Product Innovation Management*, 29 (5), 687-704.

Miles, E. Raymond and Charles C. Snow (1978), *Organizational Strategy, Structure, and Process*, NY: McGraw-Hill Education.

Miles, P. Morgan and Danny R. Arnold (1991), "The Relationship between Marketing Orientation and Entrepreneurial Orientation," *Entrepreneurship Theory and Practice*, 15 (4), 49-65.

Mills, D. Quinn (2005), *Leadership: How to Lead, How to Live*, Waltham, MA: MindEdge Press（アークコミュニケーションズ監訳，スコフィールド素子訳（2006）『ハーバード流リーダーシップ「入門」』ファーストプレス）.

Modi, Pratik and Debiprasad Mishra (2010), "Conceptualising Market Orientation in Non-Profit Organisations: Definition, Performance, and Preliminary Construction of Scale," *Journal of Marketing Management*, 26 (5/6), 548–569.

Mohr, J. Jakki, Robert J. Fisher, and John R. Nevin (1996), "Collaborative Communication in Interfirm Relationships: Moderating Effects of Integration and Control," *Journal of Marketing*, 60 (3), 103–116.

Mokoena, Bakae Aubrey and Manilall Roy Dhurup (2017), "Effects of Market Orientation and Barriers to Market Orientation on University Performance: A Study of Universities of Technology in South Africa," *International Business & Economics Research Journal*, 16 (1), 17–30.

Moll, Isa, Jordi Montaña, Francisco Guzman, and Francesc S. Parellada (2007), "Market Orientation and Design Orientation: A Management Model," *Journal of Marketing Management*, 23 (9), 861–876.

Monteleone, J.P. (1976), "How R&D and Marketing Can Work Together," *Research Management*, 19 (2), 19–21.

Montoya-Weiss, M. Mitzi and Roger J. Calantone (1994), "Determinants of New Product Performance: A Review and Meta-Analysis," *The Journal of Product Innovation Management*, 11 (5), 397–417.

Moon, Hakil, Douglas R. Miller, and Sung Hyun Kim (2013), "Product Design Innovation and Customer Value: Cross-Cultural Research in the United States and Korea," *The Journal of Product Innovation Management*, 30 (1), 31–43.

Moon, Hakil, Jeongdoo Park, and Sangkyun Kim (2015), "The Importance of an Innovative Product Design on Customer Behavior: Development and Validation of a Scale," *The Journal of Product Innovation Management*, 32 (2), 224–232.

Moorman, Christine (1995), "Organizational Market Information Processes: Cultural Antecedents and New Product Outcomes," *Journal of Marketing Research*, 32 (3), 318–336.

Moorman, Christine and Anne S. Miner (1997), "The Impact of Organizational Memory on New Product Performance and Creativity," *Journal of Marketing Research*, 34 (1), 91–106.

Morgan, A. Neil and Nigel F. Piercy (1998), "Interactions between Marketing and Quality at the SBU Level: Influences and Outcomes," *Journal of the Academy of Marketing Science*, 26 (3), 190–209.

Morgan, E. Robert and Carolyn Strong (1998), "Market Orientation and Dimensions of Strategic Orientation," *European Journal of Marketing*, 32 (11/12), 1051-1073.

Morgan, E. Robert and Shelby D. Hunt (1994), "The Commitment-Trust Theory of Relationship Marketing," *Journal of Marketing*, 58 (3), 20-38.

Morris, H. Michael, Susan Coombes, Minet Schindehutte, and Jeffrey Allen (2007), "Antecedents and Outcomes of Entrepreneurial and Market Orientations in a Non-profit Context: Theoretical and Empirical Insights," *Journal of Leadership & Organizational Studies*, 13 (4), 12-39.

Mugge, Ruth and Darren W. Dahl (2013), "Seeking the Ideal Level of Design Newness: Consumer Response to Radical and Incremental Product Design," *The Journal of Product Innovation Management*, 30 (S1), 34-47 (日比恒平, 岩下仁 (2014)「デザインの新奇性とイノベーションタイプが消費者に与える影響」『流通情報』509号, 71-80頁).

Myer, G. John, Massy F. William, and Greyser A. Stephen (1980), *Marketing Research and Knowledge Development*, Upper Saddle River, New Jersey: Presence Hall, Inc.

Nakata, Cheryl and K. Sivakumar (2001), "Instituting the Marketing Concept in a Multinational Setting: The Role of National Culture," *Journal of the Academy of Marketing Science*, 29 (3), 255-275.

Napoli, Julie (2006), "The Impact of Nonprofit Brand Orientation on Organisational Performance," *Journal of Marketing Management*, 22 (7/8), 673-694.

Narver, C. John and Stanley F. Slater (1990), "The Effect of a Market Orientation on Business Profitability," *Journal of Marketing*, 54 (4), 20-35.

Narver, C. John, Stanley F. Slater, and Brian Tietje (1998), "Creating a Market Orientation," *Journal of Market-Focused Management*, 2 (3), 241-255.

Narver, C. John, Stanley F. Slater, and Douglas L. MacLachlan (2004), "Responsive and Proactive Market Orientation and New-Product-Success," *The Journal of Product Innovation Management*, 21 (5), 334-347.

Naudé Pete, Janine Desai, and John Murphy (2003), "Identifying the Determinants of Internal Marketing Orientation," *European Journal of Marketing*, 37 (9), 1205-1220.

Neter, John, William Wasserman, and Michaeal H. Kutner (1989), *Applied Linear Regression Models 2 nd ed*, NY: McGraw-Hill Education.

Noble, H. Charles and Minu Kumar (2010), "Exploring the Appeal of Product Design: A Grounded, Value-Based Model of Key Design Elements and Relationships," *The Journal of Prodfuct Innovation Management*, 27 (5), 640-657 (岩下仁・恩藏直人抄訳 (2013)「価値ベースの製品デザイン要素と関係性」『流通情報』第500号, 流通経済研究所, 53-63頁).

Noble, H. Charles, Rajiv K. Sinha, and Ajith Kumar (2002), "Market Orientation and Alternative Strategic Orientations: A Longitudinal Assessment of Performance Implications," *Journal of Marketing*, 66 (4), 25–39.

Nonaka, Ikujiro (1991), "The Knowledge–Creating Company," *Harvard Business Review*, 69 (6), 96–104.

Nonaka, Ikujiro and Hirotaka Takeuchi (1995), *The Knowledge-Creationg Company: How Japansese Companies create The Dynamics of Innovation*, London: Oxford University Press.

Norman, A. Don (2004), *Emotional Design: Why We Love (and Hate) Everyday Things*, NY: Basic Books.

Normann, R. (1985), *Developing Capabilities for Organizational Learning*, CA: Jossey-Bass Inc., Publishers.

Norrgren, Flemming and Joseph Schaller (1999), "Leadership Style: Its Impact on Cross-Functional Product Development," *The Jounal of Product Innovation Management*, 16 (4), 377–384.

Nunnally, C. Jum (1978), *Psychometric Theory 2 ${}_{nd}$ Ed*, NY: McGraw-Hill Education.

Olavarrieta, Sergio and Roberto Friedmann (2008), "Market Orientation, Knowledge–Related Resources and Firm Performance," *Journal of Business Research*, 61 (6), 623–630.

Olson, M. Eric, Orville C. Walker Jr., and Robert W. Ruekert (1995), "Organizing for Effective New Product Development: The Moderating Role of Product Innovativeness," *Journal of Marketing*, 59 (1), 48–63.

Onyemah, Vincent, Scott D. Swain, and Richard Hanna (2010), "A Social Learning Perspective on Sales Technology Usage: Preliminary Evidence from an Emerging Economy," *Journal of Personal Selling & Sales Management*, 30 (2), 131–142.

Ostroff, Cheri (1992), "The Relationship between Satisfaction, Attitudes, and Performance: An Organizational Level Analysis," *Journal of Applied Psychology*, 77 (6), 963–974.

Ottum, D. Brian and William L. Moore (1997), "The Role of Market Information in New Product Success/Failure," *The Jounal of Product Innovation Management*, 14 (4), 258–273.

Page, L. Albert and Gary R. Schirr (2008), "Growth and Development of a Body of Knowledge: 16 Years of New Product Development Research, 1989-2004," *The Journal of Product Innovation Management*, 25 (3), 233–248.

Palmatier, W. Robert, Lisa K. Scheer, and Jan–Benedict E.M. Steenkamp (2007), "Customer Loyalty to Whom? Managing the Benefits and Risks of Salesperson-Owned Loyalty," *Journal of Marketing Research*, 44 (2), 185–199.

Papastathopoulou, Paulina and Erik Jan Hultink (2012), "New Service Development: An

Analysis of 27 Years of Research," *The Journal of Product Innovation Management*, 29 (5), 705-714.

Parasuraman, A., Valarie A. Zeithaml, and Leonard L. Berry (1985), "A Conceptual Model of Service Quality and Its Implications for Future Research," *Journal of Marketing*, 49 (4), 41-51.

Parkington, J. John and B. Schneider (1979), "Some Correlates of Experienced Job Stress: A Boundary Role Study," *Academy of Management Journal*, 22 (2), 270-281.

Pascale, T. Robert and Anthony Athos (1981), *The Art of Japanese Management*, NY: Simon and Schuster.

Payne, F. Adrian (1988), "Developing a Marketing Oriented Organization," *Business Horizons*, 31 (3), 46-53.

Pelham, M. Alfred and David T. Wilson (1996), "A Longitudinal Study of the Impact of Market Structure, Firm Structure, Strategy, and Market Orientation Culture on Dimensions of Small-firm," *Journal of the Academy of Marketing Science*, 24 (1), 27-43.

Perks, Helen, Rachel Cooper, and Cassie Jones (2005), "Characterizing the Role of Design in New Product Development: An Empirically Derived Taxonomy," *The Journal of Product Innovation Management*, 22 (2), 111-127.

Perks, Helen, Rachel Cooper, and Jones, Cassie (2005), "Characterizing the Role of Design in New Product Development: An Empirically Derived Taxonomy," *The Journal of Product Innovation Management*, 22 (2), 111-127.

Perry, L. Monica and Alan T. Shao (2005), "Incumbents in a Dynamic Internet Related Services Market: Does Customer and Competitive Orientation hinder or help Performance?," *Industrial Marketing Management*, 34 (6), 590-601.

Peters, J. Thomas and Nancy Austin (1985), *A Passion for Excellence*, NY: Random House, Inc.

Peters, J. Thomas and Robert H. Waterman Jr. (1982), *In Search of Excellence*, Cambridge: Harper & Row Publishers, Inc.

Pettigrew, M. Andrew (1979), "On Studying Organizational Cultures," *Administrative Science Quarterly*, 24 (4), 570-581.

Petty E. Richard and John T. Cacioppo (1986), "The Elaboration Likelihood Model of Persuation," *Advances in Experimental Social Psychology*, 19, 123-205.

Pfeffer, Jeffrey and Gerald R. Salancik (1978), *The External Control of Organizations*, NY: Harper and Row.

Piccolo F. Ronald and Jason A. Colquitt (2006), "Transformational Leadership and Job Behaviors: The Mediating Role of Core Job Characteristics," *Academy of Management Journal*, 49 (2), 327-340.

Piercy, F. Nigel (1990), "Marketing Concepts and Actions: Implementing Market-Led Strategic Change," *European Journal of Marketing*, 24 (2), 24-42.

Pinnington, Ashly and Dennis Haslop (1995), "Team Leader Autonomy in New Product Development," *Management Decision*, 33 (9), 5-11.

Podsakoff, M. Philip and Dennis W. Organ (1986), "Self-Reports in Organizational Research: Problems and Prospects," *Journal of Management*, 12 (4), 69-82.

Podsakoff, M. Philip, Scott B. MacKenzie, Robert H. Moorman, and Richard Fetter (1990), "Transformational Leader Behaviors and their Effects on Followers' Trust in Leader, Satisfaction, and Organizational Citizenship Behaviors," *The Leadership Quarterly*, 1 (2), 107-142.

Porter, E. Michael (1980), *Competitive Strategy*, NY: The Free Press.

Porter, E. Michael (1985), *Competitive Advantage*, NY: The Free Press.

Pulendran, Sue, Richard Speed, and Robert E. Widing II. (1998), "The Emergence and Decline of a Market Orientation," *American Marketing Association Conference Proceedings*, 9, 49-60.

Pulendran, Sue, Richard Speed, and Robert E. Widing II. (2003), "Marketing Planning, Market Orientation and Business Performance," *European Journal of Marketing*, 37 (3/4), 476-497.

Qu, Riliang (2007), "Effects of Government Regulations, Market Orientaion and Ownership Structure on Corporate Social Responsibility in China: An Empirical Study," *International Journal of Management*, 24 (3), 582-591.

Raju, P.S. and Subhash C. Lonial (2001), "The Impact of Quality Context and Market Orientation on Organizational Performance in a Service Environment," *Journal of Service Research*, 4 (2), 140-155.

Raju, P.S., Subhash C. Lonial, and Yash P. Gupta (1995), "Market Orientation and Peformance in the Hospital Industry," *Journal of Health Care Marketing*, 15 (4), 34-41.

Raju, P.S., Subhash C. Lonial, Yash P. Gupta, and Craig Ziegler (2000), "The Relationship between Market Orientation and Performance in the Hospital Industory: A Structural Equations Modeling Approach," *Health Care Management Science*, 3 (3), 237-247.

Rao, R. Vithala and Frederick W. Winter (1978), "An Application of the Multivariate Probit Model to Market Segmentation and Product Design," *Journal of Marketing Research*, 15 (3), 361-368.

Rapp, Adam, Lauren Skinner Beitelspacher, Niels Schillewaert, and Thomas L. Baker (2012), "The Differing Effects of Technology on Inside vs. Outside Sales Forces to facilitate Enhanced Customer Orientation and Interfunctional Coordination," *Journal of Business Research*, 65 (7), 929-936.

Raven, H. Bertram (1965), "Social Influence and Power," in Steiner, I.D. and Martin Fishbein, *Current Studies in Social Psychology*, NY: Holt, Rinehart and Winston, 371-382.

Raven, H. Bertram and Arie W. Kruglanski (1970), "Conflict and Power," in *The Structure of Conflict*, Swingle, Paul (ed.), NY: Academic Press, 69-109.

Reid, Mike (2005), "Perfomance Auditing of Integrated Marketing Communication (IMC) Actions and Outcomes," *Journal of Advertising*, 34 (4), 41-54.

Reid, Mike, Sandra Luxton, and Felix Mavondo (2005), "The Relathionship between Integrated Marketing Communication, Market Orientation, and Brand Orientation," *Journal of Advertising*, 34 (4), 11-23.

Richard, C. Orlando, Tim Barnett, Sean Dwyer, and Ken Chadwick (2004), "Cultural Diversity in Management, Firm Performance, and the Moderating Role of Entrepreneurial Orientation Dimensions," *Academy of Management Journal*, 47 (2), 255-266.

Rijsdijk, A. Serge and Erik Jan Hultink (2009), "How Today's Consumers Perceive Tomorrow's Smart Products," *The Journal of Product Innovation Management*, 26 (1), 24-42.

Rocco, Sanja and Aleksandra Pisnik (2016), "The Conceptual Framework for Integrating Market and Design Orientation within Marketing," in *13$_{th}$ International Scientific Conference on Economic and Social Development*, 14-16.

Rokeach, Milton (1973), *The Nature of Human Values*, NY: The Free Press.

Ross, T. William (1987), "Developing a Marketing Orientation," *Marketing Science Institute Report*, 87-111.

Rothwell, Roy and Paul Gardiner (1988), "Re-Innovation and Robust Designs: Producer and User Benefits," *Journal of Marketing Management*, 3 (3), 372-387.

Rowold, Jens and Kathrin Heinitz (2007), "Transformational and Charismatic Leadership: Assessing the Convergent, Divergent and Criterion Validity of the MLQ and the CKS," *The Leadership Quarterly*, 18 (2), 121-133.

Ruekert, W. Robert (1992), "Developing a Market Orientation: An Organizational Strategy Perspective," *International Journal of Research in Marketing*, 9 (3), 225-245.

Ruekert, W. Robert and Orville C. Walker Jr. (1987), "Marketing's Interaction with Other Functional Units: A Conceptual Framework and Empirical Evidence," *Journal of Marketing*, 51 (1), 1-20.

Ruekert, W. Robert, Orville C. Walker Jr., and Kenneth J. Roering (1985), "The Organization of Marketing Activities: A Contingency Theory of Structure and Performance," *Journal of Marketing*, 49 (1), 13-26.

Rust, Roland T., Anthony J. Zahorik, and Timothy L. Keiningham (1995), "Return on Quality (ROQ): Making Service Quality Financially Accountable," *Journal of Marketing*, 59 (2), 58-71.

Sandvik, Kare and Kjell Gronhaug (1998), "How well does the Firm know its Customers? The Moderating Effect of Market Orientation," *American Marketing Association Conference Proceedings*, 9, 42–49.

Sanzo, Maria Jose, Maria Leticia Santos, Rodolfo Vazquez, and Luis IgnacioÁlvarez (2003), "The Effect of Market Orientation on Buyer–Seller Relationship Satisfaction," *Industrial Marketing Management*, 32 (4), 327–345.

Sathe, Vijay (1983), "Implications of Corporate Culture: A Manager's Guide to Action," *Organizational Dynamics*, 12 (2), 5–23.

Saxe, Robert and Barton A. Weitz (1982), "The SOCO Scale: A Measure of the Customer Orientation of Salespeople," *Journal of Marketing Research*, 19 (3), 343–351.

Schaffer, H. Robert and Harvey A. Thomson (1992), "Successful Change Programs Begin with Results," *Harvard Business Review*, 70 (1), 80–90.

Schlesinger, A. Leonard, and James L. Heskett (1991), "The Service–Driven Service Company," *Harvard Business Review*, 69 (5), 71–81.

Schneider, Benjamin, Paul J. Hanges, Brent D. Smith, and Amy Nicole Salvaggio (2003), "Which comes First: Employee Attitudes or Organizational Financial and Market Performance?," *Journal of Applied Psychology*, 88 (5), 836–851.

Schultz, E. Don (1993), "Integrated Marketing Communications: Maybe Definition is in the Point of View," *Marketing News*, 27 (2), 17.

Schwartz, H. Shalom (1992), "Universals in the Content and Structure of Values: Theoritical Advances and Enpirical Tests in 20 Countries," *Advances in Experimental Social Psychology*, 25, 1–65.

Schwartz, H. Shalom and Lilach Sagiv (1995), "Identifying Culture–Specifics in the Content and Structure of Values," *Journal of Cross-Cultural Psychology*, 26 (1), 92–116.

Schwartz, Howard and Stanley M. Davis (1981), "Matching Corporate Culture and Business Strategy," *Organizational Dynamics*, 10 (1), 30–48.

Scott, Susanne G. and Reginald A. Bruce (1994), "Determinants of Innovative Behavior: A Path Model of Individual Innovation in the Workplace," *Academy of Management Journal*, 37 (3), 580–607.

Selnes, Fred, Bernard J. Jaworski, and Ajay K. Kohli (1996), "Market Orientation in United States and Scandinavian Companies: A Cross-Cultural Study," *Scandinavian Journal of Management*, 12 (2), 139–157.

Sethi, Rajesh, Daniel C. Smith, and Whan C. Park (2001), "Cross-Functional Product Development Teams, Creativity, and the Innovativeness of New Consumer Products," *Journal of Marketing Research*, 38 (1), 73–85.

Shapiro, P. Benson (1988), "What Hell is Market Oriented?," *Harvard Business Review*,

66, 119-125.

Shaw, E. Marvin and Costanzo R. Philip (1982), *Theories of Social Psychology*, NY: Mc-Graw-Hill Education（古畑和孝監訳（1984）『社会心理学の理論』サイエンス社）.

Sheidlinger, Saul (1994), "The Lewin, Lippitt and White Study of Leadership and "Social Climates" revisited," *International Journal of Group Psychotherapy*, 44 (1), 123-127.

Schein, H. Edgar (1985), *Organizational Culture and Leadership*, CA: Jossey-Bass Inc., Publishers（清水紀彦, 浜田幸雄訳（1989）『組織文化とリーダーシップ』ダイヤモンド社）.

Shenkar, O. and J. Li (1999), "Knowledge Search in International Cooperative Ventures," *Organization Science*, 10 (2), 134-143.

Sherif, Muzafer (1936), *The Psychology of Social Norms*, NY: Harper and Row.

Sheth, J.N., R. S. Sisodia, and A. Sharma (2000), "The Antecedents and Consequences of Customer-Centric Marketing," *Journal of the Academy of Marketing Science*, 28 (1), 55-66.

Siguaw, A. Judy, Gene Brown, and Robert E. Widing II. (1994), "The Influence of the Market Orientation of the Firm on Sales Force Behavior and Attitudes," *Journal of Marketing Research*, 31 (1), 106-117.

Siguaw, A. Judy, Penny M. Simpson, and Cathy A. Enz (2006), "Conceptualizing Innovation Orientation: A Framework for Study and Integrating of Innovation Research," *The Journal of Product Innovation Management*, 23 (6), 556-574.

Siguaw, A. Judy, Penny M. Simpson, and Thomas L. Baker (1998), "Effects of Supplier Market Orientation on Distributor Market Orientation and the Channel Relationship: The Distributor Perspective," *Journal of Marketing*, 62 (3), 99-112.

Simon, A. Herbert (1955), "A Behavioral Model of Rational Choice," *The Quarterly Journal of Economics*, 69 (1), 99-118.

Simon, A. Herbert (1959), "Theories of Decision-Making in Economics and Behavioral Science," *The American Economics Review*, 49 (3), 253-283.

Simon, A. Herbert (1964), "On the Concept of Organizational Goal," *Administrative Science Quartely*, 9 (1), 1-22.

Simsek, Zeki, Ciaran Heavey, and John F. Veiga (2010), "The Impact of CEO Core Self-Evaluation on the Firm's Entrepreneurial Orientation," *Strategic Management Journal*, 31 (1), 110-119.

Sin, Y.M. Leo, Alan C.B. Tse, Oliver H.M. Yau, Raymond P.M. Chow, Jenny S.Y. Lee, and Lorett B.Y. Lau (2005), "Relationship Marketing Orientation: Scale Development and Cross-Cultural Validation," *Journal of Business Research*, 58 (2), 185-194.

Sinkula, M. James (1994), "Market Information Processing and Organizational Learning,"

Journal of Marketing, 58 (1), 35-46.

Sinkula, M. James, William E. Baker, and Thomas Noordewier (1997), "A Framework for Market-Based Organizational Learning: Linking Values, Knowledge, and Behavior," *Journal of the Academy of Marketing Science*, 25 (4), 305-319.

Sirdeshmukh, Deepak, Jagdip Singh, and Barry Sabol (2002), "Consumer Trust, Value, and Loyalty in Relational Exchanges," *Journal of Marketing*, 66 (1), 15-37.

Slater, F. Stanley, Eric M. Olson, and Tomas G.M. Hult (2006), "The Moderating Influence of Strategic Orientation on the Strategy Formation Capability-Performance Relationship," *Strategic Management Journal*, 27 (12), 1221-1231.

Slater, F. Stanley and John C. Narver (1994), "Does Competitive Environment moderate the Market Orientation-Performance Relationship?," *Journal of Marketing*, 58 (1), 1-19.

Slater, F. Stanley and John C. Narver (1995), "Market Orientation and the Learning Organization," *Journal of Marketing*, 59 (3), 63-75.

Slater, F. Stanley and John C. Narver (1996), "Competitive Strategy in the Market-Focused Business," *Journal of Market Focused Management*, 1 (2), 159-174.

Slater, F. Stanley and John C. Narver (1998), "Customer-Led and Market-Oriented: Let's not confuse the Two," *Strategic Management Journal*, 19 (10), 1001-1006.

Slater, F. Stanley and John C. Narver (1999), "Market-Oriented is More than being Customer-led," *Strategic Management Journal*, 20 (12), 1165-1168.

Slater, F. Stanley, Tomas G.M. Hult, and Eric M. Olson (2010), "Factors influencing the Relative Importance of Marketing Strategy Creativity and Marketing Strategy Implementation Effectiveness," *Industrial Marketing Management*, 39 (4), 551-559.

Smith, E. Cynthia (2007), *Design for the Other 90%*, NY:Cooper-Hewitt Museum（槌屋詩野監修．北村陽子訳（2009）『世界を変えるデザイン：ものづくりには夢がある』英治出版）.

Song, X. Michael and Mark E. Parry (1997), "A Cross-National Comparative Study of New Product Development Processes: Japan and the United States," *Journal of Marketing*, 61 (2), 1-18.

Song, X. Michael and Mitzi M. Montoya-Weiss (2001), "The Effect of Perceived Technological Uncertainty on Japanese New Product Development," *Academy of Management Journal*, 44 (1), 61-80.

Souder, E. William and Michael X. Song (1997), "Contingent Product Design and Marketing Strategies influencing New Product Success and Failure in U.S. and Japanese Electronics Firms," *The Journal of Product Innovation Management*, 14 (1), 21-34.

Spanjol, Jelena, William J. Qualls, and Josè Antonio Rosa (2011), "How Many and What

Kind? The Role of Strategic Orientation in New Product Ideaion," *The Journal of Product Innovation Management*, 28 (2), 236-250.

Sridharan, Srinivas, Ajay K. Kohli, and Rosann L. Spiro (2001), "Enhancing Market Orientation: Toward a Salesperson-Focused Intervention Framework," *American Marketing Association Conference Proceedings*, 12, 194-195.

Srinivasan, Raji, Gary L. Lilien, Arvind Rangaswamy, Gina M.Pingitore, and Daniel Seldin (2012), "The Total Product Design Concept and an Application to the Auto Market," *The Journal of Product Innovation Management*, 29 (S 1), 3 -20（大平進，恩藏直人 (2013)「トータル・プロダクト・デザイン・コンセプトと北米自動車市場への応用」『流通情報』503号，96-106頁）.

Srinivasan, V., William S. Lovejoy, and David Beach (1997), "Integrated Product Design for Marketability and Manufacturing," *Journal of Marketing Research*, 34 (1), 154-163.

Srivastava, B.N. and P.K. Sett (1998), "Managerial Attribution and Resonse: An Empirical Test of An Attributional Leadership Model in India," *The Journal of Social Psychology*, 138 (5), 591-597.

Srivastava, Paul (1983), "A Typology of Organizational Learning Systems," *Jounal of Management Studies*, 20 (1), 7-28.

Stalk, George Jr. and Thomas M. Hout (2003), *Competing against Time: How Time-Based Competition is Reshaping Global Markets*, NY: Free Press（中辻萬治，川口恵一訳 (1993)『タイムベース競争戦略：競争優位の新たな源泉 時間』ダイヤモンド社）.

Stam, Wouter and Tom Elfring (2008), "Entrepreneurial Orientation and New Venture Performance: The Moderating Role of Intra- and Extraindustry Social Capital," *Academy of Management Journal*, 51 (1), 97-111.

Stata, Ray (1989), "Organizational Learning-the Key to Management Innovation," *Sloan Management Review*, 30 (3), 63-75.

Steenkamp, Jan-Benedict E.M., Frankel ter Hofstede, and Michel Wedel (1999), "A Cross-National Investigation into the Individual and National Cultural Antecedents of Consumer Innovativeness," *Journal of Marketing*, 63 (2), 55-69.

Steinman, Christine, Rohit Deshpandè, and John U. Farley (2000), "Beyond Market Orientation: When Customers and Suppliers Disagree," *Journal of the Academy of Marketing Science*, 28 (1), 109-120.

Stiden, Bent and Thomas F. Shutte (1972), "Marketing as a Communication System: The Marketing Concept Revisited," *Journal of Marketing*, 36 (4), 22-27.

Stock, Ruth Maria and Nicolas Andy Zacharias (2011), "Patterns and Performance Outcomes of Innovation Orientation," *Journal of the Academy of Marketing Science*, 39 (6), 870-888.

Stogdill, R.M. and A.E. Coons (Eds.) (1957), *Leader Behavior. Its Description and Measurement*, Bureau of Business Research, Ohio: State University.

Stogdill, R.M. and Carroll L. Shartle (1955), "Methods in the Study of Amdministrative Leadership," *Bureau of Business Research*, College of Commerce and Administration: Ohio State Univ.

Strauss, Anselm and Juliet Corbin (1990), *Basics of Qualitative Research: Grounded Theory Procedures and Techniques*, Newbury Park, CA: Sage Publication.

Sujan, Harish, Barton A. Weitz, and Nirmalya Kumar (1994), "Learning, Orientation, Working Smart, and Effective Selling," *Journal of Marketing*, 58 (3), 39-53.

Sumrall, A. Delia, Nermin Eyuboglu, and Sucheta S. Ahlawat (1991), "Developing a Scale to Measure Hospital Sales Orientation," *Journal of Health Care Marketing*, 11 (4), 39-50.

Sutton, S. Richard and Andrew G. Barto (1998), *Reinforcement Learning: An Introduction*, Cambridge, MA: The MIT Press（三上貞芳，皆川雅章訳（2000）『強化学習』森北出版）.

Swan, K. Scott, Masaaki Kotabe, and Brent B. Allred (2005), "Exploring Robust Design Capabilities, their Role in Creating Global Products, and their Relationship to Firm Performance," *The Journal of Product Innovation Management*, 22 (2), 144-164.

Tajfel, Henry and John Turner (1979), *Key Readings in Social Psychology. Intergroup Relations, Essential Readings*, NY: Psychology Press.

Talke, Katrin, Sören Salomo, Jaap E. Wieringa, and Antje Lutz (2009), "What about Design Newness? Investigating the Relevance of a Neglected Dimension of Product Innovativeness," *The Journal of Product Innovation Management*, 26 (6), 601-615（岩下仁，石田大典（2013）「デザインの新奇性とは何か：製品の革新性で見落とされていたデザインの次元」『流通情報』501号，73-83頁）.

Taylo, Z. Teresa, Joseph Psotka, and Peter Legree (2013), "Relationships among Applications of Tacit Knowledge and Transformation/Transactional Leader Style," *Leadership & Organization Development Journal*, 36 (2), 120-136.

Taylor, M. Donald and Fathali M. Moghaddam (1994), *Theories of Intergroup Relations Second Edition*, Santa Barbara, CA: Greenwood Publishing Group（野波寛，岡本卓也，小杉考司訳（2010）『集団間関係の社会心理学：北米と欧州における理論の系譜と発展』晃洋書房）.

Teece, J. David (1988), "Capturing Value from Technological Innovation Integration, Strategic Partnering, and Licensing Decisions," *Interfaces*, 18 (3), 46-61.

Thibaut, W. John and Harold H. Kelley (1959), *The Social Psychology of Groups*, New York: Wiley.

Thomas, Raymond W., Geoffrey N. Soutar, and Maria M. Ryan (2001), "The Selling Orientation-Customer Orientation (S.O.C.O) Scale: A Proposed Short Form," *Journal of Personal Selling & Sales Management*, 21 (1), 63–70.

Tregear, Angela (2003), "Market Orientation and the Craftsperson," *European Journal of Marketing*, 37 (11/12), 1621–1635.

Triandis, C. Harry (1995), *Individualism and Collectivism*, Boulder, Colorado: Westview Press, Inc.

Tse, C.B. Alan, Leo Y.M. Sin, Oliver H.M. Yau, Jenny S.Y. Lee, and Raymond Chow (2004), "A Firm's Role in the Marketplace and the Relative Importance of Market Orientation and Relationship Marketing Orientation," *European Journal of Marketing*, 38 (9/10), 1158–1172.

Tuominen, Matti, Arto Rajala and Kristian Moller (2004), "Market-driving versus Market-driven: Divergent Roles of Market Orientation in Business Relationships," *Industrial Marketing Management*, 33 (3), 207–217.

Tyler, B. Beverly and Devi R. Gnyawali (2002), "Mapping Managers' Market Orientations regarding New Product Success," *The Journal of Product Innovation Management*, 19 (4), 259–276.

Urde, Mats (1998), "Brand Orientation: A Strategy for Survival," *Journal of Consumer Marketing*, 11 (3), 18–32.

Van de Ven, H. Andrew and William F. Joyce (1981), *Perspectives on Organization Design and Behavior*, NY: John Wiley & Sons Inc.

Vancil, F. Richard (1978), *Decentralization: Managerial Ambiguity by Design*, Homewood, IL: Dow Jones-Irwin.

Vázquez, Rodolfo, Luis Ignacio Àlvarez, and María Leticia Santos (2002), "Market Orientation and Social Services in Private Non-Profit Organizations," *European Journal of Marketing*, 36 (9/10), 1022–1046.

Venkatesh, Alladi, Theresa Digerfeldt-Månsson, Frédéric F. Brunel, and Steven Chen (2012), "Design Orientation: A Grounded Theory Analysis of Design Thinking and Action," *Marketing Theory*, 12 (3), 1–21.

Venkatraman, N. (1989), "Strategic Orientation of Business Enterprises: The Construct, Dimensionality, and Measurement," *Management Science*, 35 (8), 903–1028.

Verhoef, Peter and Peter Leeflang (2008), "Getting Marketing Back in the Boardroom: Understanding the Drivers of Marketing's Influence within the Firm," *Marketing Science Institute Report*, 1, 83–114.

Veryzer, W. Robert (2005), "The Roles of Marketing and Industrial Design in Discontinuous New Product Development," *Journal of Product Innovation Management*, 22 (1),

22-41.

Veryzer, W. Robert and Brigitte Borja de Mozota (2005), "The Impact of User-Oriented Design on New Product Development: An Examination of Fundamental Relationships," *The Journal of Product Innovation Management*, 22 (2), 128-143.

Veryzer, W. Robert and Wesley W. Hutchinson J. (1998), "The Influence of Unity and Prototypicality on Aesthetic Responses to New Product Designs," *Journal of Consumer Research*, 24 (4), 374-394.

Viebranz, C. Alfred (1967), "Marketing's Role in Company Growth," *MSU Business Topics*, 15, 45-54.

Vogel, M. Craig, Jonathan Cagan, and Peter Boatwright (2005), *The Design of Things to Come: How Ordinary People Create Extraordinary Products*, Philadelphia, PA: Wharton School Publishing (スカイライトコンサルティング訳 (2006)『ヒット企業のデザイン戦略』英治出版).

Volvo (2013), *VOLVO SAFETY BOOK*, Volvo Car Japan.

Voss, B. Glenn and Zannie Giraud Voss (2000), "Strategic Orientation and Firm Performance in an Artistic Environment," *Journal of Marketing*, 64 (1), 67-84.

Vroom, H. Victor (1964), *Work and Motivation*, NY: Wiley.

Vroom, H. Victor and Philip W. Yetton (1973), *Leadership and Decision-Making*, Pittsburgh, PA: University of Pittsburgh Press.

Waldman, A. David and Francis J. Yammarino (1999), "CEO Charismatic Leadership: Levels-of-Management and Levels-of-Analysis Effects," *Academy of Management Review*, 24 (2), 266-285.

Walker, C. Orville Jr., Gilbert A. Churchill Jr., and Neil M. Ford (1977), "Motivation and Performance in Industrial Selling: Present Knowledge and Needed Research," *Journal of Marketing Research*, 14 (2), 156-168.

Walker, C. Orville Jr. and Robert W. Ruekert (1987), "Marketing's Role in the Implementation of Business Strategies: A Critical Review and Conceptual Framework," *Journal of Marketing*, 51 (3), 15-34.

Walumbwa, O. Fred, Cindy Wu, and Bani Orwa (2008), "Contingent Reward Transactional Leadership, Work Attitudes, Organizational Citizenship Behavior: The Role of Procedural Justice Climate Perceptions and Strength," *The Leadership Quarterly*, 19 (3), 251-265.

Wang, Guangping and Fred C. Miao (2015), "Effects of Sales Force Market Orientation on Creativity, Innovation Implementation, and Sales Performance," *Journal of Business Research*, 68 (11), 2374-2382.

Wang, L. Catherine, Tomas G.M. Hult, David J. Ketchen Jr., and Pervaiz K. Ahmed (2009),

"Knowledge Management Orientation, Market Orientation, and Firm Performance: An Integration and Empirical Examination," *Journal of Strategic Marketing*, 17 (2), 99-122.

Ward, Steven, Antonia Girardi, and Aleksandra Lewandowska (2006), "A Cross-National Validation of the Narver and Slater Market Orientation Scale," *Journal of Marketing Theory and Practice*. 14 (2), 155-167.

Webb, Dave, Cynthia Webster, and Areti Krepapa (2000), "An Exploration of the Meaning and Outcomes of a Customer-Defined Market Orientation," *Journal of Business Research*, 48 (2), 101-112.

Webster, E. Fredrick Jr. (1981), "Top Management's Concerns about Marketing: Issues for the 1980's," *Journal of Marketing*, 45 (3), 9-17.

Webster, E. Fredrick Jr. (1988), "The Rediscovery of the Marketing Concept," *Business Horizons*, 31 (3), 29-39.

Webster, E. Fredrick Jr. (1992), "The Changing Role of Marketing in the Corporation," *Journal of Marketing*, 56 (4), 1-17.

Wei, Yinghong, Gary Frankwick L., and Binh H. Nguyen (2012), "Should Firms consider Employee Input in Reward System Design? The Effect of Participation on Market Orientation and New Product Performance," *The Journal of Product Innovation Management*, 29 (4), 546-558.

Wei, Yinghong and Neil Morgan (2002), "The Mediating Role of Supportivenss of Organizational Climate in the Relationship between Market Orientation and New Product Performance in Chinese firms," *American Marketing Association Conference Proceedings*, 13, 185-186.

Weitz, A. Barton (1981), "Effectiveness in Sales Interactions: A Contingency Framework," *Journal of Marketing*, 45 (1), 85-104.

Weitz, A. Barton, Harish Sujan, and Mita Sujan (1986), "Knowledge, Motivation, and Adaptive Behavior: A Framework for Improving Selling Effectiveness," *Journal of Marketing*, 50 (4), 174-192.

White, J. Chris, Jeffrey S. Conant, and Raj Echambadi (2003), "Marketing Strategy Development Styles, Implementation Capability, and Firm Performance: Investigating the Curvilinear Impact of Multiple Strategy-Making Styles," *Marketing Letters*, 14 (2), 111-124.

White, W. Robert (1959), "Motivation Reconsidered: The Concept of Competence," *Psychological Review*, 66 (5), 297-333.

White, K. Ralph and Ronald Lipitt (1960), *Autocracy and Democracy*, NY: Harper & Row.

Whittington, Richard and Richard Whipp (1992), "Professional Ideology and Marketing

Implementation," *European Journal of Marketing*, 26 (1), 52-63.

Wiklund, Johan and Dean Shepherd (2003), "Knowledge-based Resources, Entrepreneurial Orientation, and the Performance of Small and Medium-sized Businesses," *Strategic Management Journal*, 24 (13), 1307-1314.

Wilkins, L. Alan and William G. Ouchi (1983), "Efficient Cultures: Exploring the Relationship between Culture and Organizational Performance," *Administrative Science Quarterly*, 28 (3), 468-481.

Wong, Ho Yin and Bill Merrilees (2007), "Closing the Marketing Strategy to Performance Gap: The Role of Brand Orientation," *Journal of Strategic Marketing*, 15 (5), 387-402.

Wood, Van R., Shahid Bhuian, and Pamela Kiecker (2000), "Market Orientation and Organizational Performance in Not-for-Profit Hospitals," *Journal of Business Research*, 48 (3), 213-224.

Wren, M. Brent, Wm E. Souder, and David Berkowitz (2000), "Market Orientation and New Product Development in Global Industrial Firms," *Industrial Marketing Management*, 29 (6), 601-611.

Yamamoto, Mel and David R. Lambert (1994), "The Impact of Product Aesthetics on the Evaluation of Industrial Products," *The Journal of Product Innovation Management*, 11 (4), 309-324.

Yau, Oliver H.M., Leo Y.M. Sin, Jenny S.Y. Lee, and Alan C.B. Tse (1999), "The Development of a Scale for Measuring Relationship Marketing Orientation," *Chinese Management Research Centre, Faculty of Business Working Paper*, City University of Hong Kong.

Yeung, K. Authur, David O. Ulrich, Stephen W. Nason, and Mary Ann Von Glinow (1999), *Organizational Learning Capability*, London: Oxford University Press.

Yoon, Eunsang and Gary L. Lilien (1985), "New Industrial Product Performance: The Effects of Market Characteristics and Strategy," *The Journal of Product Innovation Management*, 2 (3), 134-144.

Yukl, Gary (2002), *Leadership in Organizations* 5 $_{th}$ ed, Upper Saddle River, NJ: Prentice Hall.

Yukl, Gary and Celilia M. Falbe (1991), "Importance of Different Power Sources in Downward and Lateral Relations," *Journal of Applied Psychology*, 76 (3), 416-423.

Zagorsek, Hugo, Vlado Dimovski, and Miha Skerlavaj (2009), "Transactional and Transformational Leadership Impacts on Organizational Learning," *Journal of East European Management Studies*, 14 (2), 144-165.

Zannie, Giraud Voss, Glenn B. Voss, and Christine Moorman (2005), "An Empirical Examination of the Complex Relationships between Entrepreneurial Orientation and Stakeholder Support," *European Journal of Marketing*, 39 (9/10), 1132-1150.

Zareen, Memoona, Kiran Razzaq, and Bahaudin G. Mujtaba (2015), "Impact of Transactional, Transformational and Laissez-Faire Leadership Styles on Motivation: A Quantitative Study of Banking Employees in Pakistan," *Public Organization Review*, 15 (4), 531-549.

Zeithaml, A. Valarie (1988), "Consumer Perceptions of Price, Quality, and Value: A Means-End Model and Synthesis of Evidence," *Jounal of Marketing*, 52 (3), 2-22.

Zeithaml, A. Valarie, Parsu A. Parasuraman, and Leonard L. Berry (1990), *Delivering Quality Service: Balancing Customer Perceptions and Expectations*, NY: Free Press.

Zeithaml, A. Valarie, Leonard L. Berry, and Parsu A. Parasuraman (1988), "Communication and Control Processes in the Delivery of Service Quality," *Journal of Marketing*, 52 (2), 35-48.

Zeithaml, A. Valarie, Leonard L. Berry, and Parsu A. Parasuraman (1996), "The Behavioral Consequences of Service Quality," *Journal of Marketing*, 60 (2), 31-46.

Zhang, Dan, Peng Hu, and Masaaki Kotabe (2011), "Marketing–Industrial Design Integration in New Product Development: The Case of China," *The Journal of Product Innovation Management*, 28 (3), 360-373.

Zhou, Zheng Kevin, Chi Kin Yim, and David K. Tse (2005), "The Effects of Strategic Orientations on Technology- and Market-Based Breakthrough Innovations," *Journal of Marketing*, 69 (2), 42-60.

Zhou, Zheng Kevin, Gerald Yong Gao, Zhilin Yang, and Nan Zhou (2005), "Developing Strategic Orientation in China: Antecedents and Consequences of Market and Innovation Orientations," *Journal of Business Research*, 58 (8), 1049-1058.

Zhu, Weichun, Irene K.H. Chew, and William D. Spangler (2005), "CEO Transformational Leadership and Organizational Outcomes: The Mediating Role of Human-Capital-Enhancing Human Resource Management," *The Leadership Quarterly*, 16 (1), 39-52.

阿部周造 (1987)「構成概念妥当性と LISREL」奥田和彦, 阿部周造編『マーケティング理論と測定：LISREL の適用』中央経済社, 27-46頁。

有馬賢治 (2006)『マーケティング・ブレンド：戦略手段管理の新視角』白桃書房。

E.H. シャイン著, 清水紀彦, 浜田幸雄訳 (1989)『組織文化とリーダーシップ：リーダーは文化をどう変革するか』ダイヤモンド社。

石田大典 (2009)「部門横断的な製品開発におけるチーム要因が新製品パフォーマンスに及ぼす影響」『早稲田商学』第422号, 287-314頁。

石田大典, 石井裕明, 恩藏直人 (2012)「市場志向が創造的ビジネス行動とパフォーマンスに及ぼす影響：小売バイヤーを対象とした実証研究」『早稲田商学』第433号, 73-100

頁。

石田大典，岩下仁，恩藏直人，イム・スビン（2007）「市場志向が新製品開発におよぼすインパクト」『商品開発・管理研究』第3号，19-37頁。

岩下仁（2010）「市場志向研究の潮流と今後の展望：マーケティング戦略と成果のメカニズムの解明に向けて」『早稲田大学大学院商学研究科紀要』第71号，187-199頁。

岩下仁（2011a）「市場志向における先行要因の整理と探索：マーケティング志向に影響を与える要因とは何か」『早稲田大学大学院商学研究科紀要』第73号，145-158頁。

岩下仁（2011b）「市場志向の発生経緯と発展過程：市場志向がもたらしたマーケティング研究の進展」『商経論集』第101号，1-14頁。

岩下仁（2012a）「マーケティングにおける市場志向の二元性の解明：Narver and Slater (1990) と Kohli and Jaworski (1990) によって開発された測定概念」『早稲田大学大学院商学研究科紀要』第74号，51-75頁。

岩下仁（2012b）「リーダーシップ・スタイルが市場志向におよぼす影響：市場志向の強調は，どのような商品パフォーマンスをもたらすのか」『商品開発管理・研究』第8巻，第2号，24-52頁。

岩下仁（2012c）「統一的市場志向尺度の検討：二元性問題を解決するマーケティング志向測定尺度の開発」『産業経営』第49号，39-62頁。

岩下仁（2012d）「従業員の価値観が，個人の市場志向に及ぼす影響：どのような価値観が，マーケティング志向型従業員をつくりだすのか」『商経論集』第103号，1-12頁。

岩下仁（2012e）「市場志向の代替的志向性の整理と解明：マーケティング志向と同次元に位置する志向性とは何か」『早稲田大学大学院商学研究科紀要』第75号，141-160頁。

岩下仁（2012f）「個人レベルの市場志向普及メカニズムの解明：商品開発部門では，どのようにマーケティング志向が浸透するのか」『商品開発管理・研究』第9巻，第1号，87-109頁。

岩下仁（2014）「市場志向とブランド志向が IMC に及ぼすメカニズムの解明：組織の志向性は，IMC にどのような影響を及ぼすのか」『商学研究科紀要』第79号，59-80頁。

岩下仁，石田大典，恩藏直人（2013）「イノベーションを創出し続けるサービス組織：市場志向が革新性をもたらすメカニズムの解明」『マーケティングジャーナル』第33巻，第2号，65-79頁。

岩下仁，石田大典，恩藏直人（2014）「市場志向が商品開発優位性に及ぼすメカニズム：ナレッジマネジメント・アクティビティの効果」『流通研究』第16巻，第4号，13-33頁。

岩下仁，大平進，石田大典，外川拓，恩藏直人（2015）「製品デザイン要素の解明：自動車産業に対する定性調査による考察」『マーケティングジャーナル』第34巻，第3号，99-116頁。

大月博司，中條秀治，犬塚正智，玉井健一（1999）『戦略組織論の構想』同文舘出版。

大平進，恩藏直人（2014）「ネットワーク型取引関係における長期的価値と短期的価値の

トレードオフ」『早稲田商学』第440号，189-216頁。

恩藏直人（1991）「製品開発の進め方の違いによって生じる競争優位」『早稲田商学』第
　349号，589-612頁。

恩藏直人，石田大典（2010）「顧客志向が製品開発チームとパフォーマンスへ及ぼす影響」
　『流通研究』第13巻，第 1 号，19-32頁。

恩藏直人，岩下仁（2007）「マーケティングにおける市場志向」商品開発・管理学会編
　『商品開発・管理入門』中央経済社，115-132頁。

亀井昭宏，疋田聰編（2005）『新広告論』日本経済新聞社。

川上浩司（2011）『不便から生まれるデザイン：工学に活かす常識を超えた発想』同人選
　書。

川上浩司（2013）「『不便』から着想する製品・サービス」日本政策金融公庫総合研究所編
　『調査月報』第622号，中小企業リサーチセンター，34-39頁。

川上智子（2005）『顧客志向の新製品開発：マーケティングと技術のインタフェイス』有
　斐閣。

木全賢（2006）『デザインにひそむ〈美しさ〉の法則』ソフトバンク新書。

黒岩健一郎（2007）「市場志向の先行要因の探索：トップマネジメントの市場環境認識お
　よび事業目標・理念との関係」『慶應経営論集』第24巻，第 1 号，147-161頁。

齊藤勇編（1987a）『対人社会心理学重要研究集 1　社会的勢力と集団組織の心理』誠信書
　房。

齊藤勇編（1987b）『対人社会心理学重要研究集 2　対人魅力と対人欲求の心理』誠信書房。

桜井茂男，高野清純（1985）「内発的─外発的動機づけ測定尺度の開発」『筑波大学心理学
　研究』第 7 巻，43-54頁。

櫻木晃裕（2006）「職務満足概念の構造と機能」『豊橋創造大学紀要』第10号，37-47頁。

佐々木薫，永田良昭（1987）『集団行動の心理学』有斐閣大学双書。

嶋口充輝，石井淳蔵，黒岩健一郎，水越康介（2008）『マーケティング優良企業の条件：
　創造的適応への挑戦』日本経済新聞社。

嶋村和恵（2006）『新しい広告』電通。

清水龍瑩（2000）『社長のリーダーシップ』千倉書房。

白井義男（2003）『サービス・マーケティングとマネジメント』同友館。

杉野格（2013）『デザインマネジメント：事例で学ぶデザインの効果と活用術』丸善出版。

関本昌秀，横田澄司，正田亘（1982）『組織と人間行動』泉文堂。

ダイヤモンド・ハーバード・ビジネス・レビュー編集部（2000）『顧客サービス戦略』ダ
　イヤモンド社。

田尾雅夫（1991）『組織の心理学』有斐閣ブックス。

高嶋克義（2002）『営業プロセス・イノベーション：市場志向のコミュニケーション改革』
　有斐閣。

中村陽吉，穐山貞登，木下冨雄，小林さえ，杉渓一言，竹内郁郎，辻正三，中野繁喜，三隅二不二（1970）『リーダーシップ』日本社会心理学会編集，勁草書房。

永田良昭（1965a）「集団の体制化に及ぼす課題の困難度の効果Ⅰ」『心理学研究』第36巻，第4号，197-201頁。

永田良昭（1965b）「集団の体制化に及ぼす課題の困難度の効果Ⅱ」『心理学研究』第36巻，第6号，321-325頁。

日経産業消費研究所（1998）『営業の革新：混迷の時代に求められる「強さ」の研究』日本経済新聞社。

林伸二（2000）『組織心理学』白桃書房。

日野健太（2010）『リーダーシップとフォロワー・アプローチ』文眞堂。

平林千春，廣川州伸（2004）『花王 強さの秘密：23期連続増益を続ける「最強DNA」を読み解く』実業之日本社。

開本浩矢（2006）『研究開発の組織行動：研究開発技術者の業績をいかに向上させるか』中央経済社。

開本浩矢編（2007）『入門 組織行動論』中央経済社。

祐宗省三，原野広太郎，柏木恵子，春木豊編（1985）『社会的学習理論の新展開』金子書房。

淵上克義（2002）『リーダーシップの社会心理学』ナカニシヤ出版。

増田明子，恩藏直人（2011）「顧客参加型の商品開発」『マーケティングジャーナル』第31巻，第2号，84-98頁。

マツダ（2013）『THE STORY OF MY ATENZA』マツダ株式会社。

三隅二不二（1966）『新しいリーダーシップ－集団指導の行動科学』ダイヤモンド社。

三隅二不二（1968）「PM式監督条件効果の動機論的分析：達成動機との関連において」『九州大学教育学部紀要』第13巻，第1号，25-33頁。

三隅二不二，吉田正敏，佐藤静一（1969）「PM式指導条件が知覚：運動学習におけるパフォーマンスとレミニッセンスに及ぼす効果（Ⅱ）―分散学習における実験的研究」『教育・社会心理学研究』第12巻，第2号，27-38頁。

水越康介（2006a）「反応型市場志向と先行型市場志向」『Business Insight』第14巻，第2号，20-31頁。

水越康介（2006b）「市場志向に関する諸研究と日本における市場志向と企業成果の関係」『マーケティングジャーナル』第26巻，第1号，40-55頁。

水越康介（2008）「マーケティングにおけるデザイン研究の射程：デザインのロバストネス」『経営と制度』第6号，49-63頁。

山本昭二（1999）『サービス・クオリティ：サービス品質の評価過程』千倉書房。

横田澄司（2000）『価値創造の企業と商品開発』泉文堂。

鷲田祐一（2014）『デザインがイノベーションを伝える：デザインの力を活かす新しい経

営戦略の模索』有斐閣。

主 要 事 項 索 引

著者略歴

岩下　仁(いわした・ひとし)

九州大学経済学研究院専任講師
早稲田大学商学部卒業，同大学院商学研究科修士課程，博士後期課程
修了。博士（商学）。
花王株式会社，野村総合研究所，早稲田大学助手を経て，2013年より
現職。
専門は，マーケティング戦略，製品戦略。主な著作に『医療マーケ
ティングの革新』有斐閣（2018年，共編著），「市場志向が商品開発優
位性に及ぼすメカニズム―ナレッジマネジメント・アクティビティの
効果―」『流通研究』（2014年，共著）などがある。

市場志向のマーケティング

組織の志向性がパフォーマンスに及ぼすメカニズムの解明

2020年 3 月26日 初版第 1 刷発行

著　者　　　岩下　仁

発行者　　　千倉成示
発行所　　　株式会社 千倉書房
　　　　　　〒104-0031 東京都中央区京橋2-4-12
　　　　　　電話 03-3273-3931 (代表)
　　　　　　https://www.chikura.co.jp/

印刷・製本　藤原印刷株式会社

©IWASHITA Hitoshi 2020　Printed in Japan〈検印省略〉
ISBN 978- 4 -8051-1202- 1　C 3063

乱丁・落丁本はお取り替えいたします